守护爱情

如何培养浪漫而持久的亲密关系

[以] 阿哈龙·本泽夫
（Aaron Ben-Ze'ev）—— 著

李菲 —— 译

世界图书出版公司
北京·广州·上海·西安

图书在版编目(CIP)数据

守护爱情：如何培养浪漫而持久的亲密关系/(以)阿哈龙·本泽夫著；李菲译.— 北京：世界图书出版有限公司北京分公司，2020.11
书名原文：THE ARC OF LOVE: How Our Romantic Lives Change Over Time
ISBN 978-7-5192-7692-8

Ⅰ.①守… Ⅱ.①阿… ②李… Ⅲ.①爱情–通俗读物 Ⅳ.①C913.1-49

中国版本图书馆CIP数据核字(2020)第140752号

Licensed by The University of Chicago Press, Chicago, Illinois, U.S.A.
© 2019 by The University of Chicago. All rights reserved.

书　　名	守护爱情：如何培养浪漫而持久的亲密关系 SHOUHU AIQING: RUHE PEIYANG LANGMAN ER CHIJIU DE QINMI GUANXI
著　　者	[以]阿哈龙·本泽夫
译　　者	李菲
责任编辑	尹天怡　董亚
特约编辑	王玉春
封面设计	林阿龙
出版发行	世界图书出版有限公司北京分公司
地　　址	北京市东城区朝内大街137号
邮　　编	100010
电　　话	010-64038355（发行）64037380（客服）64033507（总编室）
网　　址	http://www.wpcbj.com.cn
邮　　箱	wpcbjst@vip.163.com
销　　售	各地新华书店
印　　刷	天津丰富彩艺印刷有限公司
开　　本	880 mm×1230 mm　1/32
印　　张	13
字　　数	230千字
版　　次	2020年11月第1版
印　　次	2020年11月第1次印刷
版权登记	01-2020-5501
国际书号	ISBN 978-7-5192-7692-8
定　　价	49.00元

如有质量或印装问题，请拨打售后服务电话010-82838515

前言

> 爱情就像蛋一样，新鲜的时候才是最好的。
> ——俄罗斯谚语

本书讨论的是婚姻中是否存在持久的浪漫爱情，人们该怎样去培养这种爱情，以及这种爱情消失的原因。本书还讲述了维持持久的爱的基础，以及怎样处理在这个具有挑战性和关键性的"建设项目"中出现的不可避免的问题。我们无须绝望，在婚姻中可以拥有持久的浪漫爱情，这是无须怀疑的。而且，我们还会看到，时间在这个过程中发挥了关键性的作用。

在持久的浪漫爱情是否存在这个问题上，我的态度是积极的。在婚姻中,持久而深厚的爱不仅存在,而且比我们想象的更普遍,但追寻浪漫爱情的道路是坎坷且漫长的。在追寻诱人的浪漫爱情的道路上,可能会有很多死胡同,而那些寻找浪漫持久爱情的人也不知道自己何时会走向通往美好爱情的长廊,何时会遇到死胡同。在本书中,我也介绍了一些在追求持久而深厚的爱的道路上有用的"路标"。

如果你拥有足够多的必需品,就会发现爱虽然不是你生活的全部,但会为你的生活锦上添花,会使你的生活变得更加美好。

CONTENTS 目录

Chapter 1　持久之爱的可能性_001

Chapter 2　情感体验_027

Chapter 3　爱情体验_053

Chapter 4　培养持久的浪漫爱情_085

Chapter 5　时间对爱情的作用_119

Chapter 6　浪漫爱情_139

Chapter 7　爱情妥协_185

Chapter 8　选择伴侣_217

Chapter 9　恋爱关系_245

Chapter 10　网络空间的情感关系_279

Chapter 11　后半生的爱_293

Chapter 12　　多角恋会提高爱情关系的质量吗？_313

Chapter 13　　把握平衡能让爱情之花繁盛_327

编 后 记　　鲜蛋、陈酿和深厚的爱情_363

鸣　　谢_371

注　　释_374

参考文献_386

Chapter 1

持久之爱的可能性

> 只有一个重要的问题,那就是:怎样让爱持久不变?
>
> ——汤姆·罗宾斯(Tom Robbins)

若想保证婚姻的天长地久,就要先获得一份至死不渝的浪漫爱情。[1]从古至今,浪漫爱情是否能至死不渝一直是人们议论的话题。然而,虽然这个话题一直广受关注,但怎样才能让爱经受住时间的考验,人们还是找不到答案。

关于爱情,在哲学领域,人们讨论的焦点是,爱是不是有条件的,换言之,爱是不是取决于某事物而存在的。例如,哲学家亚里士多德(Aristotle)认为,爱的确是有条件的,如果爱人变心了,爱就不存在了。其他哲学家,如柏拉图(Plato)和伊曼纽尔·列维纳斯(Emmanuel Levinas)就认为,爱是无条件的,爱是可以持续一生的。在心理学领域,人们对于持久的浪漫爱情是否可能存在这个问题也是有争议的。在本章,我论述了与上述两个问题有关的一些核心问题,如彼此的不稳定性和熟悉度在爱情中的作用,人类对爱与浪漫的追求,以及爱情与生活之间的矛盾等。

明天你还会爱我吗？

> 今夜你是我的，完全属于我……但，明天你还会爱我吗？
>
> ——美国著名歌手卡洛尔·金（Carole King）

卡洛尔·金问出了热恋中的人最想要知道答案的问题：明天你还会爱我吗？换言之，"我是你的挚爱"这种感觉是只会持续到第二天太阳升起，还是会一直持续下去？对于这个问题，我们还可以这样问：只有经过时间考验的爱情才能被称为深厚的爱吗？短暂的风流韵事是否也能产生深厚的爱？

年轻的时候，我读过福楼拜（Gustave Flaubert）的《包法利夫人》（1856）和阿摩司·奥兹（Amos Oz）的《我的米海尔》（1968）。这些浪漫爱情悲剧都有警示的作用，提醒激情干涸、爱情结束的后果。以包法利夫人的故事为例，她试图通过不断找情人来摆脱平淡无奇的生活，但最终却被情人抛弃，也因此负债累累，最后选择吞下砒霜。《我的米海尔》的主人公汉娜·戈嫩也和包法利夫人一样，追求浪漫，然而她却嫁给了一个没有生活情趣的男人米海尔。随着时间的流逝，她开始为自己的婚姻感到悲伤、沮丧，她的梦想和理智都被粉碎了。

在这两部作品中，包法利夫人和汉娜似乎是一种危险的爱情观的受害者，她们把爱情理想化，认为爱情是浪漫的、充满激情的。我们的很多文学作品都传播着这样的观念:真爱能克服一切阻碍("没有什么能阻挡我和你在一起");爱是永恒的("直到死亡将我们分开")。这些观念对即将步入婚姻殿堂的人来说具有十足的诱惑力。拥有这些观念的人认为,自己的爱人是独特的,自己与爱人在某种程度上是一体的,且灵魂伴侣只有彼此,关注的只有对方(相爱以后,男女双方就成了彼此的唯一)。理想中的爱是全心全意的,是无条件的,我们对此坚信不疑。生活也许是艰难的、黯淡的,但真爱是永恒的,始终能给我们带来光明和希望。[2]

虽然这种浪漫主义思想仍然具有吸引力,但对"爱的激情可以持续一生"的观点,现代人已经不再痴迷了。我们发现,对一段持久的浪漫爱情的渴望仍然存在,但渴望与实现之间的差距越来越大。分手、不长久的情感关系才是常态。很多国家中约有一半的婚姻关系以离婚终结,而剩下的一半中,有很多人在某一时刻都考虑过离婚。人们普遍认为,爱情是一种交易——人们可以短暂地抵达激情的巅峰,也可以满足于多年有意义的友情关系。那么,难道我们就一定要像包法利夫人和汉娜一样,因为激情和爱不能兼得而感到绝望吗?

然而,现代文化推崇持久的爱情。此外,绝大部分人,包括当代的青少年,仍然相信这种爱情是可能存在的。一项对美国18—29岁年轻人开展的调查显示,绝大部分人对婚姻持有乐观的态度,86%的人期望获得持续一生的婚姻。[3]但是,这种爱在当代社会受到了冲击,因为新奇的规则和变化是当今社会的主流。因此,我们就面临这样一种自相矛盾的状况:理想中的爱情是无限期存在的,能够持续到"太阳不再发光"的时候,而我们的生活中却充斥着破碎的情侣关系。

令人困惑的发现

> 交往过程中没有什么是一成不变的。婚姻的幸福不是靠进化得来的。
>
> ——戴维·巴斯(David Buss)
>
> 我和我妻子在一起生活的时间超过25年了,我们一共有两个孩子。现在,我比以往更爱她了。能和她一起变老,我很满足。是的,爱可以生根发芽,并开花结果。
>
> ——克里斯·柯蒂斯(Chris Curtis)

大量的研究表明,在情感关系中,性欲会随着时间的流逝而急剧减退。而人们对熟悉的伴侣的性欲会低于对新伴侣的性欲。自然,随着时间的流逝,人们与伴侣的性生活也就不再那么频繁了。结婚一年后,夫妻对性爱活动的兴趣往往会比结婚一个月时的降低一半,此后性爱活动的频率也会逐渐降低。同居的异性和同性伴侣中也存在同样的下降趋势。因此,持久的浪漫爱情似乎并不常见。随着时间流逝,人们的性欲降低,浪漫爱情也转变成了亲情之爱。[4]

也有研究表明,很多婚姻持久的伴侣仍然非常相爱。丹尼尔·奥利里(Daniel o'Leary)和同事们调查过274位已婚人士:"你和你的配偶有多相爱?"在婚龄超过10年的人中,有40%的人称"非常相爱"。更令人惊讶的是,在那些婚龄达30年以上的人中,有40%的女士和35%的男士表示,自己对伴侣的爱非常强烈。[5]

这些调查结果的确令人非常困惑。我们该怎么理解这些结果呢?事实证明,现代的神经科学研究可能已经确定了造成这些结果的机制。比安卡·阿塞韦多和同事们做了一项实验:向10位平均婚龄为21年的女性和7位同婚龄的男性展示了他们配偶的面部照片,同时用FMRI(功能性磁共振成像)扫描了他们的大脑。结果显示,当浏览照片时,他们大脑中的奖赏系统活跃度很高——这与人们体验新恋情时的模式很相似,但与那些恋爱中的模式完全不同。[6]

还有研究表明,相互熟悉会增加彼此的吸引力,但有一些案例也表明,相互熟悉会造成彼此的吸引力减弱。[7]克里斯廷·普罗克斯和同事们看待这个问题的视角并不一样。他们发现,婚姻质量有两种主要发展轨迹：(1)婚姻质量初始水平高而稳定，并可能在长期内保持这一水平；(2)婚姻质量初始水平低下，后期通常保持在这一水平或以下。他们还发现，满足第一种水平的人占了多数。[8]

所以，浪漫爱情究竟是不是短暂的？这一问题仍然没有人能够解答。在本书中，我想要提醒读者，持久的浪漫爱情的确是存在的。虽然仍然会有相反的案例，但我还是想要证实，并不是所有的婚姻都是那样的。

新体验和熟悉度

我见你的次数越多，就越想要你。不知道为什么，这种感觉越来越强烈。每一次叹息，都让我更思念你。

——克里斯·蒙特兹（Chris Montez）

奇怪的是，我想改变我和我丈夫之间不愉快的关系。但话说回来，我不会以此为借口而找另外的性伴侣，只是说说实话……

——一位已婚妇女

当人们觉察到个人状况或与之相关的状况发生积极或消极的重大变化时，通常就会产生相应的情绪和情感，这似乎不利于培养持久的浪漫爱情。从进化的角度而言,变化对我们来说是有利的,因为有变化就有进步。变化表明我们的状况是不稳定的,这一点可能意味着生死之别。当我们适应了变化,就不会再因为变化而情绪不稳定了,因为我们无须为已经习惯的事情而浪费时间和精力。

变化不会一直持续下去,过一段时间,当我们适应了变化后,它就无法再给予我们刺激了。如同陌生人闯入时防盗警报器会响起一样,情绪也会发出提醒我们注意的信号。当不再需要关注的时候,信号系统就会关闭。当我们注意到信号时,就会对非同寻常的状况做出反应。[9]荷兰唯物主义哲学家斯宾诺莎同意这一观点。在他看来,对任何生命体而言,生存都是最重要的。当遭遇重大改变时,我们对状况的满意程度也会发生变化,这些变化会通过情绪表现出来。当状况变得更好时,我们就很开心;反之,我们就很难过。[10]

我想起一则著名的逸事。有一次,曾任美国总统的卡尔文·柯立芝(Calvin Coolidge)和夫人一起参观一家农场,但他们走的是不同方向的路。柯立芝夫人经过鸡窝时问农场主:公鸡每天是否有多次交配行为?农场主回答:"一天几十次。""请把这一点转告给总统。"柯立芝夫人说。总统经过鸡窝时,听说了夫人让农场主转告自己的公鸡的事,就问:"每次都是跟同一只母鸡吗?""哦,不,总统先生,每次都是跟不同的母鸡。"听到这句话，总统慢慢地点了点头，然后说："请将这一点转告给夫人。"虽然这个故事很有趣，但也有其严肃的一面。由这则逸事产生的学术术语"柯立芝效应"（Coolidge Effect），指的就是雄性哺乳动物（也有一少部分雌性）在遇到新的性伴侣时表现出强烈性欲的现象。

可是，也有人认为，新的体验对人的情绪变化的作用并不明显。[11]为了证实自己的观点，他们假设人们普遍认可的情感经历，如持久的爱情、悲伤、遗憾和讨厌等，不再被视为"情感"。我将证明，婚姻中增加的新体验，也能够让双方保持持久的情感。

除新体验能影响到人的情绪之外，相似度和熟悉度也能激发人的情绪。所以，相爱的恋人们在年龄、政治观念和宗教观念上表现出强烈的相似性，在教育、智慧和价值观方面有一定的相似性，但在个性方面相似性不高。只有在短暂的情感关系中（因为感情不那么深厚），人们才会更喜欢与自己不一样的伴侣。在以感情深厚和交互活动频繁为特征的持久的情感关系中，相似程度更高会让彼此更加亲密。[12]

然而研究也发现，无论是只重复以往的生活模式，还是只改变以往的生活模式，都无法让双方的感情深度到达巅峰。只有某些特定的改变在稳定的情感关系中出现，才会让感情升温。这样，我们就有必要区分相关（局部）新颖性和绝对（整体）新颖性。相关新颖性指的是熟悉的境况内局部的改变,而绝对新颖性指的是整个境况都发生了改变。相反地,从定义上来说,绝对新颖性的境况对我们来说是陌生的,可能不会对我们的情感产生震撼性的影响。而当这种境况出现时,我们就会产生消极的情感和情绪。

让我们想一想自己对他人产生的第一印象。这些印象一般是极端的:初见的时候,我们通常认为自己认识的新朋友非常漂亮或非常丑。过了一段时间后,这种极端的印象就开始改变了,第一眼看上去很漂亮的人似乎也不那么漂亮了,第一眼看起来很丑的人似乎也不那么丑了。19世纪的英国小说家韦达(Ouida)说:"熟悉度是一位对美残忍而对丑宽容的魔术师。"极端的印象与剧烈的情绪反应有关,能让我们对不熟悉的人快速做出反应。当我们了解这个人之后,这种极端的印象自然就会消失。事实上,适度的认知能够使沟通更顺畅。值得一提的是,刚交往时,虽然双方的吸引力能对情感关系产生积极的影响,但之后的婚姻质量与其没有明显的联系。[13]

总而言之,虽然变化往往会使人产生强烈的、短期的情绪,但随着熟悉度的增加,彼此往往会产生一种更温和的态度,这种态度能够持续很长时间。

追求浪漫

> 我们对做过的事情感到后悔,这种悔意能够被时光冲淡;而我们对未做的事情感到的遗憾之情却是无法被慰藉的。
>
> ——悉尼·史密斯(Sydney Smith)

人,关注的不仅仅是现在,或者说主要关注的不仅仅是现在,还会关注可能发生的事情。与其他动物相比,人类极大的优势之一就是,拥有更强的能力去想象与现状完全不同的局面。想象力对人类的生活而言至关重要,我们无法想象没有想象力的生活会变成什么样子。我们生来就会去想象可能发生的事,自然也就不可能忽视它。

想象力能够无限拓展我们的视野。想象力虽然能让我们不被当前束缚,但也让我们只注重可能发生的事。想象力是一把"双刃剑":它是一种天赋,却能伤人至深。在浪漫爱情的国度里,想象力给予我们想象各种浪漫场景的奇妙能力,让我们有机会为创造这些浪漫场景而做准备。但与此同时,它也会妨碍我们,使我们无法享受自己的浪漫时光。

爱情生活中最主要的问题是,我们要追求哪些可能性,而将哪些可能性搁置。我们什么时候应该满足于现状呢?要决定哪一扇浪漫之门敞开,哪一扇关闭,其实并不容易。每一种抉择都有各自的益处和所需的成本。

在爱情国度里,当人们面对痛苦的现状时,总会想象各种甜蜜的场景。想象力是浪漫爱情的驱动力,是持久之爱的基础,而不是让我们满足于自己已经拥有的事物的阻碍。浪漫爱情还需要两种主要"武器":适应和妥协。虽然这些词汇看起来一点也不浪漫,但我们将会在本书中见识到,它们是如何构建让我们心动的爱情的。

想象力在所有的时间维度上拓展我们的视野——过去、现在和未来。在现在,或更确切地说在不久的将来,我们将探索此时此地自己能够做的事。当考虑当前需求时,这为我们提供了一种切实的视角。回顾过去,我们能够更清楚地了解自己,以及知道对自己来说什么才是有意义的。虽然我们无法改变过去,但过去的经历会影响我们现在和未来的抉择。在这三种时间维度中,未来的维度对我们的抉择影响最大。人们想得最多的是未来,而不是过去或现在。很多可能发生的事,我们只要想想就觉得很满足了,而不是说非体验不可。[14]

我们经常反思过去并把其与现在和未来相比较,这会让我们生出后悔之情。后悔可以被视为我们对过去行为的一种消极态度。从短期来看,后悔的情绪往往涉及过去的行为,这些行为产生了消极影响,而从长远角度而言,后悔往往涉及不作为(未选择的道路),这也是我们目前视野不够开阔的原因。[15]一项调查显示，在教育、职业、爱情和育儿这四方面美国人对于自己的选择表示后悔。首先是教育，因为它是通往高价值选择的大门。接受了更高等的教育，收入就会更高，职业的挑战性相应会更大，人们也会参与更多的社交活动，有更多浪漫的邂逅。我们最遗憾的是没有拓宽自己的视野。但遗憾与机遇密切相关，也就是说，当改变、成长和更新的愿景未能实现时，我们往往会感到遗憾。[16]

焦虑和担心被认为是我们对未来行为和境况持有的消极态度。从短期而言，我们担心未来的事会伤害到我们；从长期来看，我们担心未来视野会缩小。当我们年轻时，通常认为未来是有无限可能的。当我们年岁渐长或患上疾病时，我们的视野似乎不那么开阔了。斯坦福大学心理学教授劳拉·卡斯滕森称，我们的动机每一次都有差异。当我们的视野正在扩大时，我们就会乐于拓展我们的兴趣，参与各种各样的活动；当我们的视野正在缩小时，我们就可能更专注于自己所拥有的东西。这一点在老年人、妇女对自己"生物钟"的认识中以及战争时期尤为明显。因此，随着年岁渐长，我们越来越觉得时间是有限的，视野是有限的，所以开始重新规划自己的人生。我们不再那么重视长期性的事物，而更关注那些给我们带来即时情感意义的目标。[17]然而，在年轻的时候，我们想要得到的即时情感意义都要通过外在抉择来获得（爱情和其他事情都是如此）；到老年时期，这些事物就成为我们当前生活方式的一部分。

在爱情领域,当我们注重培养现有的情感关系,而不是花费精力去探索新的爱情时,就会欣赏持久的爱情。这种关注现有的趋势,让我们对自己拥有的感到满足,而这反过来也减少了向浪漫妥协的机会,让我们不再想着去别的地方寻找浪漫。虽然男女双方短期内对彼此的吸引力往往是很重要的,但指导我们构建个人成长和爱情培养的基本观念的,却是长期的视野。

我爱你,但我要离开你

很抱歉,我虽然爱你,但必须离开。也许你是我正确的选择,但不是让我快乐的选择。

——哈莉·曼泰尼亚(Hallie Mantegna)

这世上当然有爱,但我们还要生活,而生活是爱的敌人。

——法国剧作家让·阿努伊(Jean Anouilh)

"我爱你,但我要离开你",这句话看起来很矛盾。如果你爱我,那为什么要离开我?毕竟,爱一个人就希望一直和他在一起,不再离开他。虽然这个说法看似矛盾,但我们也要认识到这种说法存在的合理性。

有时候,生活和爱是会发生冲突的,我们必须做出折中的抉择,这其中就包括离开你爱的人。

生活中爱的重要性

> 你需要的只是爱。
>
> ——披头士乐队(The Beatles)

爱情能让我们的生活更甜蜜。此外,它还能给我们带来健康和幸福,让我们过得充实,让我们感觉自己是真正活着的。因此,婚姻作为爱情持久存在的主流形式,能让我们更加健康。它可以减少我们心理上的抑郁和难过,让我们更幸福,也让我们不再频繁地去看医生;可以降低我们的血压,使我们受伤后能更快痊愈,并拥有更长寿命。显然,爱的确能够对健康、幸福和人的能动性产生积极的影响。爱(和婚姻)与幸福(包括健康和充实)是相互影响的:幸福的人更容易陷入爱中,相爱的人更有可能感到幸福。[18]因此,那些声称他们的婚姻"非常幸福"的人是最幸福的——其中有57%的夫妻声称,他们的生活是非常开心的(与之相比,婚姻"非常幸福"的人占10%,婚姻"不太幸福"的人则占3%)[19]。

而现在,情况更加复杂,因为并不是所有的婚姻都是一样的。与幸福的婚姻相比,不幸的婚姻是有害的。调查表明,与未曾婚配、离婚、分居或丧偶的人相比,那些婚姻不太幸福的人的健康程度更差,死亡风险甚至更高。因此,虽然与不结婚相比,结婚的好处更多,但不幸的婚姻对人的危害可能与幸福的婚姻对人的益处一样大。婚姻不是万能的灵丹妙药,只有在婚姻中感到幸福的人才明白其益处。[20]

生活在爱情中的重要性

告别让我明白:你身边的人不会一直待在你身旁,今天属于你的东西,明天可能就会属于别人。

——拉尼娅·纳依姆(Rania Naim)

爱让生活变得充实,而深刻持久的爱也需要充实的生活为其提供条件。因此,我们就遇到了这样棘手的问题:是否要继续维持一段阻碍个人发展的爱情关系?对于这一点,已故的戴安娜王妃曾这样说:"人们说,贫穷而快乐地活着比富裕而痛苦地活着要好,那么,我们折中一下,体面而感性地活着又如何?"同样地,人们可能会说,贫穷但有爱的生活比富裕却无爱的生活要好。那我们也折中一下,体面地活着且彼此相爱(而不是爱得痴狂)又如何?

在爱情的妥协中，我们放弃对激情之爱的渴求，转而追求更生活化的爱情观。之所以做出这样的抉择，是因为我们认识到自己的时间和能力都是有限的，我们并不总能达到既定的目标或实现自己的理想。想要生存，我们有时候需要灵活一点，满足于一些比我们想要的更少或根本不同的东西。

如今，我们普遍认为，爱是高于生活的。我们总是听到"有爱就不会输""有爱就总能找到办法"这样的说法。生活也许不是爱情最强劲的对手，但我们在生活中要考虑的现实问题总会与浪漫爱情相冲突。如果承认在某些情况下，生活是高于爱情的，那就是承认爱情中妥协的必要性。现代存在主义哲学创始人克尔凯郭尔（Kierkegaard）说过："生活不是一个待解决的问题，而是一个需要经历的现实。"事实上，我们也必须重视生活。

虽然生活中少不了爱，爱也离不开生活，但爱和生活经常会发生冲突。当这种冲突发生时，人们可能就会选择离开自己所爱的人。导致冲突的原因有两种：(1)伴侣双方感情的本质；(2)伴侣双方生活的质量。通常，这一冲突是由这两种原因之一引起的。

我爱你,但不够深刻

想要得到你的人和竭尽所能保护你的人是不一样的。爱与不爱,看行动就能明白。

——佚名

浪漫的爱情不是极端的事物——它有不同程度的区分。有时候,一段爱情能持续数周或数月的时间,但不足以持续一生。在这样的爱情故事中,恋人们对于分分合合通常会找如下的理由:

"我找到了新的恋人。"

"我忘不了过去。"

"现在,我跟你在一起很快乐(感情很深),但我看不到未来(这感情不会持久)。"

"我们是很棒的性伴侣,但我们的关系并不好。"

"我们的关系很不错,但在性生活上不协调。"

"你的行为方式很有问题,让我无法相信你,无法与你平静相处。"

"我无法给你应得的爱,"或更直接地说,"我对你的感觉还不够强烈。"

在这些故事中,分分合合的理由主要是通过比较得出的——这些理由都表明他们爱得不够深或不够持久。这时，爱是有深浅之分的，但这些程度的判断也不是绝对的——至少，与其他可行的选择相比，其不是绝对的。得不到爱时，我们更倾向于选择生活。正如一位女士曾说的："我以前从未真正爱过人，所以爱上了钱。"

我爱你，但不能跟你一起生活

> 听着，我也讨厌告别，但有时候，为了生存，我们需要告别。
> ——雷切尔·凯恩（Rachel Caine）
>
> 如果我留下来，只会成为你的牵绊，所以我还是离开吧，但我会永远爱你。
> ——美国知名歌手多莉·帕顿［Dolly Parton，后来还有惠特尼·休斯顿（Whitney Houston）］

建立长期的浪漫关系还需要考虑双方一起生活的非浪漫因素。爱一个人并不意味着你一定要和他一起生活。一起生活并组建家庭当然需要爱——但也不仅仅需要爱，还需要我们能够充实彼此的生活。在这种情况下提出分手，人们通常会找如下的理由：

"我爱你，但我还没准备好（跟你一起生活）。"

"你无法让我过得充实,因为你发掘不出最好的我。"

"我无法让你过得充实,相反,跟我在一起也会阻碍你过上充实而幸福的生活。"

"我们不适合一起创建一个长期的、充实的生活。"

"你不是一位好父亲、好丈夫或优秀的养家者(尽管你是个很棒的爱人)。"

在这些理由中,爱的深度足以维持长久的爱情,但无法维持长久的生活。

人们有时候更愿意在生活中获得成功,而不是在爱情中。这个成功可以是他们自己的成功,也可以是他们伴侣的成功。例如,曾有一位结过婚的女士说,她很爱她的第一任丈夫,但觉得他们的关系中缺少了一点什么,所以决定离婚。"他没什么不好的,"她说,"不过,满足自我可不是我生活的目标。他不会给我带来阻碍,但也发掘不出最好的我。我和我的第二任丈夫争吵过很多次,但我感觉,他的激情和才能可以发掘出我最好的一面。"这位女士选择离开第一任丈夫,而不是陷入自我迷茫中。

例如,有人虽然找到了相爱的人,但仍然会选择与对方结束恋爱关系,并说两人相伴一生会让伴侣陷入痛苦中无法自拔。这就是那首歌曲《我将永远爱你》的主题。很多人认为,这是史上最伟大的爱情歌曲。考虑到这种情况,我们有时候会听说一个深爱自己伴侣的人，出于担心深厚的爱和长久的相伴会让自己所爱的人深陷痛苦中，而结束了他们的情感关系。在这种情况下，结束情感关系证实了这个人对配偶幸福的关心和在意。

爱，尤其是强烈的爱，会让我们忽略生活中其他重要的事，也因此给我们带来了伤害，让我们无法与自己深爱的人执手一生。在著名歌曲《再见，玛丽安》中，莱昂纳德·科恩写道："你知道，我喜欢跟你一起生活。"但他后面又说，"你让我忘记了很多事，让我忘记了向天使们祷告，所以天使们也忘了眷顾我们。"所以，"再见，玛丽安"。

要在婚姻中保持深厚的爱，伴侣之间应相互倾心——但远不止如此，伴侣双方还要非常关注彼此的生活是否充实。和能够充实彼此生活的伴侣在一起，双方的爱会更深厚。有时候，当这一愿望没有得到满足，且生活战胜了爱情时，关系中的一方就会对另一方说："我会永远爱你，但我不相信我们的爱会有未来，因为我们不能一起成长。"相应地，深厚的爱并不等同于持久的爱。有些伴侣虽然深爱彼此，但最终还是选择了离婚。

爱到深处，就一定会希望伴侣过得幸福而充实——这种愿望在持久而深厚的爱中是必不可少的。在面对某些极端的挑战时，如一方极度沮丧，或因生活贫困而变得悲惨，此时的爱情是不可能让彼此展现出最好的一面来的，而能激发对方最好的一面是持久爱情的一个重要组成部分。有时候，人们可能会觉得，两人一起生活会让自己或双方都无法过得幸福而充实,或者会给孩子带来消极的影响(这是对已婚人士而言的)。这样,人们就会去追求更充实而幸福的生活,而不再向往爱情。

我们只需要爱吗?

> 你只需要爱,但偶尔吃点巧克力也没有坏处。
>
> ——查尔斯·舒尔茨(Charles Schulz)

我们已经知道,浪漫爱情对我们的生活有积极的影响。但要过得幸福而充实,我们需要的不仅是爱情。为了让爱情持续下去,我们需要足够好的生活"框架"。爱情的蓬勃发展,也会让我们更有动力。然而有时候,爱与生活会发生冲突。

因此,我们有时候会这样问自己:爱和生活哪个更重要?这可是个难题。在某种极端的情况下,人可能会为爱舍生(如罗密欧与朱丽叶);相反,人也可能会为了生存而舍弃爱情(如维持一段无爱却舒适的婚姻关系)。当然,我们大部分人会做出折中的抉择。爱的力量、生活需求的本质,以及爱与生活之间的冲突程度,决定了我们的爱和生活能够共存多久。

当我们认为浪漫爱情的核心就是强烈的欲望时,爱情和生活之间的冲突就会加剧。这样的欲望通常是很短暂的,会随着时间流逝而减弱。相反地,生活却还是会继续下去。相爱的人不可能无视生活,爱也不见得总能胜过生活。无论如何,爱都无法取代生活。

事实上,在一项对恋爱中的伴侣的研究中,接受调查的伴侣们提供了他们在关系存续期间感知到的情感变化程度报告。在研究的四年时间里,未分手的伴侣们认为,他们的爱意、忠诚度和满意度随着时间的推移而增强。然而,那些分手的情侣认为,他们的满意度下降最剧烈,而爱意却是下降最慢的。这些结果证实了,"人们结束一段感情关系不是因为爱消失了,而是因为心生不满或感觉不幸福,这可能会导致爱情停止成长"。[21]

爱与生活正面交锋时,几乎总是输的一方,尤其是基于强烈的欲望而生发的爱。从长远来看,只有当情侣们培养好相互之间的感情,并采取一些能让彼此幸福而充实的行动时,爱才会生根发芽,茁壮成长。这样的话,爱与生活才能紧密结合到一起。

披头士乐队的经纪人布赖恩·爱泼斯坦曾说,"你需要的只是爱",这句话表明了"爱就是一切"。虽然爱情对于我们的幸福和充实至关重要,但在幸福而充实的生活中,爱并不是必需品。事实证明,爱不是生活中的全部,却是生活的重要组成部分。

如果我们需要的的确不只有爱,那么,某些人会离开自己所爱的人也是很合理的。

短暂的迷恋和长期的爱情

> 我既想要持久的、深厚的爱情,也希望享受激情。激情和深厚的爱对我来说都很重要,都能让我感到满足。
>
> ——一位三十多岁的女士

本书认为,长久的、深厚的爱是可能存在的。在本章即将结束时,我想要提出这样一个根本性的问题:长久的、深厚的爱是不是一个令人向往的目标?而且即便我们都认为"无尽的爱"很重要,也值得追求,那我们也可以问:这是否意味着所有短暂的、紧张的情感关系就该结束呢?

让我们来看一位离过婚但事业成功的女商人玛丽安娜的说法:

"我为那些长期与同一伴侣相爱的人感到开心……但我愿意一生都只爱一个男人吗?老实说,我心里的答案是否定的。然而,当我深爱一个男人时,会希望这段爱能够持久。能和现在相处的男人永远相爱,我会很开心。但是,我知道这是不可能的。虽然我并不年轻了,但仍然渴望激情。所以,我认为我真正想要的是一生中有不止一个爱人,这也是我现在的生活状态。"

玛丽安娜的态度是受一种不合理的观念影响产生的——长期的、深厚的爱是不可能存在的。然而,正如上文所述,有研究表明,持续一生的爱完全是存在的,而且拥有这种爱的婚姻比我们许多人想象的更多。此外,对持久的爱的观念也会随着年岁的增长而改变。随着年岁渐长,一种平和而不是刺激的感觉可能会成为婚姻的基本要素。[22]

玛丽安娜的这种矛盾观念是真实的,而且拥有这种观念的人远不止她一个。那些深爱着自己伴侣的人也会有这种感觉。曾有一位读者,在读过我在《今日心理学》杂志发表的文章后,给我寄来了一封信。在这封信中,这位女士坦言很难为了心中所期待的持久的爱情而放弃性伴侣。

人们都要面对这样的抉择,究竟是选择持久的、高质量的、适度激情的爱情关系,还是选择短期的、低质量的、激情高的爱情关系。对很多人而言,这似乎不是二选一的问题——他们不想在持久而深厚的爱和短暂而富有激情的爱中做选择,而是考虑两者是否能相结合,抑或该怎样结合。

结束语

我自私、没有耐心,也有一点不安。我会犯错,会失控,有时候很难掌控。但如果你忍受不了我最糟糕的一面,那当然也不配欣赏我最好的一面。

——玛丽莲·梦露(Marilyn Monroe)

爱情是我们人生中的一道高峰,但攀登的过程是有趣的、有意义的,通常也是令我们愉快的。处理复杂的情感关系并非易事,有时我们需要睁眼明察现状,有时我们需要闭上眼不问外事;有些事我们需要铭记在心,有些事我们经历过还需要学会忘记。好莱坞巨星英格丽·褒曼说得好:"幸福就是好身体,坏记性。"在这个社会中,难的不是找到爱,因为爱无处不在,你所见到的、听到的一切都证明了这一点。但不幸的是,现在的社会氛围受到了很严重的污染,不支持我们培养持久而深厚的爱情。

我们都渴望持久而深厚的爱情,但同时也明白,要找到这样的爱,我们的心还需要指引。正如本书中所讨论的那样,把握住平衡才是关键所在。静下心来,并竭尽所能地努力争取。这是一种很好的折中办法,有助于提高我们生活和爱情的质量。虽然相信爱总会赢是天真的想法,但对此持有积极的态度对我们是有帮助的。

Chapter 2

情感体验

当你觉得对方的幸福比自己的幸福更重要时，那你就爱上他了。

——小杰克逊·布朗（H. Jackson Brown JR.）

这一章，我将继续之前的旅程，讨论情感和爱情体验的本质。在本章的前一部分里，我将介绍"短暂的、强烈的激情"，后一部分里，我将介绍"可延伸的、持久的感情"。激情通常是短暂的，几乎是瞬间的体验；可延伸的感情包括了重复性的情感体验，这些体验被认为属于同一种情感——持久的感情可以持续多年。根据这些区别，我进一步探究了情感和情绪的共时性和倾向性，以及情感的单纯性和复杂性。在之后的讨论中，我们将认识到激情强烈而短暂的特性。这也引出了一个问题：怎样才能把握住激情与情感的平衡，让伴侣双方的爱情深厚而持久。

特有的情感

> 我曾努力想要忘记你,但却做不到。我抑制不住自己的感情。请让我来告诉你,我有多么敬慕你,多么爱你。
>
> ——简·奥斯汀(Jane Austen)《傲慢与偏见》

首先介绍激烈情绪。激烈情绪产生的典型缘由,即一个重大的变化;激烈情绪的典型关注焦点,即个人化的、相比较而言的关注焦点;激烈情绪的典型情感对象,即人;激烈情绪的主要特征是不稳定、强烈、片面、持续时间相对短暂。

激烈情绪产生的典型缘由。正如上文所述,当我们个人或与我们相关的情况发生了积极或消极的重大变化时,我们就会产生激烈的情绪。积极或消极的重大变化基本上会改善或中断我们所关心的平稳状况。

典型关注焦点。当关注的事物发生变化时,我们就会产生情绪。我们关注的是感兴趣的或很重要的事物。情绪被用于监管和保护我们所关注的事物。这些关注不会让我们产生以自我为中心的情绪,因为我们从情感上还在关心着其他人。[1] 在爱情的问题上,我们尤其如此。

情绪的意义是相比较而言的。情绪环境不仅包括现在和将来的体验，还包括一切可能发生或一个人希望体验的事情。我们体验的这些事情不仅是可能发生的，而且是可以用来相互比较的。因为进行了比较，情绪才会发生变化。只有在特定背景下或特定框架内进行比较时，发生的事情才能被视为重大变化。

在筛选可能的替代方案并评判它们的情感权重时，我们会从心理上对它们的可行性进行评估。[2]可行性越高，也就是说，想象的选择越贴合实际，情绪就越强烈。因此，旅客因改签航班后遭遇空难而亡的事件对人的感情冲击比旅客一直订乘该航班的事件对人的感情冲击更大。可行性更高，也就增加了不稳定性和本可以避免的可能性，这让人觉得更痛苦。事实上，强烈的情绪之所以产生，其中的关键因素之一就是在我们想象中"这件事本来可以不这样发生"。

典型情感对象。由于情感表达了我们个人的、相对关心的事情，而我们的幸福往往又与他人相关，所以典型的情感对象自然是人。作为社交性的动物，我们最感兴趣的还是其他人。我们自己和其他人所做、所说的一切，对我们的影响最大。[3]虽然人类的情感通常指的是与其他人的情感，而且会特别指向某个人，但有时候，这种情感也会广泛地指向某一种特定的人群、动物或其他无生命的事物。所以，有些人认为，我们与人造事物的情感关系，如与机器人或精致的洋娃娃的情感关系，也和我们与其他人的情感关系一样重要,一样能充实我们的生活。[4]

激烈情绪的主要特征是不稳定、强烈、片面以及持续时间相对短暂。

不稳定。变化对情绪的产生至关重要,因为心理和生理系统的不稳定性是所有情绪的基础。当之前的情境发生改变,而我们还没有完全适应新的情境时,情绪就会产生。如同风暴和火灾一样,不稳定的情境会刺激我们,从而让我们产生情绪波动。此外,这种波动是强烈的、偶然的、短暂的。情绪的产生是基于一种关怀的心态,与完全的冷漠截然不同。

强烈。激烈的情绪以强烈为标志。情绪平稳的人,其生活是平淡稳定、缺乏波澜的。而激烈的情绪是很强烈的,这样的情绪爆发时,我们的心理系统还未曾适应此变化。由于其重要性,这种变化需要调动很多资源。难怪激烈的情绪总是与急切和热烈有关。如果人产生了这样的激烈情绪,那么任何与关注的事情有关的问题都会变得至关重要;如果问题是次要的,那就与情绪无关了。情绪有放大的作用:当我们情绪化的时候,一切问题都会被放大。因此,当你告诉伴侣你只有一点点爱他时,他会觉得自己被侮辱了。一点点的爱可以被理解为喜欢,但不意味着强烈的爱。

片面。激烈情绪的片面性是从两个层面而言的:(1)认知层面——激烈情绪的关注目标狭隘,通常针对一个人或很少一部分人；(2)评估层面——激烈情绪表达的是与个人利益有关的态度。情绪通过挑选吸引我们注意力和我们一直关注的东西来引导和控制我们的注意力。情绪可以与热追踪导弹相比较，后者只追寻散发热量的目标。情绪从个人的角度解决实际的问题，我们不能对与我们无关的任何人持情绪化的态度。专注较少的事物会增加个人对此事物的关注度，从而增加情绪强度。如同把激光束聚焦在一片狭窄的区域，从而提高强度一样，表达我们价值观和喜好的情绪也是不能任意发泄的。

持续时间相对短暂。激烈情绪通常是短暂的，我们无法调动太多资源来永远只关注一件事。一个系统若长期处于不稳定的状态，是无法一直正常运行的。改变，或者至少是外在的改变，不会长期存在。一段时间之后，身体系统就会将变化了的状况视为正常。如果无论外界发生什么，情绪都会长期存在，那它就无法适应改变了的情境。然而，虽然激烈的情绪都是短暂的，但这并不意味着它带给人的影响也会是暂时性的——短暂的情绪状态可能会对人的生活产生巨大的影响。

情感经历的暂时性：激烈的、可延伸的、持久的情感

爱不像磐石，可以岿然不动；爱就像面包一样，是被制造出来的，而且需要不断重塑更新。

——厄休拉·K. 勒·吉恩（Ursula K. Le Guin）《天钧》

情感会随着时间的推移而产生，并持续一段特定的时间，通常还会反复出现。在浪漫的爱情中，这些与时间有关的特性特别重要，因为爱情是需要用时间来催化并生长的。浪漫爱情不仅仅需要"花"时间，它还是由双方一起度过的时间构建和塑造的。[5]

关于一种情感能够持续多久，并且仍然被人们认为是情感，这个问题长期以来都存在争议。有的人说，情感一定是很短暂的，只能持续几秒或几分钟，也有人认为，情感可以持续更长久的时间。一项跨文化的研究表明，恐惧感通常只持续几分钟时间——大多数情况下不到五分钟，时间长的也极少超过一个小时。愤怒通常也只持续几分钟到几个小时的时间。调查显示，我们的悲伤和快乐通常能持续一个小时以上的时间。另有一项调查显示，在参与调查的人中，悲伤时间持续超过一天的人有半数以上。嫉妒、悲伤和爱通常持续的时间更长一些。如果只

持续五秒钟的时间,那这种情感就不能被视为爱。爱需要不断创造和重塑。对别人的灾难幸灾乐祸的情感也无法存续多长时间。然而,其他的情感就不那么受时间限制了,可以持续不同的时间。⁶

情感的持续期可以从以下四个方面进行评估:时间位置、持续的时间、节奏和频率、有意义的方向。时间位置是指情感经历发生的时间;持续时间就是情感经历的时长;节奏是指情感经历的发生是快还是慢,而频率则与情感经历的重复度有关,也就是说,情感经历再次发生的速度。此外,还有第四个评估点,就是情感的发展或者衰落,也就是情感经历随时间推移的有意义的方向。

由于所有类型的情感经历的时间位置都是一样的,所以我们可以讨论三种主要的情感经历:(1)激烈的情感;(2)可延伸的情感;(3)持续性的情感。激烈的情感是短暂的,几乎是即时发生的。可延伸的情感包括连续不断地重复被认为属于同一种情绪的经历,如持续几个小时的生气或嫉妒。与激烈的情感相比,可延伸的情感持续时间更长,发生的频率更高。情感的深度因时间不同而异,情感的性质也可能会发生某种程度的变化。而持续性的情感是这三者中持续时间最长的情感,能够持续一生。除持续时间长、频率高外,持续性的情感还涉及一种有意义的质的发展(有时也会衰退),以及一种随着时间的推移而展现的一个人的性格本质。[7]

持久的情感经历包括一系列激烈的和可延伸的情感,不断影响着我们为人处世的态度和行为。愤怒可能持续几分钟或稍长一点时间,但失去爱人的悲伤会无限期地延长,而且影响我们生活的诸多方面——我们的情绪、我们的生存,以及我们看待时间和空间的方式。一个人对配偶持久的爱有时涉及激烈的性欲,但不涉及持续的、强烈的性欲,它还会影响到她对待配偶和其他人的态度和行为。例如,因为爱情,她会对配偶的日常活动感兴趣,这种爱也会影响到她在他面前的行为,以及她对他和其他人的态度、看法等。

正在发生的和有意向性的情感和情绪

我讨厌做家务!铺床、洗碗,六个月后,一切又重新开始。

——琼·里弗斯(Joan Rivers)

意向性和感觉是两个基本的心理维度。我们通常认为,人有意识的观点和感受可能是对的,也可能是错的。但事实并非如此,例如,你觉得牙痛,这种感觉就没有对错之分。关于对某事物的意向性,我们需要让自己与世界隔离开来,并确立一种有意义的物我关系。感觉是我们对自身状态的一种意识,它反映了我们自身的状态,但其本身并不针对这个状态或任何其他对象。

撇开上述区别中有争议的细节不谈,我们可以说,情感态度主要是情感和情绪,是意向和感觉的独特组合。它由一种重要的感觉和一种特定的(含蓄的或明确的)立场(或称关注度)组成。在复杂的情感态度中,情感意向性更加明显,其他的意向成分也有,如明显的动机(行动准备)和涉及一些实际含义的认知成分。情绪的意向性更加普遍化,所以可能缺少这些动机和认知成分。

我们可以从不同的方面来探讨情绪和情感,如以下三个方面:持续时间、意向性和起因。情感持续的时间通常比情绪持续的时间要长,而且情感具有普遍的(如果有的话)意向性。从这个方面来说,情绪是不能同时出现的,我们不太可能在同一时间内体验到不同的情绪。此外,情绪不像情感那么片面(至少从它们的聚焦点方面而言是如此的),通常是由在特定的时间发生的特定事件引起的,而情绪则不同,各种各样的事物都能引发我们的情绪。此外,与情绪相比,情感更加温和、稳定,通常积淀在环境背景之后,与人的行为的关联并不紧密。[8]

在探索持久情感的可能性时,如持久的爱情,我们需要区分其实际的和潜在的属性。持久感情的潜在背景对我们的世界观有重要影响。所以,如果我们爱一个人,那么当这个人有危险的时候,我们就会恐慌。[9]

有意向性的情感活动有如下几个特性:(1)无论是在相同的还是在不同的情感事件中,一种内在潜能都有可能以类似的方式重复表现出来;(2)具有从"背景"变成"前沿"的内在潜能;(3)具有内在发展潜能。

我们发现,所有的情感态度都有上述第一种特性:每一种情感和情绪都能够重复产生。人们通常倾向于以消极的态度去看待重复的事情,因为重复会让人产生厌倦感,会削弱人的创新能力。然而,很多事情也是需要重复练习的,唯有如此人们才能不断地巩固和提高技能,如弹钢琴和跳舞。重复地练习弹琴、跳舞,会带给人一定的乐趣和享受。在这种情况下,重复是有价值的,因为它能提高人相应的能力,正如旧时的俗语所言,"用进废退"。

持久的情感态度,如持久的爱情或持久的悲伤情绪,也能从我们意识的"背景"进入"前沿"。即便我们不去想它们,它们也会隐藏在我们情感经历的羽翼下——就像那些偶尔出现的背景音乐,一出现便吸引了我们的注意力。即便爱和悲伤在"背景"中没有被表达出来,但也能通过我们的行为体现出来。

持久的情感态度,如持久的爱情,也是有发展(或消亡)的倾向的。从这个方面而言,这种倾向性有规范的一面,因为它使行为成为自己的一部分。这种"倾向性"是我们探寻持久而深刻的爱的可能性的关键所在。

情感的单纯性和复杂性

我喜欢吃美食,也爱各种美食。

——戴维·苏尔(David Soul)

人们总喜欢讨论他们的爱有多么深沉或多么强烈,爱情歌曲也总是围绕这样的主题,[10]但浪漫爱情表现出的复杂性却很少有人关注。请想一想,你上一次抱怨你的爱人不够浪漫是什么时候。然而,太过浪漫也可能会破坏爱情关系。

在某项有意思的调查中,研究者们发现,在某种程度上,听某种音乐的频率越高,人对它的偏好就会逐渐增加。然而,总是听同样的音乐曲调,人会容易生厌,尤其是乐曲太过简单的时候,乐曲越多样化,就越难以让人生厌。[11]音乐是如此,爱也是如此。浪漫化的爱情增强了伴侣之间的关系,减缓了情感深度的下降速度。在深刻的持久爱情关系中,被爱的人被视为一个复杂的人,和他一起可以体验不同的内在感受。

记住情感的三个主要意愿成分:认知、评估和动机。我们现在就来讨论三种与之有关但不同的情感复杂性。首先,认知成分是指情感的多元化,也就是同样的情感可以以完全不同的方式来表达;其次,情感矛盾的评估,也就是积极和消极的情感会同时存在；最后，情感动机，也就是我们在复杂多变的情感环境中以积极的心态做出正面行为的能力。

情感的多元化

乔迪·霍尔蒂巴克（Jordi Quoidbach）及其同事们认为，情感多元化——人类的情感具有多样性和丰富性——是人生理和心理健康的独立预报器，例如，能降低患抑郁症的概率，减少人去心理咨询师那里咨询的次数。他们还声称，更多种不同的特定情绪状态（如恼怒、羞耻和悲伤）、更少或更多的整体情感状态（例如，感觉难过）更有生存价值。这些特定情绪的多样性能反映出我们所处环境的更多特征，我们个人也更有能力去处理特定的感情经历。此外，丰富的情感也体现出人的自我意识和真实生活，而这两者都与人的身体健康和幸福有关。[12]

情感多元化有多种不同的表现，这里，我们只讨论感官多元化和感情多元化。感官多元化是指如嗅觉、视觉、听觉、味觉等感官感觉。感情多元化则与一系列普遍的情感状态有关，如听不同的音乐，在大自然中散步，享受阅读、舞蹈，或参加葬礼等。从一定程度上而言，这些方面的体验越丰富，我们的感情越充实，因为我们会对更多事物感到满足，而这种满足感可能会持续很长时间。

我们能够区分自己态度的复杂性和引起我们态度变化的事物的复杂性。这里,我们主要探讨的是人物态度的复杂性。当然,无论人对各种事物持有怎样的态度,各种事物本身也有不同的复杂性。例如,一段交响乐客观上比一首简单的曲子更复杂多样。不过,在我们的社会环境中,最复杂的还是我们自己的态度。因此,在深厚的爱情关系中,爱人的态度不仅基于伴侣的外貌,还取决于对方的信仰、成就,以及两人共有的经历等。

在爱情中,就像在其他情感关系中一样,我们可以讨论两种多元性:(1)整体的多元性,就是将所爱的人看作一个多样化的整体;(2)个体的多元性,是指一个人可以爱很多不同的人。第一种整体的多元性受到人们的高度重视,是任何一种持久而深厚的爱情基础。第二种关于个体的多元性争议更大一些。多角恋者的爱情属于第二种多元性模式,他们坚称这种模式不仅无害,甚至能巩固他们的所有爱情关系,加深他们对不同伴侣的感情。这里,我主要探讨第一种多元性的情感,第二种容后再议。

深厚的爱情包含一种综合的态度,这种态度考虑到了被爱对象丰富且复杂的特性。[13]这种态度之所以复杂,因为它不是让我们以片面的、简单的视角去看待爱人,而是让我们将爱人视为一个多样化的整体。相比之下,性欲或友谊的局限性更大。在爱情中,我们既能发现树林,也能看到不同的树,而在性欲中,我们关注的通常只有一棵或几棵树。

我们还可以延伸情感多元化的概念。例如，我们可以将当前的情感拓展到发生在过去、现在和未来的各种可能和不可能的情境里。我们的情感环境就是这样丰富起来的。事实上，在我们的情感生活中，想象是必需品。丰富多样的环境在我们不安定的爱情生活中也发挥着至关重要的作用。

情感的矛盾性

> 我们似乎有能力付出无限的爱与忠诚，也有能力去欺骗他人，对他人施暴。也许正是这种令人震惊的矛盾情感让我们与众不同。
>
> ——约翰·斯科特（John Scott）

让我们来认识一下情感复杂性的评估特性——情感矛盾。在心理学中，这种特性被称作"情感辩证法"。情感矛盾是指同时体会到积极和消极的两种情感。[14]

举一个相互矛盾的情感同时出现的事例为证。一位寡妇在参加自己女儿的婚礼时，既为女儿出嫁而开心，又因自己已故的丈夫不在场而难过。这种矛盾的情感会贯穿整个婚礼，而且可以持续到婚礼结束。这并不是一种非理性的体验，由于情感的片面性，没有哪一种能够主宰全场。另一个情感矛盾的例子在小说或是地下情中更加常见，处于这种矛盾中的人经常说：

"亲爱的，我非常爱你，但我实在忍受不下去了。"

人有能力在同一时间里拥有不同的观念和想法，在应对复杂多变的生活时，这也是一种重要的生存技能。这种能力允许我们追求某些价值观，并让我们在保持对所有价值观的信念的同时对他人做出妥协。当我们发现他人身上积极和消极的特质时，这种能力就会让我们产生相互矛盾的情感和想法。我们会用智力将所有的观念和想法加以锤炼综合，然后形成一个综合的看法。我们的理智接受不了这种同时出现的矛盾观念，而我们的情感却可以接受这种矛盾。[15]

行为的复杂性

我不会去追求刺激的性爱，但当事情发生时，我不觉得我必须拒绝。要吸引我一点也不容易，我对性爱也不感兴趣，我感兴趣的是我的爱人。我一直在想着他，想跟他说话聊天，无穷无尽。我不确定我们现在可以怎么想、怎么做。每当想到各种能做的事时，我都会脸红。

——一位已婚女士

情感的前两种复杂特性（认知和评估）与我们对情感环境的认知有关。情感是离不开现实的，它们表达的是我们个人对现实的观点和看法。这种行动准备是情感的核心，有些人甚至认为这是情感最基本的要素。[16]那么，情感的复杂性也应该会影响到我们的情感行为。但我们都知道，认识到情感的复杂性，且以某种方式评估这种复杂性，并不意味着我们就一定会采取相应的行动。我们听过或说过多少次这样的话——"我知道应该这样做，但我就是做不到"？在我们看来，一个人可能知道要给予伴侣更多自由，这样他们的关系质量才有保障，但嫉妒心理却阻止了他这样做。

这时候，我们就应该区分爱情需求和爱情"欲望"了。人们需要食物、水和住所来生存并繁衍。爱情需求能让深厚的爱情关系开花结果，包括分享有价值的活动、关心彼此、互惠互利、相互扶持。而爱情"欲望"，当然是你想要拥有的东西。虽然得到了我们想要的东西，我们情感关系的质量可能会提高，但如果得不到，我们的情感关系也不会毁灭。频繁的性行为、出去吃饭、看电视、闲聊、开玩笑，这些都可能会让人陷入"欲望"的陷阱中。虽然需求和"欲望"并不总是泾渭分明的，但我们可以说，爱情需求与情感的深度有关，而爱情"欲望"则与感情的强烈程度有关。两者都是终生相爱的基本要素。

我们的情感关系是很复杂的。情感的复杂性通常会让我们做出复杂的行为（尽管有时候面对复杂的状况，我们最好的回应方式是做出简单的行为）。然而，爱情的意识形态跟其他的意识形态一样，都是需要纯粹且单向性的强烈的情感，不容许出现复杂的态度和行为。因此，爱情的意识形态淘汰了诸如"方便""舒适""迟疑""妥协"这类的词汇。人们认为，纯粹的爱包含无限的欲望，如"你需要的只有爱"和"爱可以征服一切"等笼统的说法就能证实这一观点。[17]

情感复杂性的概念与人们普遍说的"情商"有关。情商是指人具有的准确而高效地处理情感信息，并据此相应地调节自己和他人情感的能力。就像体验情感复杂性的能力一样，情商指的是一种对某些高等刺激的敏感性。情商和情感复杂性是紧密相关的：情商高的人有能力去体验情感的复杂性，而能够成功处理情感复杂性的问题的人，情商也高。同样，就像情商一样，体验情感复杂性的能力不仅包括评估和沟通，还包括重新评估和反思。

感觉好和充实

亚里士多德将幸福的感觉（hedone）和支持最佳生活状态的充实感（eudaimonia）区分开来。这样其实是建议我们将快乐的概念和充实生活的概念区分开。后者与人整体的充实生活有关，而前者与感觉良好有关，与我们想要得到的东西有关，与我们正享受着自己在做的事情有关。虽然对我们的生活感觉不错与满足于充实的生活是两种相关联的概念,但它们其实并不一样。例如,食草动物也会有幸福感,但只有人类既能体会到幸福,又能感受到充实。幸福比充实更简单,也更容易测量。幸福是当前状态下的一种主观感受,但充实则是在个人的良性活动中把现在与过去和未来联系起来,这也是人具有独特的本性和能力的表现。亚里士多德认为,人的内心活动是人过上充实生活的关键所在,尽管他也肯定了外在的(工具性的)、有目标的活动在使人过上充实生活的过程中的地位。人的充实感与肤浅的、暂时的快乐感不一样,是随着时间推移而渐渐被感知到的,是需要人以本能去感受的。

然而,虽然我们注定会随着时间的推移而活得充实,但这并不意味着我们不能享受当下。毕竟,我们是活在当下的,让每一刻都尽可能地快乐是值得的。而当我们只注重当下,不在乎永久的充实时,就是忽视了时间在我们生命中的意义。我们不仅活在当下,也活在过去和未来,更不用说其他潜在的维度了。这些不同的维度赋予了我们生活的意义。

活得有意义且充实的人经历过很多消极的事件。这些事件当然会减少人的幸福感。有意思的是,压力和消极的事件虽然能促使我们过上有意义的生活,但也是通往幸福生活的两大阻碍。我们所谓的幸福,其实指的就是在他人的帮助之下,我们获得了自己想要和需要的东西。而与之不同的是,有意义而充实的生活则需要我们做一些表达和反映自我的事情,以及对他人有益的事情。[18]

只有拥有了深厚的感情,人才最有可能获得浪漫和充实的生活。过得充实不是建立在肤浅的愉悦感之上的,而是建立在有意义的、持续的、共同的、内在的活动之上的——而这一切都为深厚的爱情奠定了基础。虽然亚里士多德关于爱情充实人的生命的论述适用于所有人,但随着人逐渐成长、成熟,它才更有吸引力。

保持适度,把握平衡

这些东西真的比我现在拥有的还要好吗,还是我已经变得习惯不满足于现在拥有的了?

——恰克·帕拉尼克(Chuck Palahniuk)《催眠曲》

我从未无节制地抽过烟——我的意思是,对于抽烟,我是很适度的,一次只抽一根。

——马克·吐温(Mark Twain)

适度是繁荣的关键。然而,当涉及情感领域时,平衡是很难把握的,因为感情总是强烈的、反复无常的。强烈的情绪伴随着强烈的感情,这就让持久的浪漫爱情处于危险之中。如上所述,情绪系统在开始崩溃之前只能忍受一定时间的不稳定性和强度。

那我们能怎么做呢?我们需要找到能够限制外界变化对我们产生影响,并可以调节情感的强烈度的方法。这些方法能让我们延续自己的情感和情绪,尤其是爱情的耐力。在本文中,我将介绍三种能够让我们把握情感平衡的方式:(1)享乐适应,其能够帮助削弱情感的强度;(2)正向情感偏移,其能够让人保持适度的积极情绪;(3)持久而适度的不满足,这会让人兴致高涨。[19]

享乐适应。变化能让人产生情绪,而享乐适应削弱了体验新经历时的情感强度,无论是愉快的还是不愉快的经历,相应的情感强度都能被削弱。这对我们很有帮助,因为它能让我们避免过度开心或难过。没有这样的削弱作用,我们的情感就会强烈得过分,这会导致我们感知外界事物的能力下降,从而区分不出哪些事情更加重要,哪些事情可以暂时放在一边。

多亏了享乐适应,即便是遇到了极度强烈的情感刺激,我们的情感和情绪也能维持稳定。有了它,我们就能够留意到外界的变化,即使受到外界变化的刺激,也仍然能够保持稳定的心神来处理事情。此外,它还有助于我们形成一个持久而稳定的态度——尽管情感态度的强烈程度大大降低了。这种因享乐适应而减弱的情感在处理积极的情感态度时作用尤其明显，享乐适应更可能在积极而非消极的体验和经历中得到"实施"。因此，它能阻碍我们找寻极度的幸福，而不能阻挡我们去体验极度的悲哀。[20]

正向情感偏移。享乐适应能防止持久的极端情感态度的形成。然而，幸运的是，它并不会阻碍所有的情感态度，因为人类急需这些情感态度。正向情感偏移有助于我们将享乐适应的基线确定为积极和消极之间偏积极一点的位置上。我们倾向于在没有极端负面事件影响的情况下感觉良好，这一部分原因是我们使用了正向情感偏移。这时，享乐适应并不意味着情感态度的消失。此外，将享乐适应的基线定在积极的位置上，意味着我们可以享有相对积极情绪态度时的所有益处。

伊利诺伊大学香槟分校的知名心理学教授埃德·迪纳和同事们证实，正向情感偏移几乎是普遍存在的，即便是那些生存在极端生活困境中的人也不例外。人们已经进化到可以用强烈的情感态度来应对积极或消极的事情了。与此同时，当他们身处在积极或中性的环境中时，就会以适度稳定的情绪来面对事情。迪纳和同事们还认为，当我们情绪适度稳定时，我们的正向情感偏移会让我们的行为更高效。他们声称，正向情感偏移是一种进化式的适应方式，因为更幸福的人才更有可能做有助于他们繁衍生息的事情。因此，积极的情绪可以带来多种积极的成果：使人身体健康，包括生育健康和延寿；帮助人提高社交能力和巩固社交关系；让人能够积极应对所发生的事情，并建立各种所需的资源渠道，包括深谋远虑做规划和培养创造能力等。[21]健康而充实的生活更容易让人保持适度而积极的情绪。

持久而适度的不满足。这种感受也是人的持久情绪之一，它有一种独特的进化价值，能让我们着手去改善当前糟糕的状况。但年老的人就没有这种感受，他们总能对现状感到满足，这是因为他们不再像年轻时那么瞻前顾后。我们之所以产生不满足的感受，是因为见到了现实中的不足，而现实情况往往极少如我们希望的那么好。克服生活中的艰难险阻也能让我们过上有意义的生活。最重要的是，不是只有拥有的不够多的时候，我们才会产生持久而适度的不满足情绪，我们几乎每时每刻都会体验到这种情绪。[22]适度的不满足与滚石乐队所唱的"我得不到满足"不同。我们的确得到了满足，但通常是以不满足的语气表达出来的。

拥有更多的选择并不意味着我们就会对生活感到更满足。在爱情世界中，这意味着我们要为爱做出妥协，放弃很多自己没有体验过的、迷人的爱情经历。有很多选择能够改善我们的生活，而与此同时，我们也失去了尝试各种可能性的机遇。[23]比如，在提高受教育程度之后，我们就会了解到更多我们必须放弃的、更有诱惑力的选择。这会让我们更难过，也会让我们对现实更加不满足。然而,受教育程度更高,我们也有了更多其他的抉择途径,与其他人相比也更胜一筹。这也会增加我们对生活的满意程度。[24]

乍看之下,持久的不满足似乎是享乐适应的对立面。在享乐适应中,我们会维持自己的稳定性和习惯,而不满足则促使我们不断寻求更好的、更适合自己的东西。然而,我们还是要记住,享乐适应更是我们通往极度幸福的阻碍,而不是我们通往极度不幸的阻碍。因此,持久的不满足和享乐适应对我们有同样的作用:它们都会让我们不太满足于现状,使我们不会因现状而觉得过于开心。相似地,持久的不满足感也应该考虑正向情感偏移。不满足感降低了我们在获得成就的同时变得冷漠的风险,不满足感包括体验失败和不愉快的环境。其能够刺激我们的情感成长、成熟,也是持久的浪漫爱情的基础。

结束语

你在,或者不在,我都觉得痛苦难当。

——斯蒂芬·毕晓普(Stephen Bishop)

对于情感,我们既可以从其产生的原因去探究——我们的情境发生了重大变化——又可以从主要关注的角度去探究,因为每个人关注的角度都不一样。激烈的情绪是不稳定的、强烈的、片面的、短暂的。理解了情感是强烈的、可延伸的、丰富的之后,我们也就能理解为什么说持久的情感是存在的。情感的外在表现——它们不断反复、实行和成长的潜力——对持久的爱的存在至关重要。

多元化的情感体验有助于培养出复杂的、深沉的、有意义的爱情。只有心理和生理状态更健康,情感才会更丰富、更多样化。因为这样我们才会更理解爱情,更能够去回应爱情。如果情感关系的双方深爱彼此,而且都能将对方视作完整的人去爱、去欣赏,那这一段关系就能持久存在。在持久而深厚的爱情中,双方都会承认彼此的复杂性和内在价值观,承认彼此的爱情体验是完全不同的,从而为冲突的情感或在同一时间内以不同的方式爱不同的人留下空间。这样,他们还可以去相互关心,互惠互利,支持彼此。

影响我们把握情感世界的平衡,让我们对人对事产生持久的感情态度的可行的三种主要机制是享乐适应、正向情感偏移和持久而适度的不满足。

Chapter 3

爱情体验

我喜欢别人说我既美丽又性感。

——一位已婚女士

讨论了情感体验后,现在我们来说爱情体验:有吸引力的外貌特征、值得称赞的特质和成就、性和友谊、爱情的强度和深度,以及内心与大脑的冲突。最后,我们还将讨论两种基本的模范爱情模式——相互关心,相互分享。

外在的吸引力和内在的特质

我讨厌的毛病他都有,我喜欢的优点他一点也没有。

——温斯顿·丘吉尔(Winston Churchill)

要陷入爱中,并维持爱情关系,那就要看外在的吸引力以及值得称赞的特质和成就。

吸引力是让一个人靠近另一个人的魔力。它让人产生一种想要与他人建立关系的情感反应。当人的外貌特征有吸引力时,异性就会乐意让其成为自己的伴侣。在新的爱情关系中,外在的吸引力往往发挥着重要的作用。然而,随着时间的流逝,情感关系逐渐成熟,外在的吸引力的作用就会逐渐减弱。在短期内,外在的吸引力在爱情关系中发挥着重要的作用,而更普遍的吸引力能让这段关系更持久。因此,人们认为有幽默感的人更有吸引力。与那些刻板严肃的人相比,这种有幽默感的人才更适合做长期的伴侣。[1]

内在的特质包括双方对彼此的特质和成就进行复杂的评估,而不仅仅是指想要花费时间待在一起。这些特质包括我们看重的品质(和潜在的吸引力)。爱当然不仅仅包括身体上的吸引,还包括对对方作出总体的、积极的评价——而这也是让双方关系长期友好的核心所在。

当陷入爱情中时,为了维持爱情关系,我们既需要注重外在的吸引力,也需要注重内在的特质。在这两个方面,每个人都有自己的评估系统,而这两者的重要程度是由人的生活处境所决定的。但如果这两者的分量都不够,那么,爱情关系也将无法继续维持下去。虽然这两者是相互依赖的,但在对爱情的态度上,我们还是有必要将两者区分开来。首先最重要的是,外在的吸引力让我们确定要不要建立爱情关系,这也是我们会立刻注意到外貌的原因,而值得称赞的特质则需要我们花费更多的时间去探索和发现。

很多人都有过这样令人沮丧的经历:试图去爱"对的"人,但没有成功追到这个人。这种普遍性的沮丧感证实了外在的吸引力在爱情中的重要性。此外,我们也都有过这样的经历:有魅力的人一开口说话,我们的注意力马上就被他吸引过去。这也让我们深切感受到了内在的特质在爱情中的重要性。一个貌美的女人可能不仅希望别人被自己的美貌所吸引,还希望自己因内在的特质和能力而被爱。而一个不太漂亮的女人的愿望可能刚好相反:她希望她的爱人像欣赏她内在的善良或智慧那样欣赏她的外貌。如果她的伴侣告诉她"你不漂亮,你对我没有性吸引力,但你的智慧弥补了这一切",那么她也会生气。

有些人想要改变其中一种基本评估模式的相对权重,也就是说,他们想知道的不是他们的爱人对外在吸引力和内在特质的态度,而是想要弄明白自己对这两者的态度。所以,有些人希望自己不要那么看重外貌美丑,因为他们认识到,从长远来看,外貌美丑并不那么重要。而有些人的看法却正好相反:他们希望爱情更加自然,不加其他成分——他们更注重外在美。著名导演诺拉·埃夫龙(Nora Ephron)这样说过:"在我的性幻想中,没有人是因为我的思想而爱上我的。"

我上面提到过,爱情的两种评估模式是相互配合起效的,那是以什么方式起效的呢?有很多证据证实,吸引力会对智力、社交能力和道德品行产生深远的影响。"魅力光环"是爱情关系中常见的现象。我们通常认为,外表美丽的人也有其他的美好品质。南希·埃特考夫(Nancy Etcoff)声称,虽然大部分人都会说,他们不相信"美的就是好的",但很容易表现出优待美貌的人、歧视相貌平平的人的态度。美貌的人得到的待遇更好,别人对待他们的态度也更积极:他们更容易找到爱慕者,在接受批评时也能得到更多的宽容,也更容易与陌生人合作。相反,相貌平平的人在社交和工作方面会遇到更多阻碍。[2]然而,特洛伊·乔利摩尔(Troy Jollimore)却在作品中这样写道:"很少有人是仅凭外貌就爱上对方的,如果真有这样的人,那我们可以说,这种爱是很肤浅的(这个人也是目光短浅的)。"[3]

"个性光环"也是以这样的方式发挥作用的,不过效果正好相反。在这种光环中,值得高度赞扬的品质,如智慧、体贴、善良、有幽默感、社会地位高等,让人看起来更加有魅力。以性欲为例,它主要是基于外在吸引力而产生的,也会受到人其他值得称赞的品质的影响,如社会阶层、种族、名声、长相、身高、权势、与过去爱人的相似程度、智力、巴甫洛夫条件反射史、患艾滋病的风险、情绪控制能力等。那些能给我们提供社会地位的人,如富人、名人、有权势的人,能够激发出我们更强烈的性欲和性满足感。和这些人在一起,我们会因崇拜他们而增强了性享受。

性感与美貌

我认为你真是太美了,我就是想要跟你在一起,我需要你。

——乔·科克儿(Joe Cocker)

我认为,对爱和性而言,性感比美貌更重要,这是很容易被证实的。如果我见到了一个不性感但俊美的男人,就只会欣赏他的外貌。我更倾向于自己是既性感又美貌的。

——一位已婚女士

性感和美貌都能增加爱人之间的吸引力。那性感和美貌哪个更重要?哪个更受欢迎呢?答案……很复杂。

性感比美貌更重要吗?

美人不善,雅人不淫。

——罗杰·西塞罗(Roger Cicero)

有个性、穿皮裤的女孩绝对很性感。

——伊丽莎·杜什库(Eliza Dushku)

我们大部分人都很确定,当自己见到美的事物时,立刻就能分辨出来。事实上,喜欢将感受化为文字记录下来的学者们认为,美会对我们的感官产生影响,尤其是视觉。我的一位同事曾说过,貌美的人就是当你在街上经过他身旁时,会停下脚步轻叹一声"哇",然后回头去看的人。他们容貌的俊美总能让人忍不住停下脚步去回头观望。正如那句俗语所言:"我无法把目光从你身上移开,因为你真是太美了。"

"性感"要从互动中去体会,而"美"却仅指个人本身。"美"这个词比"性感"的含义更宽泛,通常是用来描述内在特质的。你可能想和性感的女人共度一晚,却想和美丽的女人共度一生。美的含义比性感的含义更深。性感通常与"火辣"联系在一起,也就是说,感知者会觉得性感的人"火辣"。相反,美人通常是"冷淡"的,让感知者觉得难以接近。感知者认为他只可远观,而不敢靠近,也不愿让他在自己的生活中占有适当的位置。

正如上文罗杰·西塞罗所说的那样,"美人不善,雅人不淫"。她也太瘦了,吃不了太多,并且太过前卫时髦,不看电视,太过自负,不适合开玩笑。过于自负的想法通常传递出一种这样的观念,即深厚的爱情可能需要友情来支撑。美是一种让人冷静平和的事物,而不是让人热血沸腾的事物。它不邀请一个人"无所畏惧"地安定下来。[4]

美是与被动、接受现状、缺乏改善现状的积极愿望相联系的。与此相一致的是,我们发现,右翼的政治家们长相更俊美。

的确，长相有吸引力的人可能会表现出更高的政治效能，并被认为是保守派。这一观点之所以成立，主要原因之一是好看的人能享受优待，所以他们的整体状况也就更好。因此，无须积极地去改变现状，这是保守派的主要特征。[5]

自然，性吸引力不是盯着看就能产生的，还需要人做出反应。它能增加你的行动力，促使你进行实际的互动。针对这一点而言，性感确实比美貌更能促进爱情关系的建立。人们也更愿意接触性感的人，而非美貌的人。性感被视为一种邀请，而美却会让人有一种拒他人于千里之外的距离感。英国哲学家罗杰·斯克拉顿（Roger Scruton）认为，"美来自将人的生活，包括性爱活动，置于可以不带厌恶和亵渎的距离之外"。他还提出，"我们总认为，美人是没有世俗的愿望和兴趣的，就像圣物一样——只有所有的手续都完成时，我们才被允许触碰并使用它们"。[6]

虽然性欲仅限于爱情领域，但性感却有其他积极的特性。自信、诚实、有才、聪明和礼貌都是非常性感的。这和上文提到的"个性光环"类似，所有值得赞扬的内在品质都能增加人的吸引力。

尽管如此，美的含义仍然比性感更广泛，它还被用来形容生活中许多其他的事物。因此，我们会说美好的性格特征和美丽的风景，而不会说性感的性格特征和风景。人们对美的看法也更加相似,而性感的定义则因个人和文化环境不同而异。如果可以选择,大多数人都会选择被认为是美的,而不是性感的,这反映了人们对美的更广泛的认识和对美的重视。然而,性感也有其自身的作用:性感是使爱情之火燃烧起来的燃料。

渴望、性欲和浪漫爱情

> 女人听到的极好的夸赞之一就是她很性感。
>
> ——美国女影星斯嘉丽·约翰逊(Scarlett Johansson)

你有没有想过将喝水的欲望与性欲做比较?上文提到的斯克拉顿就这样做过。他声称,想喝水的时候,无论什么水你都会喝。此外,在喝过水之后,你口渴的欲望就得到了满足,喝水的想法只属于过去。斯克拉顿称,人的感官欲望本质上就是如此,是可以模糊的(缺乏专一性)。只要人做出某种特定行为,满足了感官欲望,这种欲望就会消失。在他看来,性欲完全不是这么回事,它是有确定性的:你想要的只有那一个特定的人。人作为欲望的对象是不可互换的,即便是同样有魅力的人,也是不可互换的。每种欲望都是基于它特定的对象而产生的,因为欲望就是我们对某个体事物的欲望。[7]

我也赞同斯克拉顿的观点,性欲与想要喝水的欲望是不一样的。虽然如此，但我还是想说，尽管深厚的爱情与我们的感官欲望完全不同，但性欲在某种程度上是介乎渴望和爱之间的。深厚的爱情是针对特定的人的：我们爱的人是不可互换的，而我们的爱也只给所爱的人。但性欲与渴望和爱情都不一样。性欲与渴望不同，它是有针对性的，却没有爱情的针对性那么强。

时间对美貌和性感的影响

初见的时候，美的就是好的，但在一起三天后，谁还会去欣赏美呢？

——英国剧作家乔治·萧伯纳（George Bernard Shawg）

因为持久的爱是一种持续性的体验，所以这种爱情关系需要其他的活动来巩固。在这方面，一种至关重要的吸引力是渴望和爱人在一起。因为有这样的渴望，所以即便爱人不在身边，你也会想他。这种吸引力在深厚的爱情关系中起着重要的作用。因美貌和性欲而产生的第一印象并不足以维持这种吸引力，因为随着时间的流逝，容颜会衰老，性欲会降低。从这一方面而言，它们的价值比想在一起的愿望更加肤浅。时间是一个小偷，不仅偷走了美丽的容颜，也偷走了性欲。所以，我们应该关注与持久爱情相关的更深刻的方面。

美貌是浪漫爱情中的有用工具。然而,如果没有性欲和其他交互活动,美貌对爱情关系的建立就没有什么作用,只是在审美上对人有作用。对持久的爱情关系而言,想跟伴侣做爱的欲望必须发展为想与之长久相伴的欲望。你更想要被人夸赞美还是性感?大多数人会说:"两者都要!"然而,因为美的含义比性感的含义更宽泛、更深刻,所以如果一定要二选一,那么大部分人都会选择美。同样,这是大部分人,而不是所有人。

如果"美"仅仅是指外貌美,那么很多人都会选性感,因为这样他们才会有更多的机会与他人进行更温情的交流。相似地,在情感关系建立之初,一起参加各种活动有助于爱情关系的建立和巩固,而在这种情况下大部分人也愿意被人视为性感的人。认识到性欲是由行为激发出来的,就有可能使性欲更加强烈,这在爱情关系中是一个很大的加分项。我们不大可能变得更美丽,所以不需要进行自我调整来使自己变得更性感,只需要"更改"自己的态度和行为。

那么,也许美国著名歌手贾斯汀·汀布莱克(Justin Timberlake)歌曲中的"我把性感带回来了",是有道理可循的。

性爱和友情

> 让婚姻不幸的,不是缺少爱,而是缺少友情。
>
> ——弗雷德里希·尼采(Friedrich Nietzsche)

友情不是一种情感,而是一种维持持久爱情的必要因素。基于共同经历而建立起来的友情,通常会随着时间流逝而加深——它和性欲不一样,性欲会随着时间流逝而减退。友情的基本特性,如相互支持、亲密和共同活动,都会随着时间流逝而发展。[8]朋友之间相互关心,而且双方都认为彼此有其固有的价值,但友情也有工具价值(指物品或观念自身拥有的工具性作用)。友情中的亲密指的是,双方认为彼此比普通的同事更亲近。相比朋友,我们与同事们见面的机会更多,但只有在朋友面前,我们才会展现出真实的自己,并表露出对友情的执着。相比其他陌生人和关系并不亲近的人,我们更乐意为家人和朋友付出。爱和友谊是我们在共处的时间里,通过共同的体验经历和相互交流而建立的。[9]

性欲是一种强烈的情感,而不是像饥渴一样的生理欲望。我们知道,性欲和爱虽然是不一样的,但在大脑中有很大的重叠部分,因此会激活特定的相关大脑区域。基于这些认识,我们发现,如果人们对他人没有产生性欲,就不愿意为在爱情关系中的感受贴上"爱"的标签。虽然性欲既与外在的吸引力有关，也与内在的特质有关，但重点还是在外在的吸引力上。相应地，性欲也不像浪漫爱情那样，需要多种多样的复杂能力。[10]

通常，爱和性就是两个对立的极端。爱被认为是人类情感崇高的表达方式之一，性则被认为是粗俗的、令人作呕的，甚至会让人把伴侣当作物品。还有一些人尖锐地批评各种性关系，他们仍然认为性的排他性是浪漫爱情的标志。在爱情中，人只能对自己的伴侣产生性欲，而与多人发生性关系是对浪漫爱情的亵渎。

因为浪漫爱情与性欲密切相关，所以我们不能像看待食物那样去看待性欲。尽管如此，有时候性欲的产生仍与浪漫爱情无关。现代的西方社会一些人可能将爱与性画等号，但追求新的变化带来的兴奋感减退了一夫一妻制婚姻关系中人们的性欲强度。正如耶鲁人类学博士薇妮斯蒂·马丁（Wednesday Martin）所说的那样，一夫一妻制的生活听起来很单调，虽然我们可能会严厉地批评一个通奸的女人，但我们必须承认，换个角度看，她的生活一点也不无聊。[11]这种想法在西方社会并不少见。

这里，我们遇到了一个难以回答的问题：如果性不是浪漫爱情的核心，那我们为何要在爱情关系中要求伴侣只能和我们发生性关系呢？从心理学角度来看，侵犯爱情关系最严重的行为似乎是与伴侣之外的另一个人有重要的亲密关系，而不只是表面的性关系。然而,性爱活动会让人们的关系更亲密,这显然对爱情很重要,也会影响到性伴侣的主要情感生活。爱的本质不是性爱活动本身,而是感情上的亲密,这种亲密有时候与性有关,但并不总是如此。虽然发生性关系不需要爱,但深厚的爱通常包括性爱活动。当性与深厚的爱相结合时,性就是持续的、发自内心的、有意义的爱的体验的一部分,这有助于爱情的充实。

当然,也有无关爱的性爱活动。在性交易和有其他目的的性关系中,性不过是一种以满足他人性欲而获得财富、地位和关注的工具性手段。无爱的性自然也有它固有的价值,但这种性爱活动通常是一种立即就能得到回报的、相对短暂的体验,基本不需要人的其他能力。这种活动带给人的欢愉,并不能让人获得长久充实的生活。这就是短暂性的欢愉和长期的幸福之间的差别,然而我们也不能说,性爱活动就是无意义的。性爱活动能够增加我们的幸福感,增加我们积极的情感,让我们认识到了生活的意义,也使我们的消极情感减少(如缓解压力的作用)。[12]

无爱之性的价值是有局限性的,这种局限性体现在事后效果和性成瘾上。这种肤浅的欢愉活动的功能性价值是消极的,因为我们会过分地追求这种性活动,而不参与其他更有利于我们幸福生活的活动。然而,无爱的性活动有时也会让人产生深厚的爱情。在这种爱情中，性只是持续的爱的固有表现之一。

将性与爱结合在一起，人就会过得幸福。然而，爱比性和其他各种各样的依恋关系——包括婚姻——更能预示幸福，有了婚姻也不一定意味着过得幸福。但性不是爱的本质所在。有些女人，虽然很爱自己的丈夫，但多年来从没有过性高潮。如果有人太过害羞，不敢与自己所爱、所倾慕的人做爱，或因太过熟悉彼此而性欲减退了，那么爱也会使性欲减退。

性在浪漫爱情中的作用很复杂。詹姆斯·麦克纳尔蒂和同事们在研究了婚后五年内夫妻的婚姻满意度、性爱满意度和性爱频率之后发现，这三个变量都会随着时间流逝而降低，尽管每个变量下降的速度变得越来越平缓。通常，配偶们的婚姻满意度和性爱满意度是相互关联的，性爱满意度又与性爱频率有关。但婚姻满意度变化并不会直接导致性爱频率变化，而性爱频率变化也不会直接影响婚姻满意度。这些研究表明，性爱与两性关系的满意度是有千丝万缕的联系的。[13]

一般情况下，在爱情的初始阶段，性欲这一外在的吸引力占据了首要地位。在这个阶段中，这两者的关系就像两个人之间的磁力网一样。确实，性欲会随着时间流逝而减退，而友情却会随着时间流逝而得以巩固。伴侣间的性活动会拉近他们彼此的距离，从而巩固爱情关系。

持久而深厚的爱情既需要外在吸引力和内在特质，也需要深厚的友谊和频繁的性爱来巩固。因为友谊会随着时间流逝而加深,而两者建立的深厚关系主要也是靠友谊来维系的。性欲会随着时间流逝而减退,然而在持久而深厚的爱情中,这种减退程度也是有限的。

在这里,禅宗的观点值得一提。在讨论禅宗对时间和熟悉度的重要程度时,须藤称:无论彼此有多么熟悉,如果我们真正关注对方的复杂性,就不会觉得厌烦。他认为性爱也是如此,只有在共度了很长的时光之后,真正的爱人的感情才会深厚。他们就像是音乐家,只有在一起合作多年之后才会熟悉彼此。[14]

感情强度和深度

我们若只想活在情感的巅峰状态中,是无法获得幸福的。幸福与否与情感的强烈程度无关,而在于我们是否掌控住了节奏和韵律,是否把握住了平衡。

——美国作家托马斯·默顿(Thomas Merton)

深厚的事物往往会深藏于表面之下,并且具有持久的影响力。深厚的感情经历对我们的生活和个性有持续的影响力。然而,意义深远的活动却不一定是令人愉悦的。有些作家和艺术家，比如凡·高，在创作作品的时候就经历了极大的痛苦和煎熬。在这样的创作过程中，创作者使用自己独到的能力去克服艰难险阻、努力创作，并从中获得深刻的、真挚的满足感。

在爱情中，我们可以用情感强度和深度来区分深厚的和肤浅的感情。这种区别总会被我们忽略。强烈的情感是指激情，通俗地说就是性欲达到高潮时的表现。深厚的情感不仅指情感强烈，而且指情感态度更广泛、持久。外在的改变对激发强烈的情感非常重要，而深厚的情感是需要靠彼此相互熟悉并维持情感稳定发展而培育出来的。新奇感有助于防止厌倦，而熟悉感有助于感情的生根发芽、开花结果。[15]

情感关系的深厚程度与强烈程度是不一样的，深厚的情感是需要耗费时间，并通过各种不同的活动来培养的，这些活动包括共同的情感经历和交流。要从纯粹且强烈的情感转变为深厚的情感，双方不仅需要有一起共度的时光，还需要参与各种能让彼此充实的活动。如果有一起共度的时光却没有共同参与各种活动，那么我们的情感也不会变得深厚。

深厚的感情既需要友情，也需要性欲。友情需要花时间建立和巩固，然后双方才能互惠互利，但我们所说的是"不求回报的爱"，并不是"不求回报的友情"。在感情关系建立的初期，强烈的情感主要是由外在吸引力而引发的。经过多年相处，我们看重的不再是强烈的情感，而是深厚的情感。我们想要的不再只是澎湃的激情,而是想要彼此相守、共度余生。性爱活动频率低、强烈度不够,并不会影响感情的深厚程度,而只有相互的沟通交流质量低、亲密度不够、双方相互不支持,才会影响感情的深厚程度。

根据强烈程度和深厚程度,我们能够区分短暂的欢愉感和持久的满足感。肤浅的欢愉是可以即刻得到的,不需要人耗费太多精力,但持续时间短暂。肤浅的经历影响相对不深——但如果我们过分沉浸其中,其消极影响力就会显露出来。对于持久的满足感,我们需要积极参与活动才能获得,而且必须保持乐观和积极的态度,并主动去争取。我们只有克服困难、努力进步才能获得持久的满足感。懒惰可以让我们获得短暂的欢愉,努力才能让我们获得持久的满足感。不断地消费能让我们获得短暂的快乐,却无法让我们过得更幸福。

性欲的培养

当我初见我的爱人,坐在他身旁时,立即就有想要触碰他的冲动。这种感觉很奇怪,因为以前从未出现过。

——一位已婚女士

我们已经知道,强烈的情感是短暂的,而且通常是通过性欲来表达的,而深厚的情感会随着时间流逝而加深。时间,是强烈情感的劲敌,却是深厚情感永远的朋友。无论如何,时间与情感的关系是很复杂的。

研究性欲随时间变化的规律的古瑞特·伯恩鲍姆(Gurit Birnbaum)认为,在情感关系的早期,性欲是很强烈的,但随着时间流逝性欲会逐渐减退,很多夫妻在长期的共同生活过程中并不能维持像早期那样强烈的性欲。然而,她也称,性欲不会随着时光流逝而完全消失,而且并不是所有人都会对伴侣失去性趣。虽然性欲会影响到情感关系的形成、发展和持续,但这种影响在不同阶段的作用也是不同的。具体来说,性欲在情感关系的早期起的作用最大,然而,强烈的性欲并不意味着情感关系能一直长存。[16]

伯恩鲍姆还声称,在情感关系的发展过程中,性欲扮演了守门人的角色。性欲也有维持情感关系的作用,尤其是在其他方式都不管用的情况下,其作用就显得格外重要。和体育运动不同,情感关系是不会"突然死亡"的("突然死亡"是指在球赛的决赛中,一分或一球定胜负),而是随着情感的逐渐消失慢慢结束的。在这个过程中,性爱的频率也会降低,在某些情况下甚至不会发生性关系。做爱能够增加新鲜感,为情感的发展和自我成长创造机会。看起来,性爱的深度主要表现在人们对伴侣的独特需求有更强的认知上——人们愿意投入精力去支持对方,并满足对方的需求。[17]

我的心也有自己的思想

> 心也是有自己的理性的,这种理性我们的头脑理解不了。
> ——法国数学家、哲学家布莱斯·帕斯卡尔(Blaise Pascal)

当心和头脑发生冲突时,我们个人化的、片面的、相对短暂的强烈情感,会与更显著的、更客观的、有效期更长的理智产生矛盾。理智的出发点更全面,也更稳定,而强烈的情感通常是有针对性的,是反复无常的。因为两者差别如此巨大,所以人们总怀疑:心和头脑是否能合而为一。事实上,它们的确是一体的,这一联合系统的工作方式是有意思的。

自古以来,我们对情感的价值就说不上推崇,而如今的文化也是以这一传统为基底形成的。按照这一传统,情感,尤其是爱情,被认为是让我们无法清晰思考的阻碍,导致我们无法过上最理想的生活。事实上,情感回应通常是最好的应对生活的方式,虽然它并不总是实用的,但不影响情感深深植根于内心。我们若将自己的情感锁起来,就无法好好生活——但如果让情感主宰我们的生活，那我们的境况会很糟糕。我们必须把握住情感与理智的平衡，我们所熟知的"情商"就是情感与理智的综合体。

心与头脑的冲突在爱情中尤其明显，浪漫爱情通常被认为是一种瘾或疾病，或者充其量是一种非理性的行为。虽然在爱情中，我们主要看的是心，但过于看重心而不看重理智是不明智的。随心而动意味着我们不必总是根据自己的长远利益而行动。此外，我们怎么辨别哪些是表达我们内心真实感受的情感呢？当然，不是所有的情感体验都是深厚的爱的真实表达方式，其中还有一些是我们不愿意长期忍受的肤浅的情感体验。相似地，太过理智而忽略所有情感因素，也是有害的。例如，只出于现实的考量而结婚就是不理智的。考虑长远的大局当然是理智的，但完全忽略当前的、短暂的激情是不理智的。毕竟，我们是活在当下的。

法国作家弗朗索瓦·德·拉罗什富科（La Rochefoucauld）曾说过："头脑总是被心愚弄。"哥伦比亚大学社会科学教授乔恩·埃尔斯特（Jon Elster）对此提出了疑问：心为什么要去愚弄头脑呢？难道心就不能与头脑友好相处，做自己想做的吗？他还说：我们应该相信，人是由理智而非激情掌控的，这一点对自我形象的塑造很重要。埃尔斯特将这种一直按理智行事的倾向定义为"理智成瘾"，并指出它更可能会让人失去理性。理智的人明白,在一些特定的情况下,跟随情感的直觉走比做复杂的推理论证要好。[18]

重要的是,心和头脑的冲突不是非黑即白的问题。因此,情感问题需要被理性对待,理智思维也会受到情感影响。然而,这种区别会让我们更好地理解心和头脑这两种系统。

有意思的是,在爱情中,我们通常会看到与上述相反的趋势。心有时候会受到头脑愚弄,我们把其称为"病态情感"。这时候,人们总是告诉自己:我维持婚姻关系是因为我仍然爱我的配偶。但他们这么做,其实是不想承担离婚的代价。这样做的人可能是因为伴侣的经济状况和社会地位而选择和对方结婚的。他们做出这样的选择,同时不断说服自己:我是为爱而结婚的。因为,因爱而婚比因麻木、利益等理智的理由而结婚更值得被人称赞。

虽然崇尚不讲理性的爱情是现代的爱情观念,但我们还是要用理智来做关乎爱情的决策。虽然爱情和理智似乎是两个不相关联的极端,但爱情可不是我们所认为的那种不理智的怪兽,它还是需要我们靠理智去经营的。[19]

做与爱情有关的决策和行为总会遭遇重重阻碍,而头脑就是免费的GPS(全球定位系统)。心会决定爱情的目的地;头脑则会去探路,查探路上是否有陷阱。为了做出合适的决策,我们需要将心和头脑结合起来。在爱情中,我们的心应该是有一定退路的，因为我们喜欢取悦自己的心。但这并不是唯一的抉择，因为我们也喜欢舒适的生活。即便在选择伴侣这个好似只要伴侣称心即可的事情上，我们也喜欢说要找"合适"的，也就是说，我们在找寻伴侣的过程中也要用头脑根据"合适"的标准去做判断。在爱情抉择的问题上，我们总是目光短浅的。但要找到持久的爱情，我们就要用到头脑，因为头脑更擅长以长远的眼光看问题。

浪漫爱情的两种哲学模式：关爱和沟通

> 我的天啊，这些家伙不知道怎样去爱——所以他们很容易就能爱上他人。
>
> ——D. H. 劳伦斯（D. H. Lawrence）

许多书里都介绍过浪漫爱情的理论模式，为人熟知的有："融合模式"，这种是指两个人合二为一，做什么都喜欢一起；"自爱模式"，也就是说在情感关系中，人关心的只有自己，而不是伴侣。但我们要说的是日常式的爱情，所以主要讨论两种能让我们理解持久而深刻的爱的模式：关爱模式和沟通模式。如果我们对"融合模式"和"自爱模式"的极端版本讲义进行修改,并用隐喻的方式去理解它们,就能够得出关爱和沟通这两种模式了。我们来看看上面这句话是什么意思吧。

关爱模式

> 我太爱我的家了,所以不能离开我的丈夫。
>
> ——一位已婚女士

关爱模式可以说是最受欢迎的爱情模式了,在这种爱情关系中,人们最关心的是爱人的需要。[20]毫无疑问,关爱是爱情关系的核心所在,除了要对爱人有积极的态度,想和爱人在一起外,还要努力为爱人的幸福而付出。精神分析心理学家埃里希·弗洛姆(Erich Fromm)认为,爱就是"积极主动关心我们所爱之人的生活与成长"。[21]按照这种观念,真诚的爱与我们自己的需求无关,我们不仅更关注我们所爱的人,还会用实际行动来表达。

关爱模式在涉及严重不平等的爱的关系中最为重要,如父母对子女的爱,上帝对人的爱,或普通民众对不幸之人的关爱等。在这种情况下,单方面的爱是没有问题的。然而,在双方平等的情况下,如在理想的爱情关系中,单方面的关心(和爱)却是有问题的。在这种模式的爱情中,人们对爱情的理解太过消极，不懂得双方沟通交流在深厚的爱情关系中的重要性所在。在其他的爱情模式中，关爱也是重要的组成部分，但在那些模式中，关爱不是爱的核心所在。无论如何，仅有关爱并不足以维持长久而深厚的爱情。

在这种模式的某些极端版本中，互惠和人本身的需求是无关紧要的。哲学家列维纳斯就否定了爱情中互惠的重要性。他认为：我们所爱的人就是我们关注的中心，也是我们最终的关注点。所以，"与对方的关系并不是对称的……起初，我根本不关心对方对我的看法，那完全是他自己的事，对我来说，他就是我要为之负责的唯一人选"。在列维纳斯看来，爱"最初是没有互惠的，讲究互惠可能会损害它的无端性、优雅性和无条件性"。根据这一观点，我们为所爱之人牺牲生命也在所不惜。[22]

在考虑浪漫爱情的关爱模式时，我们大多数时间并不关心关爱是不是爱的一部分。问题是，浪漫爱情是不是只关爱所爱之人，或者只关注别的特性，如只要互惠，只要积极负责，只要心意相通，或只要两个人都觉得充实幸福就够了。如果这些都是需要注意的，持久的浪漫爱情可就不是只要关心对方即可维持的。

沟通模式

> 男人只有懂得了妻子没有说出口的所有话,才算是真正结过婚。
>
> ——佚名

这种模式的历史可以追溯到亚里士多德时期,在近现代是由马丁·布伯和安吉利卡·克雷布斯更新这一概念的。[23]这种更新后的概念认为,伴侣双方共享的情感和联系是爱情的基石,而双方共同的情感观点和共同活动是爱情关系的基本特征。这种模式下的关系既能使伴侣双方更充实、更幸福,也能使他们的关系更加稳定健康。克雷布斯还称,爱并不是指伴侣双方将彼此当成自己所有的物件,而是指伴侣双方的关系,也就是双方要"沟通对话"。伴侣双方要彼此分享生活中重要的东西。克雷布斯认为,爱一个人就意味着你对与对方共同参与的所有活动和经历都深深地感到满足。爱上对方,你就通过与对方的沟通联系而充实了自己。我们不是相互隔绝、彼此毫无关联的生物,我们是社交性动物。通过共享式的活动体验,伴侣们从心理上合二为一,这比两个人分工、互不干扰产生的效果要更好。在这样的活动中,伴侣双方都会做出努力(但努力的方式和程度不见得一致),而他们的努力都会使彼此更加和谐,彼此的关系更加牢固。[24]

与关爱模式不同,沟通模式强调的是恋爱双方在建立爱情关系时的自主性和本质上的平等性。当情感关系中的一方有依赖性,且情感关系不平等时,另一方就会分担其责任。然而,这样的分担还不足以维持持久而深厚的爱情。爱情关系体现的是爱情关系中的不同品质,而不仅仅是个人特征的综合价值。美国哲学家罗伯特·诺齐克(Robert Nozick)声称,爱"就是想跟某个特定的人组成'我们'。在这种'我们'的关系中,两个人并不是像连体婴那样连在一起的"。[25]

确实有相当多的证据表明,沟通在浪漫爱情中是相当重要的。从这个方面而言,在爱情关系中,沉默并不是金;双方的沟通和双方共同参与的活动才是持久的爱情关系的基石。因此,有研究发现,共同参与活动能促使双方的感情更深厚、更持久。因为它让人觉得满足,能帮助人缓解压力,并增加双方的亲密程度。[26]一系列的研究证实,信仰宗教的人的婚姻关系质量更高;有相同的宗教信仰,且共同参加同样的宗教仪式的夫妻,其婚姻关系质量也更高。一项研究发现,夫妻的家庭宗教活动和共同的宗教信仰与夫妻关系的质量呈正相关。正如一句流行的谚语所说的那样:"如果夫妻一起祈祷,情感就会长存。"[27]此外,我们要重视共同参与的活动的质量。使用手机沟通会减少共同活动的乐趣,也没有面对面交流效果好。[28]

两种模式的比较

你喜欢的女孩也喜欢你,这就是额外的收获。

——美国影星克拉克·盖博(Clark Gable)

看起来,沟通模式是持久而深厚的爱的最佳表达模式——它比关爱模式更有活力,并且有更高的综合性。浪漫爱情的主要特征就是相互关爱,而某些非爱情的情感关系主要特征也是关爱,比如父母对儿女的爱。

我将这两种模式进行比较,还调查了如下几个主要问题:(1)持久而深厚的爱是否可能存在;(2)单恋是否可能存在;(3)爱从何而来。

持久而深厚的爱。持久而深厚的爱是需要关爱的——如果双方不相互关心,那双方的关系也就不可能持续一生。然而,仅有关爱是不足以维持持久而深厚的爱的。爱情的深度是通过共同的情感体验和心理互动体现出来的,这也是持久而深厚的爱必不可少的元素。体现这种深厚感情的是沟通模式,而不是关爱模式。没有相互的关怀也可以有真正共同的交流,而浪漫爱情的沟通交流本身就是一种关怀。由于沟通式的爱情更可能促进持久而深厚的爱的发展,所以这种沟通式的爱情表达方式更可能被定义为持久而深厚的爱。

单恋。浪漫爱情是相互的。对所有人而言，潜在伴侣的最重要的特征就是相互吸引。缺乏这种相互性——也就是说，知道你爱的人不爱你——通常会导致爱的程度下降，会让你觉得受辱，甚至会导致关系破裂。我发现的更常见的状况是，伴侣双方为彼此付出的爱是不对等的。例如，你的伴侣不像你爱他那样爱你。单恋和不对等的爱情就是关爱模式中的爱情，因为这种关爱通常是单方面的，而且程度各不相同。不对等的爱很难以沟通模式来体现，因为真诚的对话是相互的，而且对话的双方是平等的。至少在深厚的爱情中，人们还需要对话和互惠。缺乏相互性的爱情的价值较低，而且感情也不够深厚。培养深厚的爱情是需要时间的，而且深厚的爱情也不是所有的伴侣都能培养出来的。

爱从何而来。长久以来，我们一直在争论：人体的哪个器官控制着爱情关系的开始与终结。而现在我们知道，掌管感情的是头脑，而不是心。虽然如此，但现在仍然有很多人认为，心才是掌管感情的器官，在爱情中更是如此。有意思的是，在这场争论中，有人认为在沟通模式的某些表现形式中，共同的感情联系是爱的核心，反过来，爱又是通过共同的感情联系体现出来的。真的是这样吗？

对伴侣的爱是给伴侣的财产，这句话从直觉上而言似乎是正确的，因为爱情关系中的爱与其他感情类似。在婚姻中，伴侣让我们产生爱这种情感，而其他的感受和情绪也都是通过伴侣产生的。这种观念与关爱模式相一致，这就表明，对伴侣的关爱确实是给爱人的财产。

沟通模式的支持者倾向于将爱情的重要性问题转移到爱从何而来这个问题上。他们认为爱是伴侣双方关系的一种属性，在某些情况下，还存在于伴侣的身上。[29]这种说法是有问题的。毕竟，像痛苦或快乐这样的在爱情中至关重要的感情，并不是两人之间关系的属性。爱是给爱人的一种心理财产。因此，我们就会认为，爱的某些特征，如感情、积极评价和行为倾向，是爱人的属性，而其他特征，如相容性、共鸣性与和谐性，是爱情关系的属性。

结束语

宝石是女人最好的朋友，狗是男人最好的朋友，现在你知道哪种性别的人更聪明了吧。

——好莱坞著名女星莎莎·嘉宝（Zsa Zsa Gabor）

在陷入爱情并维持爱情关系的过程中，外在吸引力与内在品质和成就都很重要，应该保持它们的平衡。某种程度的外在吸引力是必要的,但如果没有积极的内在品质和成就,光有外在吸引力也是不够的。既美丽又性感,这是绝大部分人都喜欢的。然而,如果必须只选一项,那么许多人都会选美丽,因为美的含义比性感的含义更广泛,且具有更深的层次,但也不是所有人都会选这一项。我们认识到,人的外在美的改变可能是很难的,但性感源自我们的行为,我们可以通过自己的行为来提高性感度。爱情吸引力是通过强烈的性欲以及想跟对方在一起的愿望来表现的;对对方优点的积极评价能促使双方的友情更深厚,而情感和性爱都是深厚的爱的一部分。爱的深度和强度的区别是我们理解持久的爱的关键所在,情感的强度会随着时间流逝而减弱,而深度却会随时间流逝而加深。

　　心和头脑的冲突古已有之,按照传统,在做决策的时候,头脑有否决权。当然,心总是第一个投票的。剧作家塞缪尔·贝克特(Samuel Beckett)对此深有体会:"比如跳舞,先学会跳,再将其跳好,这是自然规律。"这是有道理的。毕竟,心是最先做出反应的,而头脑则要先花时间好好考虑一番。更难以回答的问题是,在处理爱情的问题上,头脑是否有优先权。毫无疑问,这个问题的答案在于提问的人是谁。然而,我们可以说,在爱与心的领域,当需要做意义深远的决策时,我们应该以心为主导。

浪漫爱情的两种主要模式——关爱模式和沟通模式——其实指的是持久而深厚的爱情关系的两个重要方面。在关爱模式中,我们通过关注并满足对方的需求来让他过得幸福,而在沟通模式中,我们关注的是相互的沟通交流,它能让彼此保持相对独立的状态,并使双方都成为爱情关系中的主角。

Chapter 4
培养持久的浪漫爱情

恨易爱难,此万物之规则也。好事多磨,志者多难。

——某位智者

上一章里,我介绍了浪漫爱情的主要特征和模式。现在,我继续来说明培养持久的浪漫爱情的不同方式。首先,我介绍一下关于浪漫爱情的三组不同的行为活动:预防和促进行为,有外在价值和内在价值的活动,外在的改变和内在的成长。随后,我将与读者朋友们探讨同步、响应、爱情共鸣、爱情的一致性等概念,而这些都是浪漫爱情的基础。

预防和促进行为

如果你害怕孤独,那就不要结婚。

——安东·契诃夫(Anton Chekhov)

哥伦比亚大学心理学者托里·希金斯(Tory Higgins)对这两

种行为进行了区分,一种是关注获得成就或实现愿望的促进行为,另一种是关注与保护、安全和责任相关的义务的预防行为。这一区分强调了促进行为与预防行为的差异。在预防行为模式中,双方只有在关系出现问题时,也就是事情没有按"应该"的步骤发展时,才会进行沟通。而促进行为模式的特点就是持续不断地开展为实现强烈愿望创造条件的活动。预防行为模式与发展行为几乎无关,而促进行为模式需要我们为完成共同的理想而努力。[1]

在情感关系中,我们总是需要把握住促进/培养和预防/控制之间微妙的平衡。在父母与子女的相处中,这种倾向尤其明显,因为父母显然想要控制孩子,但在爱情关系中,人们也会想要控制爱人。爱的促进行为模式注重的是持续不断的培养感情的行为,其能够逐渐开发我们的潜能,让我们得以成长、成熟,进而实现更多的理想和期待。促进式活动是有程度区分的,它很复杂,是一个我们需要不断培养我们的伴侣,以及伴侣关系的过程。而预防行为模式关注的则是限制我们自己做出的阻碍感情发展的行为。

爱情关系既涉及理想,也涉及界限,因此既需要促进行为,也需要预防行为。我们需要促进多种不同的爱情体验得到提升,也要预防爱情中的许多问题。然而,促进行为似乎对提高爱情关系的质量更为重要。花费时间待在一起不足以维持和改善情感关系,想要改善情感关系,还要看涉及什么类型的促进行为。所以,如果共同参与的活动成功使双方关系变得更亲近,这些活动就能提高情感关系的质量。此外,参与共同活动的潜在动机也可能决定共同活动的质量。[2]

消极偏向

> 与跟你同龄的男人结婚吧,这样,当你容颜衰老时,他的视力也下降了。
>
> ——美国演员菲莉丝·迪勒(Phyllis Diller)

人们花在预防行为模式上的时间比花在促进行为模式上的时间要多,这反映了在我们的情感世界中,消极的经历是占主导地位的。

通常,我们会将情感划分为积极和消极两种。而消极的情感比积极的情感更易被察觉,这一现象也被称为"消极偏向",其在生活中随处可见,当然,在亲密关系中也有出现。消极的情感比积极的情感影响更大,糟糕的父母对孩子的影响比优秀的父母对孩子的影响更大,消极的反馈比积极的反馈影响更大,糟糕的信息比好的信息传播得更广。相应地,我们对坏的事物更加敏感，而对追求好的事物就没那么敏感。简言之，从我们的心理和思想方面的观点而言，坏的事物比好的事物作用更大。[3]

消极偏向对全人类都很有效。如果我们注意到狮子在身后追赶我们，就会努力往前奔跑以求生。虽然沿途的鲜花美景会被忽略，但我们能够获得生存的机会。如果我们还注意到了狮子的追逐速度和方向，那我们的生存机会就更大。这就是消极情感和积极情感更不同的原因。

消极情感比积极情感更引人注意的另一个原因是，消极的情感是有时间性的。相比而言，我们思考消极事情花费的时间比思考积极事情花费的时间要多。人们思考引发消极情感的事情的时间是思考引发积极情感的事情的五倍多。所以，我们回忆消极的经历比回忆积极的经历更积极也就不足为奇了。

当我们冒着将自己的情况推向极限的风险时，潜在的危害会攫取我们大部分的资源。相比之下，潜在的好处就没有那么多要求了。从某种意义上而言，人几乎不需要"处理"好运。此外，造成不愉快的情况的方式比造成愉快的情况的方式要多，破坏某物的方式比建立它的方式要多。此外，当我们无法达成目标时，就会产生消极的情感。这时候，我们就需要构建新的计划去实现目标，或是为自己的损失做弥补。与此相反，只有在目标实现时，我们才会体验到积极的情感。因此，在消极的情感下，我们要用更多的认知资源来处理既定的状况。[4]

　　这种感情的分化对我们来说意味着什么？在爱情里，关注消极的品质难道也更重要一些吗？答案似乎是肯定的。消极的品质会毁掉一段情感关系，在某些极端的情况下，尤其是在与女性相关的问题上，甚至会害死人。华盛顿大学心理学家约翰·戈特曼声称，要建立并维系一段情感关系，积极与消极的沟通比例至少是五比一。如果低于这个比例，情感关系很可能就会破裂。虽然消极偏向是普遍存在的现象，但从进化的角度而言也是一种生存的保障，而在寻找伴侣时，这种倾向在女性中更为显著。为什么会这样呢？这可能是因为糟糕的伴侣对女人的伤害更大。[5]的确，心理学家彼得·约纳松和同事们发现，在评估潜在伴侣时，人们更看重对方是否有消极的品质，而不是积极的品质。他们声称，虽然促使感情加深的积极品质能够改善情感关系，但破坏感情的消极品质会让人们付出更大的代价，所以人们对伴侣的消极品质的信息更加敏感。然而，随着时间的流逝，自然选择（生物在生存斗争中适者生存，不适者被淘汰的现象）形成的适应性改变可能会让人产生对两种品质都敏感的配偶偏好机制。[6]

有外在价值和内在价值的活动

爱不会影响世界的运转，但会让人生变得有价值。

——英国诗人 伊丽莎白·巴雷特·布朗宁（Elizabeth Barrett Browning）

亚里士多德和许多其他哲学家都区分过有外在价值和内在价值的活动。[7]有外在价值的活动指的是能够达成外在目标的活动，其价值就在于实现那一目标。目标导向的活动是根据效率，即效益和成本的比例来进行评估的。时间是我们在有外在价值活动中要节省的资源之一，如修建房屋、支付账单、打扫房屋和找工作等。我们并不重视这些活动本身，事实上甚至可能讨厌这些活动。虽然如此，但只要外在的目标是有益的，我们还是会本着"辛苦忙碌终会有所收获"的精神参与到这种活动中。

而对有内在价值的活动，我们关注的是活动本身，而不是活动的结果。虽然这样的活动也会产生相应的结果，但我们参与这样的活动并不是为了获得结果，而是为了其本身的价值。读书就是一种有内在价值的活动。除非我们是为了学习废寝忘食的学生，否则我们读书是因为重视读书，而不是因为想要达成外在的目标（如考试过关）。相应地，我们也不会想要尽快读完一本书。另一种具有内在价值的活动就是道德活动。参与这种活动，我们能体会到帮助他人的快乐，而不会去考虑成本、效益等问题。这样的活动有其固有的奖励系统，虽然没有外在的目标，但这些活动在很大程度上是为了改善我们的生活质量。正如古罗马诗人奥维德（Ovid）所说的那样："对人类来说，没有比没实用价值的艺术更有用的了。"

人类的大部分活动兼有外在价值和内在价值。以舞蹈为例，如果我们关注的是跳舞的过程，那它就有内在的价值。如果我们跳舞的目标是要找到一位爱侣，那跳舞也可以是一种有外在价值的活动。此时，我们关注的不是舞蹈，而是在跳舞的人——这时候，舞蹈是一种帮我们尽快达成外在目标的手段。

内在与深度的结合使一种体验得以持久。因此，如果某人认为画画能让他过得充实，就无法"了结"自己与画画的关系。他可以只是偶尔画画，或者是完成一幅特定的画。同样，如果我们将深思熟虑视作能让我们过得充实的有内在价值的活动，就不会"结束"它。我们只会偶尔停止这样的活动。内在价值持久的经历让我们过得充实。在这些活动经历中，虽然有时间的流逝（有外在价值的活动也是如此），但我们会长期记得这些活动。它们虽然持续时间短暂，但带给我们的影响是长远的，而内在价值不持久的经历不仅持续时间短暂，带给我们的影响也是短暂的。[8]

亚里士多德认为，判定有内在价值的活动的另一项标准是彻底性，因为没有什么必须完成的目标。从这个意义上而言，它是一种没有内在特定目标的持续不断的活动。外部环境可能会影响到这种活动的进程。从本质上而言，它是很容易被更改的，然而，即便外部环境有再大的干扰，也无法中断这种活动。[9]

持久的有内在价值的活动从另一方面而言也是彻底的：参与到这样的活动中来，我们的注意力就会集中在这种活动上。例如，我们可以持续这样的活动数个小时而不觉得饥饿。在这种情况下，人们有时候会觉得自己离不开这项活动了。[10]这是因为，这样的活动能让人产生对自我的认同感。

充实感并不是靠肤浅而短暂的欢愉感而获得的，它需要人们投入更多的时间去提升自己的潜能。没有内在价值的情感关系是不真诚的，所以我们可以说，爱不是完全内在的情感。但这种说法不全面，不涉及让伴侣获得充实生活的所有方面。一个深爱妻子的男人会考虑让妻子过得充实，让妻子实现自己的内在价值，但不会像这样重视妻子的职业发展，因为这会给他带来威胁。如果是这种情况，那么他可能不会让妻子独自一人因工作而出远门，妻子升职他也不会开心。

现在，我们来讨论一个棘手的问题：在浪漫爱情中，我们是否应给予爱人充分的内在价值。我们都认为，在情感关系中，只要与自己的爱人在一起，那他就有内在的价值。这种内在价值是有条件的,就是相爱的人在彼此的身边。我们会更希望爱人能快乐幸福,而不要求他一直在我们身边吗?从父母之爱的角度而言,答案是肯定的,但在浪漫爱情中,情况更加复杂一些。

对很多人来说,爱就是希望有好事发生在所爱之人的身上,自己得不到什么也没关系。爱上了某人之后,人就会想要为对方的利益而牺牲自己,且丝毫不考虑自己会不会获益。这样的爱也意味着,如果离开你会让他觉得幸福,会让他过得更充实,你就会离开他。加拿大作家艾丽斯·门罗(Alice Munro)是诺贝尔文学奖得主,在其令人心酸的短篇小说《熊从山那边来》中,和格兰特结婚四十五年的女主角菲奥娜,因为记忆力衰退而被送到了养老院。在那里,她与一位病情更严重的老人奥布里建立了深厚的感情。当奥布里的妻子玛丽安带他回家时,格兰特则努力劝玛丽安再把奥布里送回养老院,因为菲奥娜和奥布里的感情对他们双方的恢复都有利。

总而言之,有深刻意义的内在价值活动,对持久爱情的发展至关重要。其原因如下:(1)伴侣被认为是有自己的价值的,而不是用于满足对方需求的工具;(2)这样的活动是有持续性的,不像那些肤浅的活动,目标一旦达到,活动就结束了;(3)人在这样的活动过程中能获得满足感,所以这样的活动是有持久影响力的;(4)这样的活动与人的基本需求相关,而不仅仅是为了满足人的欲望;(5)它们能让人产生深沉的满足感,而不只是肤浅的欢愉感。因此我们可以说,如果有内在价值的活动是爱情关系的关键组成部分,也是相爱的人生活的重要组成部分,那么持久的爱情关系是美好的,因为伴侣双方是彼此幸福生活的一部分。

外在的改变和内在的成长

并不是所有的改变都是成长,正如并不是所有的运动都是向前的一样。

——埃伦·格拉斯哥(Ellen Glasgow)

在结婚的第一年,每做一次爱就往储蓄罐里放一个硬币。在第二年,每做一次爱就从储蓄罐里取出一个硬币。第二年结束时,用储蓄罐里剩下的硬币和你的伴侣去一家价格合适的餐馆吃一顿。

——佚名

我们都知道,随着时间流逝,伴侣双方会渐渐地产生厌倦感,而一旦有了这种感觉,感情就不会那么深厚了。我们通常都认为,如果产生了厌倦感,那改变就好了。那么,我们应该为了扇起爱情的火焰而改变我们的爱情伴侣吗?在回答这个问题之前，我区分了外在的改变和内在的发展（成长）。[11]

我们通常认为，改变就是外在变得不一样，但永远不会改变人原本的个性或品质。成长是一种特定类型的改变，它涉及通过扩展或改善来进行改变的过程。从完整的意义上来说，成长就是变得更深沉、更好。激烈的情感反映了我们对瞬时改变的敏感度，而这种改变通常是在几秒或几分钟内完成的。然而，我们需要对持续数月和数年的改变过程保持敏感度，因为这对充实我们的生活至关重要。在这种敏感度中，将过去和现在的经验与未来的成长和发展结合起来的推理是至关重要的。[12]

在这种情况下，蒂博尔·西托夫斯基区分了环境改变（如找到新的居住地或购买一辆新车），以及提供新的体验和可能性的活动（如结识新朋友或找一份新工作）。环境改变只能给我们带来片面的、短暂的快乐，个人最终能适应新的环境；提供新的体验和可能性的活动能使我们产生深刻的满足感，让我们不断面对挑战，并给我们带来成就感。[13]

"发展"这个词可以在有限的意义内使用，即变得更深入，却不一定指改善。对于深入、改善的过程，我们需要花时间去熟悉伴侣，认识伴侣的客观现状——也就是对方的独特个性及其所处的环境。这样的发展过程才是有意义的，才能被视为进步。

在爱情中，随着时间推移，发展的重要性体现在这样一件事情上：虽然一见钟情是不太可能的，但初见就产生强烈的性欲是可能的。体现强烈爱情的外在改变是一种一次性的、简单的事件,可以通过一种强烈或者是有延展性的感情表达出来。这样的改变只会产生短暂的影响,因为人们很快就能适应它。

深厚的爱情是需要不断地去培养的,因此,它与适度的强度有关。在爱情的培养过程中,人们试图通过增加彼此的联系来提升自己。我们可以将此过程形容为"螺旋式提升"。在浪漫的爱情中,这些情况会激发伴侣双方表现出最佳的一面,而这也是持久而深厚的爱的关键所在。[14]

外在的改变和内在的成长所需的时间不同——前者所需的时间非常短暂,而后者可能要花数年时间。内在的成长可能会削弱对外在的改变的需求,外在的改变的影响在很大程度上取决于良好的时机,而内在的成长是由时间构成的。在外在发生改变的情况下,人的本质基本上是不变的,人就要靠改变来缓解无聊,而就内在中有意义的成长而言,人是不断发展的。也就是说,太过依靠外在的改变来提高我们对爱情的满意程度,最后可能会以一种我们不想要的方式来打破深刻和肤浅的价值观之间的平衡。成长就是让我们以自认为有意义的方式进行改变,从客观上而言,这的确对我们更有益。

深厚的爱情有促进爱人成长和进步的潜力,能够让彼此发掘出最好的自己。共同的情感经历和活动当然是加深感情的关键所在。此外,研究证实,当亲密的伴侣以一种你理想中的方式去看你、对待你时,你就会更接近那个理想中的自我,这种现象被称为"米开朗琪罗效应"。正如米开朗琪罗把他的雕塑过程看作发挥石材的潜力,将它们塑造成自己理想中的样子的过程,我们的伴侣也根据其理想的自我"雕刻"了我们。亲密的伴侣会相互"雕刻",使彼此更接近理想的自己,从而使彼此展现出自己最好的一面,让彼此对自己都很满意。在这样的情感关系中,我们可以看到个人的成长和进步,正如我们常说的:"和他在一起,我成了更好的自己。"[15]

成长是两个人共同的任务,所以,改变也应是相互的。我将以一位心不在焉的男子和他超级敏感的妻子为例进行说明。妻子可能想让丈夫变得更关心她的需求,更关心他们的情感关系。而丈夫希望妻子能改变观念,不要太过关注他的所有行为细节,希望她不再那么关注他的"错误"。一个人可以通过关注伴侣的喜好来尝试改变伴侣(和自己)。例如,如果你喜欢说唱音乐,那么试着让你的伴侣也喜欢上这种音乐,这样你们关系的质量就能够提高。同样地,你的伴侣愿意和你分享你感兴趣的东西,这也会为他打开通往你世界的窗口,从而加深你们相互间的理解。

外在的改变已经成为点燃爱情之火的必由之路,比如换一位伴侣,或至少偶尔到野外散散步。在情感关系存续期内做出改变,如一起去探索新的地方或参加新的活动,对情感的强烈度影响不大,而且起初看起来只有一点点改变而已。然而,当我们区分了情感的深厚程度和强烈程度时,这些互动带来的快乐可就不止一点点了,它们会成为巩固和发展爱情的催化剂。爱情的加深是持续不断的过程,双方需要共同参与有内在价值的活动,而这些活动会随着人们的参与和熟悉而发挥更大的作用。外在的改变能够增加爱情的深度,但持久的爱情的核心在于其内在的成长。

加速发展的网络社会让我们沉迷于外在改变。把时间投入到有意义的努力当中,包括情感关系,都不是我们的第一、第二或第三选择。深厚的爱情是真正需要花时间去投资的。在过去的几十年里,伴侣们一起度过的时间越来越少了,投入工作的时间越来越多了。压力、信息超载和一心多用,让夫妻俩在一起的时光变得不那么美好了。[16]

在本书中,"发展"这个词取用更广义的意思,是指变得更深入、更优质。那么,消极关系的发展呢?在日常生活中,我们的消极情感,如怨恨或嫉妒,也是会发展变化的。这种"发展"的含义是狭义的,仅指变得更深入,而不指得到改善。消极情感的发展通常没有积极情感的发展那么复杂,正如我们之前所说的那样,毁灭比建立要容易得多。然而,当人处理消极的情感,如悲伤时,这里的发展就可以取广义的含义,即包括情感的改善。[17]

缺乏沟通交流会削弱感情的深厚程度,因为深厚的感情是双方一起通过参与活动而培养起来的。憎恶的影响力是相互作用的。如果缺乏沟通交流,我们就会一直对对方做出负面评价,而不会去发掘对方的长处,从而使我们继续憎恶对方。相反地,缺乏沟通交流也会使被憎恶的人在我们自己的情感世界中变得不那么重要,从而减少憎恶感。更多的沟通交流也能够减少憎恶感,因为新颖的、更全面的信息会促使我们改变最初做出的负面评价。但太多的沟通交流也可能让冲突升级,让人避无可避。因此,古罗马史学家塔西佗告诉他的听众,家庭里的憎恶感影响是非常大的。在这种情况下,我们无法让自己远离那个被憎恶的人。憎恶感新鲜的时候"品尝"起来最糟糕,也就是说,此时消极的感受最强。然而,当憎恶感并不仅仅是短暂性的情绪爆发,而是持续性的感受时,就会扭曲人的态度和行为。因此,随着憎恶感的增强,人的道德观念也会发生"恶化"。

同步和回应

我发现,如果你变得更率真而热情,那么许多人都会跟你走。

——柯尔斯滕·吉利布兰德(Kirsten Gillibrand)

由于浪漫爱情的核心是双方的关系,所以双方如何相互影响是构筑爱情的基石。从这方面而言,我要区分三种现象:同步、回应和爱情共鸣。这里所说的同步是指双方(或多方)在时间和速度上的协调性,比如,伴侣双方在跳舞、做爱或一起吃饭时的同步性。回应指的是双方以相互理解、相互评价和相互支持的方式进行互动,以满足重要的个人需求,并实现目标。爱情共鸣通常是一种高端的爱情反应,包括持续的、动态的相互作用。它通过一种相互的"心灵感应"来巩固爱情关系。

同步可以发生在两个系统之间,如两个人,或一个既定系统内的不同层次。当大脑活动与强烈的性欲同步时,人的神经和心理会怎样同步?这里主要介绍的是两个人的同步,同步的主要功能之一就是使不同的人具有相似性。在爱情关系中,相似性是影响关系存续的重要因素,而同步就会让伴侣间表现出一种暂时的、动态的相似性。模仿是较低等的同步,我们通过这样的同步传达一种基本的信号,并以它代指相似性,进而调整随后的情感体验和行为。因此,同步的行为活动能够使双方关系更融洽、更和谐,并且促进双方做出符合既定的道德准则的行为。同步也可以指更高层次的活动体验的同步,如积极地回应彼此,双方产生情感共鸣等。

在适当的时候开展互补性的同步活动可以增强群体内部人员的合作性和凝聚力,这也是宗教团体在做礼拜的时候会一起吟诵宗教诗歌的缘由之一。这些共同参加的同步活动能够让人们保持传统的价值观念和感情联系,甚至包括保持持续性的爱情关系。同步也是搭便车问题(一些人在爱情中倾向于承担低于他们应负的责任份额)的一种片面的解决方式。心理学家皮尔卡洛·瓦德索洛和同事们发现,同步不仅能让人们团结起来,还能让人们一起去练习让他们共同参与的活动成功举办的关键技能。其在爱情关系中的作用也是如此。[18]

正面积极的回应是爱情关系的关键方面。再翻查词典,我们就会发现,敏感的人会快速对外界有积极的回应。自发而迅速的回应、积极的语气,这两个要素的确是爱情的核心。这样的回应方式证实正面积极的态度是爱人的态度的重要影响因素,且这种态度不只是附加装置。人可以对许多其他人做出正面积极的回应,而在爱情中,这种正面积极的回应,人们只会给自己所爱的人。

罗切斯特大学教授哈里·赖斯(Harry Reis)和玛格丽特·克拉克(Margaret Clark)称,对伴侣反应的回应能力是爱情关系的基础,它既能增强双方的关系,也对双方都有益。赖斯和克拉克认为,对回应能力的应用是一个典型的反映人际关系随着时间流逝变化的例子,在这个过程中,双方的行为都发挥着重要作用。从这一方面而言,回应能力就是保护伞的结构——一种引导沟通过程的宽泛性的原则。他们声称,"对给予者和接受者而言,回应能力能增加彼此的吸引力和对彼此的喜欢程度、信任程度和情感认同度,也能促进彼此的成长。它让人有安全感,让伴侣双方将相互的感情当作避开痛苦的避难所,以及探索情感的安全基地"。[19]

伯恩鲍姆和同事们已经证实,回应能力对增强性欲很重要(对女人而言这种作用更明显),对伴侣反应的回应能力是做爱时亲密关系发展的内在影响因素。他们称,如果一个人感知到伴侣的回应能力,在某种程度上就表明伴侣领会并理解了他的需求,然后彼此就会将性爱活动当成巩固双方关系的手段。因此,他会对伴侣产生更强的性欲。相反地,认为伴侣回应能力不强的人会避免与伴侣做爱。的确,激情是会随着亲密关系的加深而增强的。[20]

此外,伯恩鲍姆和同事们指出,在爱情回应能力的培养过程中,时间也是很重要的。在情感关系的初期,当伴侣双方对彼此的了解和认识还不深刻时,回应能力的作用是肤浅的、消极的。此时人只是为了更快得到更刺激的性爱活动而做出回应。随着情感关系的加深,这种回应能力才会被视作真诚的、有深刻意义的。在这种情况下,人快速回应不只是因为自己在通常情况下会给人积极的回应,更是因为想要满足伴侣的需要。如果伴侣认识到了这一点,就会认为彼此的情感关系是独特的,而这也会反过来增强双方的信任度和情感认同度。[21]

此外,伯恩鲍姆和同事们还指出,伴侣的回应能力和性欲的强弱之间存在长期的因果关系。特别是,伴侣在日常生活中的回应可能会使双方的性欲增强,从而进一步促进爱情关系的发展。而这种回应能力的缺乏则会抑制双方的性欲。这种回应能力虽然与亲密程度相关,但对每个人的影响却是不一样的。因此,伴侣间的沟通交流既需要回应能力,也需要亲密度来促进。如果双方将彼此视为具备回应能力的人,就会认为彼此的关系是独特的、有价值的,而这也会增强他们对保持持久关系的渴望。[22]

在爱情关系中,回应能力(以及同步和共鸣)能够促进沟通模式的形成和发展。然而,正如赖斯和克拉克所说的那样,在爱情关系中,相互关爱也是很重要的,而回应能力能够促使伴侣双方彼此关爱。[23]

爱情共鸣

你不会因为一个人的相貌、衣着或豪车而爱上对方,你爱上一个人是因为他唱的歌只有你能听到。

——奥斯卡·王尔德(Oscar Wilde)

"共鸣"这个词古已有之,有很多神秘的寓意,艺术家和建筑师们在各自的领域里也都会用到它。到了近现代,这个词引起了更多人的共鸣。现在，我们发现它无处不在：物理学、音乐学、哲学、心理学、社会学和审美学中都会用到这个词。[24]

共鸣指的是一种系统与另一种系统以同样的频率同时振动的情况。在物理学上，这个词有"通过相邻物体的同步振动来增强或延长声音"的意思。[25]

我建议把爱情共鸣视为一种高层次的反应，包括持续性的、同步的动态互惠。大多数类型的爱情反应是瞬间的、静态的，不一定是相互的。爱情共鸣包括在因果层面上增强或延长爱情的互惠关系。爱情的回应也涉及互惠关系，但互惠并不总是存在的。我们知道的单向的爱情回应，即只有一方会对另一方有情就是这样的。然而，爱情共鸣却不是单向的，因为共鸣的产生要根据双方的感情深厚程度来决定。如果爱情回应发展成了共鸣，双方的感情就具有相互性。这样的相互作用无须让双方对同样的事做出同样的行为，因为双方的行为可以是互补的。[26]

这里，我们可以用音乐来举例。斯克拉顿将审美反应与随着音乐起舞的行为做比较，他说，"跳舞是最接近审美反应的社交活动——不同的人通过跳舞而'在一起'；听众对音乐的反应是'一种潜在的舞蹈'，是一种随音乐而舞的升华欲望"。他说，最美好的音乐"就有这样一种能力：它以一种音乐形式出现，按自己的规律移动，使我们的情感也随之移动"。[27]从这个意义上来说，爱情共鸣就是一种共舞，一种"在一起"的方式，一种想要与伴侣共同"舞动"的升华欲望。在这种特别的舞蹈中,伴侣双方会增强理解,增加共鸣度,增强同理心,且共同承担责任,共同分享苦乐。[28]

所以,爱情共鸣是以持续的、动态的互惠为特征的。此外,我认为它还有如下特征:(1)需要双方有共同的情感体验和活动经历;(2)双方的情感和体验在构成上是相似的;(3)具有放大性、互补性、衰减性和平衡性;(4)是一种自发的反应;(5)有自制性。

共同的情感体验和活动经历。共同的情感(以及其他情感)体验和活动是爱情具有放大性的关键所在。亚里士多德强调了爱情中共同活动的重要性,长期的分离可以毁掉爱情。[29]因耦合性而产生的爱情共鸣,为这样的共同体验和活动奠定了基础。爱情共鸣就是一种合作关系,是因共同的体验和活动而产生的。在这种活动关系中,单独的个人不需要填补双方之间的空隙,双方有一个共同的、以爱情共鸣为基础的爱情空间。

情感和体验在构成上的相似性。人以群分是真的吗?或者说,相异的性格真的会相互吸引吗?我们知道,在持久而深厚的爱情关系中,只有相似的人才能够合得来。的确,从古希腊哲学家恩培多克勒(Empedocles)、亚里士多德,古罗马哲学家西塞罗(Cicero),到文艺复兴时期的法国思想家蒙田(Montaigne)和德国的哲学家尼采,他们都认为,相似性是爱情的基础。我们也见识过相似性给情感注入的新活力究竟有多么强。在短期的情感关系中,情感的认同度不高,只有在此时人们才更喜欢与自己不一样的伴侣。当爱人按照在"构成上相似的情感体验"来行事时,就是按真实的、符合自己本性的方式行事。正如浪漫主义者们宣称的那样,"被爱的人就是情感留声机,爱着他的人能够从他的话语里听到自己的声音"。[30]

放大。跟其他类型的共鸣一样,爱情中的共鸣与一种能够延长和放大爱情体验影响的互动相关联,情感和情绪传染的特性也能够增强爱情的共鸣。当我们爱的人伤心时,我们也会跟着伤心。

互补是与爱情共鸣相关的一个过程。跟共鸣一样,爱情互补是通过双方给彼此的关系增添了更大的价值而增加情感关系的价值的。如果互补的效果好,两者的结合就是完美的,其结合大于各部分之和。因此我们说,"盛宴需要美酒配",或者"这种音乐配上她的声音,真好听"。为了妥协或让步,我们接受了消极的观念,停止追求积极的东西,以防止对现状可能产生更大的有害影响。而互补则能够扩大我们个性中积极的一面,同时让我们彼此都做到最好。

衰减指的是随着时间流逝的渐渐衰退。衰退的幅度小,共鸣的频率就与情感关系的正常频率相同,共鸣的频率增强会危及情感关系的生存。只有增加情感关系的内在价值,减少外部环境的消极影响,伴侣双方的爱情共鸣才会存在。

维持爱情共鸣的平衡,可以使情感关系健康发展,而不会因超负荷而崩溃。深厚的爱可能并不总是持久的,因为我们的伴侣或外部环境一旦发生改变,就会毁掉我们的爱情。而我们这里说的是相似的情感体验,这种相似性不太可能被改变,因此,它可能对处理消极的境况有所帮助。相应地,有些人也说,即便状况变得糟糕了,但他们对爱人的爱不会停止。深厚的爱可能会因外部因素的改变而终止,若想要让它变得持久,不仅仅需要抑制消极的外部因素,还需要巩固积极的内在因素。

自发性的回应。根据哲学家斯宾诺莎的观点,我们将讨论三种主要的认知系统:情感直觉、深思熟虑和直观推理。虽然深思熟虑的认知价值比情感直觉的认知价值高,但这里还有一种直观推理的系统,其价值比深思熟虑的价值更高,专业性的决策需要利用这种直观推理。[31]爱情共鸣则包含了有价值的、自发性的直觉认识。的确,伴侣自发性的态度,不是其有意识表现出的态度,有助于预测他们对婚姻满意度的变化。随着时间流逝,持有积极的自发性的态度的人更难以对婚姻产生不满。自发而含蓄的爱情共鸣可以从自发性的偏见变成伴侣沟通过程中自我实现的预言。[32]

自制。爱情共鸣的自制性是在个人的自由度存在的情况下表现出来的,我们通过这种自由度来培养或消除特定的共鸣反应。当代知名社会学家哈特穆特·罗萨称：发展快速是现代社会的主要问题之一，虽然我们有很多办法可以解决这一问题，但限制我们自由的共鸣可以成为一种主要的解决方案。[33]共鸣修正了流行的自主概念：它为伴侣的行为增加了一些限制，因为伴侣们试图让彼此产生共鸣。然而，如今的主要问题并不在于怎样找到爱，而在于怎样维持伴侣之间的爱。相应地，持久的爱也要求爱人是独特的存在，而表现两个人之间独特感情的共鸣，在持久的爱中也是很关键的存在。培养深厚的爱通常需要培养爱情共鸣，它既是爱情的组成部分，也是爱情中的一种成就。

爱情共鸣包含一种有意义的回应。某些程度的共鸣是显而易见的，例如，在打情骂俏的时候，双方的感情都受到了刺激，这样伴侣双方也就会对彼此产生共鸣。在深厚的爱情关系中，共鸣则更加明显，因为伴侣双方的关系更加和谐。爱情关系的相互性和关爱性使得爱情共鸣在这样的情感关系中占有先机。它可以表现为基本价值观的融合，包括道德、政治和审美观念等。因此，相爱的人会培养出相似的兴趣，如喜欢上两人之前都不喜欢的音乐，甚至穿同样颜色和款式的衣服。这些相爱之人可能还会说，在爱人开口之前，他们就知道对方想要说什么了。

通常，在持久而深厚的爱情关系中，我们能够看到伴侣双方是有共鸣的，他们对彼此都有积极的回应方式。然而，在深厚的爱情关系中，伴侣双方也可能没有共鸣——但这样的爱情关系中一定不会缺乏其他类型的积极互动。不是所有爱得很深的伴侣都会培养出情感共鸣，它只是爱情中的一种成就。情侣双方只要相互关心和体贴，即使没有这种共鸣也是没关系的，只不过双方的沟通交流会欠火候而已。

爱情的连贯性

> 狗爱它们的朋友，咬它们的敌人，这一点跟人不一样。人无法单纯地去爱其他人和物，总是将爱与恨混为一谈。
>
> ——奥地利精神分析学家西格蒙德·弗洛伊德（Sigmund Freud）

同步、回应和共鸣虽是持续性短暂的现象，却是巩固持久的爱情关系的基础。然而，还有第四种现象：持续一致的行为。也就是说，随着时间的流逝，人们行事的方式保持不变。人们都认识到，同步、回应和共鸣显然对持久的爱情很重要，但对持久一致的行为的重要性，人们却不清楚。

持续一致的行为对我们的生存至关重要——如果没有这种行为，我们就无法理解并融入自己身处的环境中。在人际关系中，一致性帮助我们预测并回应对方的行为。这种一致性是对我们智力上的要求，与我们的情感态度相关。情感态度是由改变而产生的，与改变前后的境况有时间上的相关性，而一致性并不是其最重要的特质。偏激的人对状况的认知是有限的，所以他们看起来是死板的，而那些认识到周围改变的人则更加灵活，所以他们采取的行动看上去也并不是前后一致的。

此外，正如我所说过的那样，我们能同时接受不同的观念。所以当我们面对同样的事物时，既能看到它积极的价值，又能看到它消极的一面，这导致我们的态度总是矛盾的。这样的矛盾对理智而言是不合理的，但对感情而言却是可以接受的。人理性思考的时候，会对整个境况做全面的分析及解读。但人的情感态度却具有片面性，所以人有时候会产生完全不一样甚至是相互矛盾的情感态度。

你有没有觉得自己对某人是既爱又恨的？如果是这样，那么你们的关系一定很好。但同时对某人既爱又恨是矛盾的，不是吗？

爱与恨是两种对立的感情，至少人们通常是这么理解的。我们要考虑到两个方面。首先，从范围上而言，爱比恨更宽泛——爱人的人考虑的更多的是自己所爱的人。当我们恨某人时，就会把对方当作坏人，而且是坏到骨子里的人。而在爱情中，爱人则被视为具有更立体化的形象——既是善良的，又是有吸引力的。其次，我们的感情也分很多种（爱的种类也比恨的种类更多),每一种都不可能与跟它对立的情感完全相反。所以,与其说爱与恨是相互对立的两种情感,不如说是相互区别的两种体验:从某些方面而言是相似的,在另外一些方面却又是不一致的。

当人们说他们对某人既爱又恨时,可能表达的是对所爱之人的不同情感态度。被爱的人身上既有他们欣赏崇拜的特质,也有他们不赞成甚至是讨厌的特质。然而,当我们对某人有了两种深厚而复杂的不同情感(如爱与恨)时,就会很煎熬。

在既爱又恨的情感关系中,人们会根据境遇的不同来改变关注的中心点。因此,人们的情感态度也会发生改变。例如,当伴侣有幽默感,你又在意这种幽默感时,你就会非常喜欢对方,但想到伴侣给你带来的窘境时,你又会对对方深恶痛绝。因此,有这样的说法"我讨厌你,但我也爱你……我又讨厌你了,我又更爱你了"(席琳·迪翁);"有时候我爱你,有时候我讨厌你,不过我讨厌你也是因为我爱你"(纳特·金·科尔)。情感作家们都很明白,如果情感体验是静态的,那就没有一点意义,而如果遇到的境况不同,那人们对同一人的情感态度也会不同。乡村歌手查理·普莱德唱的这句歌词就证实了这一点:"你坏的时候看起来真美。"他还认为,他的女友既是天使也是恶魔。她为他的生命送来了阳光,但当她使坏让他失望时:"我说,嗯……你坏的时候看起来真美。"

当爱情关系恶化的时候,讨厌和怨恨的感情也就紧接着出现了。某个被指控杀害了妻子的男人提供了这样的辩词:"你不会因为讨厌一个女人而想要杀死她或因嫉妒她而对她大吼大骂,不会的,你想要杀她是因为爱她,是因为爱。"毫无疑问,爱可能是相当危险的,人们可能借爱之名犯下最令人心惊的罪行。[34]

好吧,也许你自以为可以对同一个人既爱又恨,但这两种情感是同时出现的吗?我们可以说很爱某人,但讨厌他的不诚实。相应地,当有人说"我同时对你既爱又恨!"时,他的意思是,他的积极和消极情感是针对同一人的不同特质而言的。同样地,在婚外恋的关系中,未婚的第三者是很爱他已婚的情人的,但因为对方还需要与配偶保持婚姻关系,所以,他也很恨对方。同样地,我们也会因为自己爱着对方,却又无法让自己不去爱他而恨他,或者因我们的爱没有得到回报而讨厌那个人。

有意思的是,我们只有在爱情中才会有排他性的欲望,而在怨恨的感情中是没有的。相反地,在憎恶的情绪中,我们总是希望他人也有与我们相关的消极情绪。我们似乎总是希望与他人共享消极的情感态度,而独享积极的情感态度,这似乎是很自然的。当我们开心的时候,更愿意去照顾他人的感受,但也会护卫自己开心的源头。当我们迷惘的时候,通常会切断与他人的情感联系,但如果他人也一样迷惘,我们就会有满足感。

总而言之，讨厌你爱的人是正常的。但这样你就会觉得生活并不是称心如意的，同样这也会影响到你和爱人之间的情感关系。

强劲的爱情关系

> 我爱的男人，他们聪明敏锐，却也非常狂傲嚣张，但这一点也不令人讨厌，反而非常有魅力。
>
> ——名模雷切尔·亨特（Rachel Hunter）

情感的强烈程度与深厚程度的区别，就在于前者是短暂而强烈的性欲的特质，而后者是长期性的特质。然而，我们还是要当心，不要认为持久的情感关系就是基于深厚的爱的。生活中还有如下两种状况：（1）缺乏深厚的爱的持久爱情关系；（2）虽然彼此深爱，但分手了。这两种状况都是受附加的环境因素影响而出现的，如生活环境及个性特征等。上述情况使双方要么在缺乏深厚的爱的基础上保持持久的情感关系，要么和平分手，虽然他们深爱着彼此。

上述两种状况，前者更容易理解。夫妻在一起生活了很长一段时间，生儿育女，还有了孙子辈，并且已经习惯了彼此，所以不需要再去找更好的伴侣。他们可能偶尔会去找寻"刺激",也可能不会,但还是维持着婚姻关系。

在第二种情况中,双方都深爱着彼此,但其中的一方不想再继续情感关系了。虽然持久的情感关系足以体现双方对彼此的爱的深厚程度,但要情感关系持久存在,还需要考虑其他因素,如生活环境和人的个性等。这些因素会影响我们的决定,即是否与某人一起生活。以上讨论的是"我爱你,但我要离开你"的情况,下文将要讨论的是个人适合性和整体平衡度都很低的情况。我将在后文详细讨论这个问题,因此,这里仅举例说明。

以两段情感关系为例:其中一例情感深厚度为9分(满分10分),强烈度为3分;另一例情感深厚度为8分,强烈度为7分。哪一段情感关系更可能持久——是深厚度更高一点的前者,还是强烈度更高一点的后者呢?正解是第二个例子,因为它的深厚度与强烈度之间的差异更小。单看情感的深厚度或强烈度,我们是无法预测情感关系是否能持久的。若想保证情感关系持久存在,我们需要把握情感深厚度和强烈度两者间的平衡。

虽然情感的深厚度能够影响情感关系的持久度,但我们也明白,个人在情感关系中是否过得充实也会影响情感关系的持久度。因为深厚的爱并不一定能持久,有些伴侣虽然深爱彼此但还是离婚了。

作为决定情感关系持久度的因素，个人的境遇和充实感能够让情感关系强劲有力。如果你查词典，就会发现"强劲"这个词有多种含义，如"精力充沛""强壮""健康""成功""不可能崩溃""有力量""活跃""动态的""起效的""丰富而充实的""可持续的"（能够以同一水平持续很久）等。强劲的情感关系就具有上述这些特性。

情感关系强劲就意味着伴侣双方把握住了情感深厚度与强烈度的平衡。这两者具有较高的平衡度时，有助于维持强劲的情感关系。情感深厚度或强烈度不高都可能毁掉情感关系——但其中一种维度过高也可能会毁掉情感关系。因此，爱情太过强烈也会削弱情感的深厚度和复杂性。当你的心"着火"，"烟雾"蒙蔽了你的双眼时，你就很难去注意持久而深厚的感情，或者思考复杂情况的微妙之处了。这样的"烟雾"不会使情感关系更深厚。然而，当情感太过深厚，甚至开始影响到短暂而肤浅的情感体验时，那我们可以说，情感过于深厚了；而我们并不想要这样深厚的情感关系。健康的情感关系是指我们要把握住浪漫爱情的多种特质之间的平衡，并培养出长期的、强劲的、成功的情感关系。

当下文提及持久的爱情关系时，我仍然会以"强劲的"来指代强烈而深厚的爱情。然而，因为强劲的爱情都是深情的，而且深厚的感情也确保了情感关系的寿命，所以，在探索深厚爱情的时候我会详述这一点。

结束语

我的爱情是我努力的动力。

——一位职业女士

在持久的爱情体验中，我们关注更多的是促进爱人的幸福，而不只是预防伤害降临到爱人身上。这包括双方共同参与有内在价值的活动，而不只是共同参与肤浅的活动。这些活动促进双方的内在品质得到升华，并使他们不只被外在的改变所影响。

爱人的任何品质都不比情感关系中的特质更重要。虽然人们一般会预防有伤害性的行为，但这样也会扼杀人的独立性，加重批评的压力。宣扬好的行为，为培养有爱之心创造积极的环境，这样更有用。当人认可某种活动的价值，认为自己参与这样的活动能发挥出自己的基本能力时，这项活动就是有内在价值的。在这个过程中，人的内在特质也得到了培养和发展，与对外部改变做出激烈反应是相对的。持久的爱情是发自内心的，是深厚的，所以这样的爱情体验也是很有意义的，它巩固了人的内在价值。

揭开持久的爱情体验的面纱,你会发现伴侣们的行为是有同步性、共鸣性的,而且伴侣双方的态度都是积极的、正面的。同步性是指两个(或更多)人行为的协调性。积极、正面的回应则是伴侣双方沟通交流的保障,既能够巩固双方的关系,又能为双方各自提供支持。爱情共鸣是一种高层次的同步回应方式,可以说,这也是一种持续不断的相互作用。

相爱之人的情感矛盾,似乎很容易导致双方关系的破裂,但在复杂多变、有倾向性的爱情体验中却是自然现象。通常,我们会赋予不同的情感和情绪以不同的重要性,以此来处理双方的矛盾。因此,若伴侣的时间观念较差,我们可以说对方从整体而言还是很不错的,只是有不守时的缺点而已。[35]

Chapter 5

时间对爱情的作用

人们说时间能治愈一颗破碎的心,但我们分手后,时间却止步不前了。

——美国音乐作家雷·查尔斯(Ray Charles)

> 如果我可以把时间存入储蓄罐中，就会把每一天都存起来，直到永恒，只为等待跟你一起度过这些时间。
>
> ——美国民谣歌手吉米·克罗斯（Jim Croce）

我们已经花了很长一段时间去弄明白持久而深厚的爱是否可能存在。在这个过程中，我们也找到了利于培养持久而深厚的爱的工具。现在，我将用这些工具来研究并揭示时间在爱情关系中起作用时的各种现象。这种作用是矛盾的。一方面，跟爱的人在一起的每一刻都是宝贵的；另一方面，随着时间的流逝，爱情的强烈程度会逐渐降低。这两点也引出了两种互相矛盾的观点：(1) 深厚的爱情会随时间的流逝而得以巩固；(2) 强烈的爱情可能会被时间冲淡，也可能基本不受时间的影响。我将讨论时限与时间的区别，以此来证实虽然强烈的爱情有时限，但深厚的爱情却是需要时间来培养和巩固的。

我们知道时间对过去、现在和将来之爱的积极和消极作用。人对过去的爱抱有消极态度，如有"覆水难收"这样的说法；但对过去的爱也可能抱有积极的态度,其表现在会去渴望前任。人们对现在和将来之爱的消极态度则是相似的:都认为爱会随时间流逝而削减,甚至是消失,所以只关注当前,而不想未来。我们有这样的观念为证:"机不可失,时不再来;明天就太迟了。"而积极的态度则表现在,喜欢一个人,就愿意一直等到"时间的尽头"。对未来之爱的消极态度体现在这样一句谚语上:"吃吧,喝吧,快活吧,因为我们总要死的。"而积极态度则体现在想要跟所爱之人永远在一起的愿望上。值得注意的是,音乐片《游行》的剧情中包含了上述所有这些观念和愿望。

时机不是最重要的

> 我不敢说,我结婚是为了省时和方便。我的丈夫也不愿承认这一点,但他的目的却是这样。
>
> ——一位已婚女士

我们都认为,无论是在生活中还是在爱情中,把握时机是最重要的。但究竟是不是最重要的,这个问题很难回答。我认为,把握时机往往是两个人在一起的决定性因素,而时机的把握除了要看时间,还要看外部环境,如约会地点。然而,在维持并巩固深厚的爱情时,最重要的是时间,而不是把握时机。

外在时机是指在回顾过去时,对结果有积极或消极影响的特定时间。而时间影响爱情的因素包括时长、频率和发展状况。时机的选择在寻找伴侣的过程中有更重要的作用,而时间则对维持持久而深厚的爱情更重要。

触发爱情的外在时机纯粹要看运气。两个相爱的人可能是在火车上偶然相遇的,在这种情况下,双方可能之前从未见过,所以自然会觉得很幸运。然而,时机也可能是指在最恰当的时候做最合适的事,这既需要我们正好在对的时间遇到了对的境遇,也需要我们拥有能够及时辨认出这样的境遇的聪明才智。在这两种状况下,人的行为或反应的时间都是短暂的,有时甚至是眨眼即过的。

爱情体验与性爱完全不同,你可以说"我现在头痛,没心情跟你做爱",但不能说"我现在头痛,没心情爱你"。即便相爱的一方或双方悲伤难过,持久而深厚的爱也是存在的;即便相爱的双方彼此生气,或分开后没有想念彼此,持久而深厚的爱也是存在的。

如今,时机也就是某个眨眼即过的时间点,比让持久的爱情存在的时间更加重要。相应地,如今的社会也很讲究速度,许多人都认为,长期待在一个地方就意味着妥协于现状,放弃寻找更好的机遇。正如知名女演员梅里尔·斯特里普所说的那样，对某些人而言，"一时的满足是不够的"。现在，行动迟缓的人常常沦为快节奏的牺牲品，反应快且往往比较肤浅的人反而似乎更有优势。现在都时兴使用信用卡，因为信用卡能够减少人们等待所需事物的时间，所以，人们称使用信用卡就是"在有需要时无须等待"。各种社交网络使信息传递的速度更快，但人们的感情却不再那么深厚了。因此，这显然降低了建立持久而深厚的情感关系的可能性，而且也增加了孤独感的问题——孤独感并不是由缺乏社交活动而引起的，而是由缺乏有意义的、感情深厚的社交活动而引起的。

年轻的男女在寻找爱情时，如果总认为把握时机是最重要的，就会觉得不安。这对寻找爱情不利，因为合适的时机都是偶然出现的，是纯粹凭运气才能遇到的。年轻人会一直担心自己可能会错过最合适的时机，并因此而毁掉自己的爱情。在这种情况下，年轻人就需要时刻保持警惕，随时准备好抓住转瞬即逝的机会或阻止机会转瞬即逝。因为总是在寻找，所以很多人可能找不到让人平心静气的持久而深厚的爱情。爱情不是一场永久的测验，恋人们不需要不断地去验证他们是否适合彼此，不需要去和潜在的其他人（其他竞争者）比较谁获得的分数更高。爱情是让人接受伴侣原本的样子，也让彼此展现出最佳的状态，没有谁能够一直获得最高分。然而，我们只要不总是测试对方，不相互比较，那么我们每个人都会变得更好。

不安分的人常常会寻找新的伴侣，他们需要足够的智慧来确定自己与一个孤独的灵魂第一次亲密接触的最佳时机。所以，当某人孤身一人也愿意接受新的爱情时，就是他们最佳的接近时机。美国的创作歌手卡洛尔·金曾经写过这样的歌词："当我迷失了我的心时，是你帮我找回了它。"爱情都是要看时机的，爱人的职责就是要把握住浪漫的时刻，即便是发展成持久的爱情关系的可能性极低，人们也要把握住转瞬即逝的机会。

大量的浪漫诱惑不断地轰炸着我们，这使得把握时机更加重要。现在可供选择的机会很多，所以似乎并没有必要耗费大量的时间和资源去经营一段需要努力才得以巩固的情感关系。就跟其他的事物和体验一样，现在的爱情也需要即刻的满足感。当爱情的满足感只是一个短暂的感受时，把握时机就是最重要的。

然而，要拥有持久而深厚的爱情，是要看运气的。而这种运气是由持续不断的浪漫体验和活动积累得来的，深厚的爱情需要两人共同参与的活动和情感经历来培养。但如今，人们一般就不再深入探索持久而深厚的浪漫爱情了，而是只满足于偶然的、激烈的性爱，且这种性欲的出现主要依赖于正确的时机。时机虽然容易把握，但一天到晚只依赖这种偶然性的、肤浅的体验也是让人疲惫和沮丧的。我们许多人都渴望深厚的爱情，因为它能让人平心静气、坚定心意和信任他人，而这些都有利于我们的生存。

在深厚的爱情关系中，相爱的双方承担着许多的责任。人们总会遇到一些持续性的挑战，然后需要竭尽全力克服所有的困难。虽然处在深厚的爱情关系中的伴侣要承担不少的责任，但在这个过程中，双方都会觉得自己更冷静，更有安全感。当人们认识到，他们有责任巩固自己的爱情时，就会变得更冷静，而不会像在短暂的、不稳定的情感关系中那样疯狂，所以短暂的、不稳定的情感关系可能会因为外部环境的任意改变而迅速结束。冷静是一种自我实现的预言：你对情感关系持久性的态度越冷静，就越愿意投入其中，情感关系就会越坚固。现在，除了深厚的爱，感恩、知足、谦逊、善良和宽容，这些似乎都不是我们这个竞争激烈、追求成就的社会最珍视的优秀品质。[1]

总而言之，因为遇到了好时机而获得好运对找到爱侣是很有帮助的——许多的爱情故事就是因此而开始的。然而，好时机的时限太短，其在持久而深厚的爱情中几乎没有什么价值。时机和时间在不同的情况下都是重要的，正如爱情的深厚度和持久度都是浪漫爱情存在的关键一样。了解双方的本质特性能让相爱的人经营好双方的情感关系。

过去：难收的覆水和前任

覆水难收。为什么还要去哀悼已经过去的、再无法回来的事物呢？

——古希腊悲剧作家索福克勒斯（Sophocles）

有些人走进了我们的生活之中，在我们的心里留下了足迹，我们跟以往就再也不一样了。

——弗莱维娅·威登（Flavia Weedn）

人们对过去的情感有两种相互矛盾的态度，对过去的时间也持同样矛盾的态度。我们有一种明智的、消极的观念，就是"过去的就过去了"，这就是说覆水难收，或者试图挽回已变质的爱是没有意义的。相反，怀旧的情怀和将前任理想化的想法则表明了对过去的爱情体验的积极态度。

在一个注重目标的社会中，过去没有什么价值：我们都是关注未来的。这种对过去的消极态度就暗示着，将资源投入到过去的事情中是不理智的，我们应该将有限的资源集中投入到现在和未来的目标之中。所以理性的、明智的决策应该是排斥过去的。

在一般的情感生活中，尤其是在爱情中，个人的过往经历是很重要的。虽然过去看起来是无法改变和随便定义的，但我们对过去事件的态度,以及过去事件对我们产生的影响是重要的,这会影响我们未来的情感决策。因此,对过去的积极态度也许是能帮我们维持对持久情感关系满意度的一种机制。[2]美国小说家威廉·福克纳就曾说过:"过去并未消亡,甚至也还没有过去。"

过去的重要性能通过科比·奥兹的这样一句话体现出来:"不要忘了想我。"有时候,回忆过去是无意识的行为,但另外一些时候我们需要耗费一些努力,并采取一些必要的步骤去回忆过去的人和事。人们要求自己的爱人在分开后也别忘了想自己。这种要求是合理的,因为这会让对方意识到自己并没有完全忘记那一段有意义的过往——即便这种回忆并未让对方做出什么实际的行动去表达爱意,那也没有关系。

有时候,我们应该为"覆水"而哭泣,不然怎么能学会珍惜水,怎么学会避免再次将水泼洒出去呢?重视过去的极佳方式之一就是重视我们现在的情感,因为现在的情感首先是由过去的经历而形成的。在此,我们认识到了过去的情感的重要性。[3]

在讨论情感强度时,我区分了两种主要因素,一种是引发情感状态的事件给人的感知造成的影响,另一种是参与引发情感状态活动的人所处的背景环境。事件的影响力取决于事件的激烈程度、发展状况和与人的相关程度。个人的背景环境由其对情感变化所负的责任,为应对情感变化的准备程度,以及特定的情感改变构成。[4]

背景环境虽然看似与当前的状况无关，但可以防止我们在未来再一次体验相似的情感经历。因此，我们对一件事越投入，就越能发掘出其重要性，对这件事的感情也就越强烈。正如谚语中所言的那样："对一件事付出越多，就越值得。"在当前的爱情关系中，过去的经历会影响现在爱情关系中共同参与的活动体验，所以很重要。巨大的灾难或欢喜，日常遇到的艰难困窘，以及情感关系的发展状况都能影响情感的深度。

然而，若将所有的注意力都投入到过去中，我们就无法投入到现在的爱情中，可能就会认为现在的爱情还未达到幸福的标准。虽然反复思考过去的成败是没用的，但完全否定过去的价值也同样是不妥的。

有时候，我们最好不要因"覆水"而难过哭泣。一段爱情已经结束了，我们没有理由一直活在过去的情感关系中。我们最好是去开始找寻下一段有意义的情感关系。以前的爱情终结并不意味着人生的结束，更不意味着情感生活的结束。然而，如果我们真的完全抛弃了过去，那我们的生活就会变得肤浅。因为正是过去的经历塑造了现在的我们，它是我们当前的生活和感知的基础。

是什么因素促使过去的情感关系死灰复燃呢？如果分手的时候双方的感情是深厚的，如果分手是由过去的外部环境所造成的，如果现有的情感关系的质量不高，那么过去的情感关系复燃的机会就会非常大。分手之后，人们通常会改变心意，而这也会影响到他们的复合。分手后双方的年龄和经历可能让他们对彼此更宽容，但情况也可能恰好是相反的——他们可能已经变心，不可能再爱彼此了。

《大屠杀》一书中记载了这样一个真实的爱情故事：年轻的犹太女子海蒂·魏斯和纳粹盟军匈牙利部队的基督教预备役军人蒂博尔·施罗德在"二战"爆发时订婚。然而，战争结束后，在奥斯维辛集中营中侥幸存活下来的海蒂，虽然仍然爱着蒂博尔，却不愿再见他，不愿跟他结婚了。她说她现在跟以前已经不一样了，不再是蒂博尔曾深爱的那个女人了。她不想破坏了自己在他心中的地位。[5]相似地，在亨利·詹姆斯的小说《鸽之翼》中，两个相爱的人出于各种原因都将对彼此的爱隐藏了起来，也对外隐瞒了两人订婚的事实，在那样的情况下他们分手了。但当后来再想要在一起时，他们却发现"我们再也回不到过去了"！

然而，撇开书里的故事不谈，现实中的一些分手多年的人的改变并不大，但爱情却无法再次繁盛起来。爱情，需要我们将爱人进行某种程度的理想化，也需要我们将过去理想化。所以，当被问及真爱是否能永恒存在时，一位女士做出了肯定的回答，并以她的初恋为例进行了说明，尽管六年前她就愤怒地结束了那段恋爱关系。

对前任的渴望

> 我很谨慎。我告诉我的前任,我之所以找现任,是因为希望他明白,他跟我再也没有机会了(至少我说的时候的确是这样想的),但我不确定这话是否管用。
>
> ——一位已婚女士

过去对我们爱情生活的影响,也体现在有些人总想要与过去的恋人重修旧好。如今,过去爱情积极的一面也促使人们寻找前任。研究发现,近一半的成年约会者和同居者表示,他们会跟前任和解(分手后再复合),而超过一半的分手者表示会保持与前任的性关系。[6] 这种断断续续的关系以及前任的吸引力,反映了成人亲密关系中存在相当大的不稳定性和不确定性,而这让人越来越容易为爱情做出妥协。选择现任伴侣可能被视为一种妥协,因为选择了现任以后不仅意味着再也无法去寻找新的可能,而且意味着与过去的恋人再也没有可能——但有时候,我们可能也会考虑与过去的恋人复合。每一次状况的改变都会影响到人对当前爱情关系的满意度。

人之所以重新追求过去的恋人,是因为两种因素的驱动,一种是实质性因素,另一种是技术性因素。实质性因素是指怀旧,怀旧的过程就是将过去的状态理想化的过程。而技术性因素是指现代的信息网络,这使寻找前任变得相当简单。

怀旧是一种对过去的渴望,人通常会将过去的经历理想化。"怀旧"还有医学上的含义,是指一种悲伤的情绪。怀旧通常是指怀念"过去的美好时光",就是在当前的状况下将过去的事情理想化。它是一种对不再存在或可能根本未曾存在过的状况的渴望。事实上,由于想象力在人们怀旧的过程中发挥了相当大的作用,所以怀旧其实会产生一种乌托邦式的效应。因此,怀旧的内容通常是一种无法实现的虚拟现实。从这个意义上而言,怀旧不总是怀念过去,也可以是设想未来或现状。怀旧是一种苦乐参半的体验,人们将过去拥有的愉悦感与现在经历的痛苦糅合在一起。过去的体验是令人愉悦的,而现在缺少了这种体验,这就让人感到痛苦。将过去理想化具有两方面相反的作用:一方面,这让我们将现在与过去做对比,与过去相比,我们现在似乎很不幸,而这会让我们觉得悲伤;另一方面,我们可能会觉得,我们在过去的生活中做了一些有意义的事情,而这会让我们处于一个更好的境地。

彼此分开的相爱之人总会对爱人产生渴望。他们想念自己的爱人,因为无法与对方在一起而痛苦。因此,人们喜欢听到爱人说想念自己的话,即便这意味着爱人正在遭受痛苦。当我们的前任思念我们时,我们感受到的满足与其说是对对方不幸的"幸灾乐祸",不如说是我们认识到了:即便是实际上并没有在一起，他也仍然是爱我的。当你知道即便经过多年分离，你和你的前任仍然深爱彼此时，会感到非常开心和安慰。

现在，在社交平台上，关于前任的话题是热门搜索话题。从某种程度上而言，前任并未完全从我们的世界中消失。当你在社交平台上遇到他时，过去的一切就会重新浮上心头。的确，许多人试图找到前任是希望能恢复他们之间的关系。随着时光流逝，人们对前任的记忆可能加深了他们对对方的爱，这使得双方的关系看起来比以前交往的时候还要好得多。因此，人们就会坚定自己的信念，对恢复与前任的关系保持积极的态度。寻找熟悉的人恢复之前的关系会使我们的寻找更具合理性，并为我们提供了一种缓冲，以防我们当前的情感关系破裂。然而，这种缓冲通常会让我们在跟现任相处的时候不开心。

将过去理想化，与熟悉之人相处时的舒适，会让人很渴望与前任复合。然而，在复合的兴奋感过去之后，过去的难题也可能重新浮出水面。因为我们很难做出改变，所以在过去相处过程中的矛盾未来可能还是会出现。如果双方年轻时是朋友，那么他们现在发展成恋人的机会也会更大一点。如果他们曾经就相爱过，但因为缺少爱或性格不合而分手，那么重新复合的机会很小。尽管如此，但随着年岁渐长，人们的爱情经历也愈加丰富，这可能会改变上述状况，那么人们与过去的恋人复合后建立的关系可能会比以前的更成功。有时候，过去的情感关系失败并不是因为双方不够爱彼此,或者双方性格不合,而是过去的外部环境因素影响所致。

现在和未来:把握现在和永远爱你

> 我想拥抱生活中的每一分每一秒,在死之前,我要享受美好的性生活、爱情,享受各种各样的活动,享用美食美酒,好好做按摩,有空去海里游泳,读诗,看电影!!!
>
> ——一位已婚女士

> 也许,这世间只有一种罪过:不耐烦。因为不耐烦,我们被逐出了伊甸园;因为不耐烦,我们再也没有了返回伊甸园的机会。
>
> ——W.H.奥登(W. H. Auden)

> 我会爱你比永远多一天。
>
> ——美国黑人歌手凯莉·罗兰(Kelly Rowland)

对于现在和未来,时间有两种作用:只有现在是有意义的,未来则无关紧要;或者未来是最有意义的,因为它象征着永恒。浪漫的爱情往往包含不耐烦的情绪,它表达的是一种狭隘的时间观念。正如猫王所唱的那样:"把握现在,今晚就属于我吧……明天就太迟了。"这种没有耐性、罔顾时间的思想在猫王的另一首歌中也有体现"我现在祈祷,与你共度一晚",因为这一晚"会让我梦想成真"。的确,这一晚会让你梦想成真,那么你为什么还要去追求需要无数个日夜才能建立起来的深厚感情呢?"朝见那不勒斯,夕死可矣",这种说法也表达了类似的含义:一旦见到了那不勒斯的美,你就会陶醉其中不可自拔,就好像已经完成了生命中最重要的事情一样。同样,在电影《时时刻刻》中,扮演弗吉尼亚·伍尔夫的女演员说:"女人的一生只有一天,就一天,那一天就是她的一生。"那一天当然也有特定的条件限制,如与相爱的人初见的那一天,那一天让生活变得完全不一样起来。

然而,爱情关系可不是一夜之间就能建立起来的,它需要双方不断地充实巩固才能建立起来。有时候,一次短暂的温存就能够弥补一段长时间的痛苦,但我们要讨论的主要问题应该是:怎样促进我们日常爱情生活长盛不衰。单纯因为性欲而存在的爱是没有耐性的,深厚的爱情是需要用耐心去培养的。性欲是片面的、短暂的,也不会永久存在。性欲一旦出现,就需要立刻得到满足。欲火焚身时,人是很难保持耐心的。

我们发现,人们(女人比男人更甚)倾向于为了获得更深厚的爱情而暂时性地阻止强烈性欲的满足,这就体现了急切的性欲和用耐心培养的深厚的爱情之间的冲突。加深情感深度的方式主要有两种:(1)"欲擒故纵"的行为模式;(2)"适时"的策略。"欲擒故纵"的行为模式,就是指为了评估伴侣的心意而故意隐藏自己内心的情感;"适时"的策略是指双方都认识到了彼此的心意,但决定花必要的时间去明确自己的心意,从而让感情变得更深厚。在这两种情况下,双方的爱情都会得到发展,且随着时间推移,人们通过忍受延迟理想互动(主要是性爱活动)满足的痛苦而让感情变得更深厚。"适时"策略的实施步骤更加严格,这一策略不见得会让人怀疑爱人的真心,而用"欲擒故纵"的行为模式时,爱人就会怀疑你的真心,而且,这一策略需要人投入更多的时间去培养深厚的感情。适当的策略会让伴侣双方培养出持久的感情。的确,婚姻是否幸福是要看伴侣间相伴的时间够不够长的。[7]

心会对那些从表面上看只有外在价值的事情失去耐性,因为在做这些事情时,心总会想要尽快实现目标。在这种情况下,心不太愿意投入任何资源,包括时间和精力。在深厚的爱情关系中,当你对现状感到非常满意时,就不需要急切地去达成任何目标。保持耐心,人就会心平气和,就能感受到欢愉。而当人感到不耐烦时,任何延迟和距离都是无法忍受的。如果人能保持耐心,那么彼此远离也是一种有意义的"共度",因此有耐心的人可以忍受一定程度的距离。但同样地,如果爱意深厚,宽容对方就是很难的。正如一位已婚女士所说的那样:"我不是个宽容的人,当他的行为方式不对时(按我的立场来看),那我就无法容忍。我太爱他了,无法容忍他做出与我观念不符的行为。"

我们的社会让我们变得不耐烦——我们无论做什么事都希望能迅速获得回报。从速溶咖啡到"闪电式"的爱，我们已经越来越想要快速获得满足，获得他人的欣赏和我们想要的结果了。

在爱情中，我们的不耐烦削减了未来的作用，通常，面对爱情的时候，伴侣们总会说他们很有耐心——他们会耐心等待遇见自己爱的人。以下是一位已婚男士对等待伴侣时的感受的描述："我总是早早地就赶到约会地点，虽然我很想要见她，但我觉得内心很平静，我有足够的耐心等待，因为我知道她总会过来的，那样我就会非常满足，非常开心。有时候，我甚至希望这等待的时间再长一些，因为这样的等待感觉真是太好了。"因为深厚的爱情是能够持久的，所以即便爱人不在身边，我们也不用不耐烦。当你知道你会得到幸福的时候，等待时你会带着期许，而不会不耐烦。

将等待心爱之人的过程理想化，这证实了爱情关系中时间的重要性，即使在这段时间里双方并没有共同参与什么活动，而只是在期待共同参与活动。然而，等待共同参与活动的时间若是过长，也会威胁到情感关系。美国流行乐乐队米尔斯兄弟就出过这样一首好听的歌："到那时，我亲爱的，请等我到那时……某一天，我总会回来的……我知道，每一次收获都需要先失去，所以，请祈祷我们失去的只有时间，再没有别的。"时光流逝虽然不见得会让情感关系破裂，但通常会造成重大而令人痛苦的损失。

以上所述的对现在和未来的两种矛盾的态度,体现了短暂而强烈的体验(主要是性爱)和持久而深厚的爱之间的冲突。看重爱情的强度,而将爱情的深度放在次要位置,那么在爱情中未来的作用就会被忽略掉,这样强烈的爱情会瞬间点燃人的激情。人之所以有这样的态度,是因为他们认为生命是短暂的,也是无关紧要的。如果生命是短暂的,并没有什么附带的好处,那么我们最好还是通过肤浅的、欢快的活动来享受这短暂的时间。然而讽刺的是,我们若总是体验这样的活动,我们的寿命会缩短,我们的欢愉感也会减少。持享乐主义的态度,如"该吃吃,该喝喝,该快活就快活,因为我们总要死的",能够使我们某些瞬时的性欲得到满足,却不能让我们体验深厚的幸福感。这往往会让我们的生活更糟,会让我们身患疾病,并陷入绝望中。

让自己只关注当前享有的爱情关系而罔顾未来是不可能的,因为我们总有可能遇到新的机会。我们很难在不考虑其他多种因素的情况下做出选择,比如我们总会考虑接下来会怎样,如果做了什么事又会怎样。多种诱人的可能性让现代的爱情变得容易发生变化,相应地,爱情关系也变得比以前更脆弱了,这也让我们无法享受持久的、深厚的爱情体验。[8]在持久而深厚的爱情关系中,肤浅的、短期的吃喝玩乐的体验也是存在的,因为当我们经历这些短暂的体验时,还会有其他肤浅的欢愉体验。我们甘愿冒着失去的风险去争取的,正是这种深厚的情感关系。

结束语

爱,难以找寻,难以维系,难以忘怀。

——阿莉莎·斯皮尔(Alysha Speer)

现代社会的一切都是飞速发展的,而这会给爱情带来威胁,因为这会让人们更注重时机,而不重视时间。然而,深厚的爱情是随着时间的积累而培养起来的。只顾着追求肤浅的、未来的可能,会让我们无法与伴侣建立深厚的感情。如果我们只顾着眼前千变万化的诸多可能性,就会罔顾现在和未来更加稳定、深厚、持久的感情。当考虑与前任恢复关系时,时间也是很重要的影响因素。然而,我们若将过去的情感关系理想化,就会误认为这一次会跟上一次不一样,或者这一次会比上一次更好。无论是考虑重回前任身边,还是跟新的伴侣建立新的情感关系,如果我们想要让这段情感变得深厚,那就需要耐心守候,并认识到时间对其产生的影响。

在爱情关系中,时间既有积极的作用,也有消极的作用。之所以会这样,是因为深厚的爱的培养是需要时间的,但强烈的爱会随着时间流逝而逐渐减弱,甚至消失殆尽。在持久而稳定的爱情关系中,时间在各种作用之间是相互平衡的。

Chapter 6

浪漫爱情

> 我爱你——跟你在一起我很安心——就像回家了一样。
> ——多萝西·L.塞耶斯（Dorothy L. Sayers）

浪漫爱情的核心是相爱的两人之间的感情。这种感情的特性是什么？我们已经认识到，相爱的人会彼此关怀，共同分享、共同承担，总是对彼此做出积极的回应，而且容易产生共鸣。这些都是情感关系的核心所在。然而，除此之外，这种感情还有更多的特性。在本章，首先，我介绍了人类想要建立的这种爱情关系的基本需求，或者更具体地说，渴望自己属于所爱之人的需求。接下来，我论述了爱情与婚姻的关系，而它们之间的关系也是持久的、稳定的情感关系的主流形式。然后，我探讨了"完美"的爱情关系是否可能存在，爱人是否能够被替换，婚前同居是否更容易使婚姻关系破裂等问题，也论述了双方地位不对等和嫉妒在爱情关系中的影响和作用。我还介绍了这样的情感关系：你爱的人不爱你（不像你爱对方那样爱你）。

归属感的需求

你是属于我的。

——乔·斯塔福德(Jo Stafford)和其他70多位歌手

你并未拥有我,所以别指责我跟其他男孩在一起。

——莱斯利·戈尔(Lesley Gore)

归属感是爱情关系的主要特征。虽然这种感受有不合理的地方,但恋人们总喜欢这样告诉彼此:"你是属于我的。"当然,我们每个人都是自主的,没有人能真正属于另一个人。但是从心理上说,归属感是非常真实的。"归属"这个词意味着"拥有",意味着"成为彼此天然的组成部分"。"归属"这个词具有的字面含义用在任何人际关系中都是不合适的,用在爱情中亦然——拥有你的伴侣意味着你对对方有指挥权、掌控权。然而"你们成为彼此天然的组成部分"这个含义却是合理的。这种归属感意味着情感关系从无到有,甚至在情感关系破裂之时也能被强烈地感受到,且带给人的痛苦就像人在真正断了手臂时感受到的痛苦一样。

心理学家罗伊·鲍迈斯特(Roy Baumeister)与杜克斯大学心理学和神经科学教授马克·利里(Mark Leary)认为,归属感源自人类的基本需要,即建立和维持最少数量的持久、积极且重要的人际关系。要满足这种需要,我们应:(1)和同一个人进行经常性的积极互动;(2)保持持久而稳定的关怀和关注度,并投入到这种互动中去。[1]

与一定数量的人进行稳定的、有爱的互动具有必要性,它带给人的感受甚至可以超过更换情人带来的兴奋感。在鲍迈斯特和利里看来,人们"被自然地驱使建立和维持归属感",因此,"一般来说,人们通常应该不愿意打破已有的社会纽带,就像当初他们渴望建立社会纽带一样"。他们还认为:即使是有害的人际关系,当我们要毁掉它时还是会迟疑。归属感的需求可不仅仅是希望拥有肤浅的社交关系或得到性交,而是希望收获有意义的、深厚的感情。我们是否幸福似乎取决于我们是否有归属感。没有归属感,我们就过得不健康、不幸福。缺乏归属感的人更有可能患上心理和生理上的疾病,更容易出现如交通意外、犯罪、自杀等情况。[2]

你是属于我的,亲爱的

所有孤独的人啊,他们归属何方?

——披头士乐队(The Beatles)

一旦陷入爱中,你就归属于某个人,而不是独立自主的存在了,你会无聊到死。

——可可·香奈儿（Coco Chanel）

如果我们的健康和幸福要依靠归属感而获得，那么"你是属于我的"这句话就不是什么没用的甜言蜜语。这种归属感是由恋人们通过有意义的共同活动创造出来的。这种感受有其积极的一面，当然也有其消极的一面——对归属感的消极态度，通常表现为嫉妒。在某种程度上，对失去属于自己的东西的恐惧，和对获得某种有意义的情感的渴求一样重要。

归属感在爱情中的作用更大。根据鲍迈斯特和利里的观点，这种归属感能巩固双方之间的亲密关系。人们更喜欢双方相互关心的情感关系——双方亲密程度的增加能够巩固双方的感情。付出与收获不对等，容易导致情感关系破裂。当双方都投入这段感情，且彼此的付出是对等的时，他们共度余生的可能性就更大一些。有研究将情感关系中不付出只收获爱的人和只付出没收获爱的人进行了比较，发现这两种人在情感关系中都不幸福。鲍迈斯特和利里总结称，"显然，相互作用的情感关系才是最能令人满足的，也是最令人渴望的"。因此，爱情若"在没有归属感的情况下出现，如单相思，那就是令人痛苦、失望的存在"。[3]

归属感的主导作用跟沟通模式的爱情关系最相配，克雷布斯认为，爱不是一方归属另一方所有，而是指伴侣之间的互动。当真正爱一个人时，人们就会享受彼此的陪伴，也会产生强烈的归属感。[4]重要的是，我们说的不是双方不合理的个性融合，我们说的恰好与之相反。不合理的融合，是指双方如连体婴一样。这不仅会让人失去自由，也会让人失去各自的个性。在深厚的爱情关系中产生的归属感，既不会让人失去自由，也不会让人失去自我，而这也为双方各自的幸福和充实提供了积极的环境。

总而言之，人认为自己所爱的人属于自己的这种感觉是合理的，只要这种归属感只是心理层面上的，而且双方都有这种感觉即可。社交生活和浪漫爱情自然会让人产生归属感，而这种感受也会衍生出嫉妒心理。人们可能会怀疑，但不是怀疑双方归属感的重要性，而是怀疑这种归属感是如何在现实中生效的。爱情生活自然会让人产生归属感，但这种感受的产生需要我们付出代价：它限制了我们的爱侣数量——毕竟，归属感要求伴侣间相互忠诚——而且还涉及了稀缺资源的分配。然而，感情深厚的伴侣双方能够坦然接受这些限制。

爱情和婚姻

> 爱情和婚姻是不可分割的,就如同好马配好鞍一样,两者密不可分。
>
> ——美国歌手弗兰克·西纳特拉(Frank Sinatra)

直到现代,人们才开始注重婚姻中双方的爱情,注重婚姻是否能让个人感到充实,而在历史上的绝大部分时间,人们都不是这样的。人们开始注重这两点之后,这两点也成了影响婚姻持续时间和质量的关键因素。

婚姻关系的类型

> 成为夫妻不只意味着可以爱彼此,可以跟彼此做爱,还意味着双方要相互支持,这才是爱的最高级表达方式之一。相互的支持不像鲜花那样艳丽,不像烛光那样闪烁难测,不像个人信件那样令人激动,也不像极致的性爱那样刺激,但它是与众不同的,它有爱情的魔力。相互支持就像守护爱情的卫士一样,能够确保爱情的长存。如果这位卫士擅离职守,那我们就该考虑结束这段感情了。
>
> ——阿维诺安·本泽夫(Avinoam Ben-Ze'ev)

在人类史上的大部分时间里,婚姻是一种旨在让夫妻双方满足彼此的基本生存和社会需要的实用手段。热烈的爱情则没有这种用途。美国的斯蒂芬妮·孔茨教授称,对婚姻的这种理想化观念是在约两百年前出现的:"人们总会陷入爱情中。经过多年相处,许多伴侣也深深爱上了彼此,但古往今来,因为爱情而步入婚姻的人极少。"她还发现,"在很多文化中,爱情通常被视为婚姻的结果,而不是结婚的首要原因"。[5]法国专业作家帕斯卡尔·布吕克内指出:在过去,婚姻是神圣的,如果婚姻中还有爱,那可谓额外的收获了;而现在,爱是最至高无上的,婚姻反倒成了次要的了。相应地,选择结婚的人也在逐渐减少,而离婚、同居和单亲家庭的数量却逐渐增多了。现在,"爱情似乎在战胜了婚姻之后,又从内部瓦解了婚姻"。[6]

之前提到了两种婚姻类型——利益型和以爱为基础型——心理学教授伊莱·芬克尔又增加了一种:自我表达式(自我实现式)婚姻。他认为,这种婚姻模式是1965年前后在美国发展起来的。芬克尔认为,在利益型婚姻的时代,婚姻的主要功能是满足人们较低的需求(如获得水、食物、生理、心理和经济上的安全感),而在以爱为基础型婚姻的时代,婚姻的主要功能是满足中等的需求(如浪漫爱情),而自我表达式婚姻的时代则注重高等的需求(如自我实现)。[7]

芬克尔认为自我表达式婚姻有很多种特征,以下四种是最重要的:(1)相互的自我表达;(2)个人是独立自主的存在;(3)注重对生存和发展至关重要的时间;(4)坚持差强人意的婚姻并不可耻。

在自我表达式婚姻中,我们不仅希望配偶能满足我们的需求,也希望自己能满足配偶的需求。在爱情和婚姻中,相互支持是最重要的。在自我表达式婚姻中,我们的配偶对我们真正的自我有深刻的了解和认识。相应地,在他们眼里,我们比真实的自己更加优秀。事实上,当伴侣以一种既正确又理想化的方式看待我们时,我们是最快乐的。正如本书中强调的那样,从爱情走到婚姻(以及其他的固定情感关系中),时间发挥着重要的作用。最后,坚持差强人意的婚姻并不可耻。我们可能对理想型的婚姻有很高的标准,但也要有能力去适应差强人意的婚姻。经常拿别人的婚姻与自己的做比较,很容易使婚姻走向破灭。[8]

在后文中,我将详细讨论上述这些问题,但有一点是显而易见的:健康的情感关系应该有很大的灵活性和平衡性。

持久的婚姻质量

> 直到结婚后,我才知道真正的幸福是什么,不过那时已经太迟了。
>
> ——马克斯·考夫曼(Max Kauffman)
>
> 我丈夫曾问,我是选他还是选猫,而我选了后者。现在,我偶尔会

想念他。

——影星莎莎·嘉宝

持久的婚姻质量有两种轨迹趋势:(1)"U"字形,也就是说,婚姻早期(蜜月期和准父母期)是高质量的;在养育孩子的阶段,婚姻质量持续走低;孩子离家之后,婚姻质量又逐渐提高。(2)直线下降趋势,也就是随着时间的流逝,婚姻质量逐渐降低。随着时间的推移,越来越多的研究探索出了更多的婚姻质量变化轨迹,之后研究者对上述两种婚姻质量变化趋势提出了疑问。研究婚姻质量标准变化曲线的目的,是获得一种描述所有已婚夫妇婚姻质量的平均变化的轨迹,并考虑变化轨迹的方差。相反,基于群体的轨迹模型将婚姻质量的主要差异视为多种不同的轨迹,而不是单一的平均变化轨迹。[9]

有证据表明,在爱情关系的早期,伴侣双方会对彼此的关系形成一种观念,并将这种观念带入婚姻中。同样,研究还发现,丈夫和妻子对婚姻质量的变化趋势有不同的认识,要么是认为随着时间的推移,婚姻质量趋于稳定;要么是认为随着时间的推移,婚姻质量逐渐下降。还有研究证实,大部分的配偶都表示,随着时间推移,他们在婚姻中体会到的幸福感属于中高水平。还有一种有趣的现象被称作"蜜月即巅峰"效应,也就是说,除了在婚姻初期和婚前,双方的关系质量并未有提高的趋势。这并不是说婚姻质量就无法提高,而是指经过一段递减期后,婚姻质量仍会有所提高,但却无法提高至最初的高水平。[10]

上文的研究发现与芬克尔对现代社会婚姻的看法相似。芬克尔提出了当今的社会中存在的两种趋势:一是人们越来越追求通过婚姻去满足更高等的需求;二是人们在婚姻中投入的时间和其他心理资源越来越少。这两种趋势的消极后果就是,对婚姻不满的人的比例提高了。而积极的影响则在于,拥有一段令人满足的婚姻的益处增多了。因此,芬克尔声称,"因为婚姻变得更加脆弱和重要了,所以婚姻的质量——或者说我们认为完美的婚姻——也就成了测评我们人生是否幸福的重要指标"。[11]上述研究证实了,持久而深厚的爱情不仅是可能存在的,而且是普遍的。这也是本书的中心内容。

在健康的爱情中,不仅双方的感情是健康发展的,而且两个人的成长也是显著的。伴侣双方各自的成长不会阻碍双方关系的发展成熟,反而会促进其发展成熟。

完美的爱情,不完美的伴侣

如果你追求完美,那永远不会满足。

——托尔斯泰《安娜·卡列尼娜》

我们都梦想着找到一位"完美"的伴侣,并与之建立一段"完美"的情感关系。然而,我们这样的梦想通常会被现实狠狠击碎。为了让读者们理解这一状况,这里我将介绍一些人们对被爱的人的多种不同观念:(1)被爱的人可以是完美无瑕的人,也可以是最适合自己的伴侣;(2)人们可以发现被爱的人身上的美德,也可以将自己欣赏的美德赋予被爱之人的身上,认为正因为自己爱对方,对方身上才有自己欣赏的美德;(3)被爱之人最优秀的特质可能与我们有关,也可能无关。经常与他人做比较是观念形成的关键。我们通常认为,完美的爱人是无瑕的,他的主要优点是显而易见的,是独特的。我们也会认为,我们爱的人是最适合我们的,他最优秀的特质是与我们有关的,所以他是独特的。认识上述这些观念对与不完美的伴侣建立完美的感情关系至关重要。

完美的爱情是否可能存在

> 我很不完美,所以期待拥有完美的伴侣是不现实的。不完美对我来说就是最好的。不完美才有成长的空间!
>
> ——琼·布拉德塞尔(June Bradsell)

在理想的爱情中,唯一能接受的爱就是所谓的"完美"的爱。有人称:爱可以征服一切,你所需要的只有爱。所有这些观念都有一个共同点,那就是罔顾现实,而现实往往不如我们梦想的那么美好。按照这一观念,爱是完美的(没有任何缺陷)、矢志不移的(能够征服一切)、无条件的(为你提供所需要的一切)。这种理想化的观念强调,我们应找寻完美的伴侣,我们的生活中不能缺少这样的伴侣。所以它也跟其他类似的观念一样,具有太过简单、肤浅的缺陷。总的来说,这种观念没有为我们留一点空间去应对错综复杂的生活。[12]

伊多·兰道反对完美主义的观点,即认为有意义的生活必须是完美或卓越的,必须经历重重艰险才能获得。按照这种观点,要过上有意义的生活,人必须超越凡俗、与众不同。在兰道看来,完美主义者一直都在忙于追求完美,却忽略了在平凡的生活中对美好事物的关注,并从中获得满足感。[13]

兰道的观念也可以用于爱情上——但使用这种观念必须要

当心。在我们的词典中,"完美"有两种定义:(1)没有缺陷,即完全没有不足之处;(2)最合适的(最理想的),即尽可能的好或正确,并且完全适合某人。第一种定义注重的是没有消极的一面,而第二种定义则着重强调适合。

没有缺陷的伴侣是不存在的。然而,在特定条件下应该寻找最合适的人,这样你可以与之建立"完美"的爱情关系,并真正获得和谐而健康的情感关系。

探索和赋予

有时候,我看着我男朋友会想:天啊,他真的很幸运。

——佚名

我们爱我们所爱的人是因为对方温柔、聪明又漂亮,也许是因为我们爱着她,所以才觉得她温柔、聪明又漂亮。第一句所持的观念是,爱就是要去发现被爱之人身上的优秀特质,而后一句所表达的观念则是,因为我们爱着对方,所以才将优秀的特质赋予对方。这两种观念,一种是"夸赞式"的,另一种是"赋予式"的。不过这两者容易被人们混淆,因为两种都与夸赞有关。但更准确地说,这两种方式的不同之处体现在它们涉及的主要活动上,前者是探索,后者是赋予。[14]

简单地提出这两种方式，会让人怀疑持久的爱是否可能存在。第一种模式会让人质疑：爱人难道是可以替换的？如果爱对方就是要去寻找对方身上的所有优秀之处，那么，如果出现了更优秀的人，那你就没有理由再待在现任的爱人身边了。由于我们很容易将爱人与不同的人进行比较，所以我们爱的人总会面对被更优秀的人取代的风险。

第二种模式是赋予模式，即我们爱上了某人，就会认为对方有我们所喜欢的最优秀的品质。这样的话，我们就会因为对对方的爱而产生幻觉，幻想对方有我们欣赏的特质。正如一首老歌所唱的那样："你的心底燃起了欲望之火，那你就要认识到，这种火产生的烟雾会蒙蔽你的双眼。"随着时光的推移，我们最终会发现，这些对爱人的幻想原来是我们的误解，而这将会毁掉持久的爱情关系。

在探究人对爱人的态度和观念时，上述两种模式我们都要考虑到。的确，人的优点会吸引我们，使我们爱上他。我们爱上的不是一个影子，但也是通过价值观和思想去看待世界，看待我们的爱人的。我们可以重新塑造爱人，赋予其我们所想要的特性。

深厚的爱情将上述两种模式结合起来了。和理想中的爱情不一样，相爱的人应该对现实生活敏感，不应迷失在幻想之中；他们应该在不过分扭曲现实的情况下，对爱人的各种特征赋予适当的权重。例如,某人的丈夫并不太聪明,那么这个人可以说,配偶的温柔比他的聪明才智更重要。也许他并不是她所认识的最不聪明的人。在某个时刻,她可能会认为他只是"没有才气",而绝不是"愚蠢"。幻想所有的青蛙都能变成王子是无益的,但在评估伴侣的积极品质时,你可以大方一点。

对比性和独特性

如果你有将自己与他人相比较的老习惯,那你仍然像精子一样活着,快点长大吧!

——索拉布·夏尔马(Saurabh Sharma)

我爱你胜过爱咖啡,但请不要让我证明这一点。

——伊丽莎白·埃文斯(Elizabeth Evans)

将爱人视作完美的、没有缺陷的人,其实就是拿爱人与他人做比较。此种观念认为爱人的主要特质是没有缺陷的,是独特的(是他们自身所有的,而不是陷入爱情后由爱人激发出的特性),是显而易见的(其他人也能发现)。这种比较方法是将爱情的发展过程视作静态的过程。按照这种观点,虽然人的特质会改变,但爱情从本质上而言是固定不变的。

爱人是最完美、最适合自己的,这种观点强调的是双方关系的独特性。持有这种观点的人将爱人重要的优秀特质视为是因双方关系而出现的,并且在相处过程中多次发现这些优秀特质。这种独特性观点认为,爱情是随着时间推移而加深的,这种爱情关系有内在的发展规律,能够让双方发掘出彼此最优秀的一面来。

上述两种模式都体现了持久而健康的爱情的重要特质;然而,采用第二种模式,成功建立持久而健康的爱情关系的概率似乎更高一些。

兰道区分了两种对生活有意义的不同态度:(1)立志成为最好的;(2)渴望进步。他反对第一种态度,因为它意味着过度竞争和比较,让人无休止地徒劳追求"最好的";赞成第二种态度,因为它让人一直追求进步。[15]

这种区别也体现在爱情的对比性和独特性上。对比性是指与双方感情之外的因素相比较,独特性主要体现在双方共同参与的活动上。改善两人之间的情感关系,而不专注于探索对方的最佳特质,是想要建立深厚的爱情需要做的最重要的任务。如果爱情的目标主要是找到最优秀的,那么双方都会无休无止地去追寻、去比较,并且总担心会错过最完美的人,怕错过更年轻、更富裕或更美丽的人。然而,如果爱情的主要目标是加深双方的关系,那么要达到这一目标主要还是要看双方的态度和行为。

与一位不完美但仍然有爱且体贴的伴侣结婚，并不一定是对婚姻的妥协。事实上，这样的伴侣是最佳的选择。和一位不完美的伴侣在一起，我们能获得一段（近乎）完美有爱的情感关系。许多人甚至会怜悯伴侣的不完美之处，并开玩笑，将这些微不足道的"缺陷"与他们自己的"缺陷"做比较。这又让我们回到了情感的矛盾性问题上来。发现并处理爱人的消极和积极特质的能力体现了情感的复杂性，也对深厚的爱情的建立和持续起着至关重要的作用。

对很多人来说，想要完美无瑕的伴侣，才是追求持久的、深厚的、有爱的情感关系的主要阻碍，而想要最合适的伴侣不是追求这种情感关系的阻碍。因为生活是时刻都在变化的，人们也会随着时光推移而改变他们的态度、愿望和处理事情的先后顺序。两个不一样的人相互适应并爱上彼此，这可不是一蹴而就的事情，而是需要持续不断的相处才行。也许完美的和谐并不一定是爱的先决条件，爱人之间的和谐是爱和时间创造的。

总而言之，"完美"的两种定义的区别——没有缺陷和最合适——能够让我们按照对比性和独特性来理解爱人的特质。按对比性来看，被爱的人是完美无瑕的，她最重要的优秀特质是我们发现的，与其他人相比，她的优秀特质是最棒的。从独特性这方面而言，最适合我们自己的伴侣是最完美的爱人，她最主要的优秀特质是跟我们在一起后被我们"赋予"的。这两

种特性都是人们常用的,都有助于我们选择伴侣。

爱人的替代性

> 我希望在爱人眼里,我是独特的,是不可替代的。
>
> ——一位已婚女士

深厚的爱是基于两人稳定的关系而产生的。有时候稳定的关系也会破裂,当爱人移情别恋时,这种关系破裂就是最令人痛苦的。这与爱人对感情的专一度密切相关。

爱情的专一度

> 女人必须因爱而结婚,必须要先找到心仪之人再嫁。
>
> ——影星莎莎·嘉宝

爱情的专一度并不是无缘无故就被打破的——要打破这种专一度,人们应该有充分的理由。这种专一度主要源于与伴侣的关系,而不是将伴侣与他人进行比较。保持对爱人的专一,就要求我们与爱人有共同的经历。我们对相处十年的伴侣的专一度，肯定比对刚认识十分钟的陌生人的专一度要高。但这并不是说，人们应该罔顾其他人，也不意味着拿自己爱的人跟他人做比较，以及移情别恋是不道德的。它只是在强调这一重点：在考虑移情别恋的时候，共同经历和对彼此的感情专一很重要。

乔利摩尔就谈论过爱情中这种专一度的作用。他认为，在爱情关系中，有一些东西是不能普遍化的，不能评估的，而且双方都扮演着至关重要的角色，其作用也是不可削减的。这样的角色主要体现了双方互动的独特性，是双方情感专一度的基础。显然，人对自己所爱的人都有某种程度的专一度，而这也让人很难移情别恋，[16]但这并不意味着爱人不能被取代。有些极端的状况，例如当家中出现家庭暴力时，受害一方去找情人的大众接受度比正常情况高。还有与之相反的极端状况，如虽然两人感情深厚，但其中一人还是因受到了短暂而肤浅的刺激而出轨他人，这样的移情别恋通常是不合理的。而最为艰难的是夹杂在这两者之间的情况。情感专一应该得到尊重，但现实生活中人们很难做到不惜一切代价去维护它，同样，婚姻中的激情、相互成长，以及情感的丰富性和复杂性也应该予以尊重，但现实生活中人们往往不会不惜一切代价去维护。

人对爱人的实际态度，体现在反映这种态度的连续性的行为之上。这种行为的三种主要表现形式为：(1)一种单纯的愿望，不需要转化为实际行动；(2)一种欲望，因为外部条件限制而未转化为实际行动;(3)一种成熟的愿望,也以实际行动表现出来。例如,爱就是能通过实际的行动表现出来的一种成熟的愿望:陷入爱中,你就会关心体贴爱人,想要跟对方在一起,想要爱抚、亲吻对方,想要满足对方的需求和愿望,等等。虽然这些并不需要总是得到满足,但是缺少这样的活动可能也意味着你们不再相爱了。[17]

单纯的愿望指的是在现有的条件下无法实现的愿望,如"带我飞到月亮上去""带我去星际遨游"。当然它也可以指原则上能够完成,却不想真正去做的愿望,如杀死你爱的人的伴侣。成熟的愿望包括各种实际的共同参与的性爱和关怀等活动。在有爱的情感关系中,你们可以一起参与多种多样的活动,并有不同的体验。

爱情态度和行为之间的这种联系就体现了爱人对情感的专一度。去找外遇的想法而没有胆量,对情感关系的影响似乎是最小的;对情感关系影响更大的"罪行"是有去诱惑他人的想法,但因考虑这样做要付出成本,会给伴侣造成伤害而没实施。从这个角度来讲,对情感关系不专一的最大罪行就是去诱惑他人。

更换配偶现象

你为什么要离开她来找我?

——美国歌手克里斯特尔·盖尔(Crystal Gayle)

尽管用心良苦,相爱之人还是会移情别恋、分手。爱是有风险的,因为相爱之人很容易遭遇巨大的挫折、意外的不幸,或不诚实的行为,这些有风险的情况通常会让人产生不得不更换配偶的想法。

戴维·巴斯和同事们认为,人们梦想的持久而忠诚的浪漫爱情在现实中很罕见。通常,随着时间推移,伴侣双方会逐渐忽视彼此的需求,对性与爱的满意度也逐渐下降。双方都会受到诱惑,也会想要知道单调乏味的婚姻生活是否就是生活的全部。他们还进一步声称,在与这种情况做斗争的背景下,人主要的战略目标是要寻得持久的、忠诚的伴侣关系。然而,在谈恋爱的过程中,没有什么是一成不变的,而且"人一生的幸福婚姻可是不会进化的",人们应该为可能出现的婚姻破裂问题而做好准备。这一问题在女性更换配偶的行为中尤其值得关注,因为女性在更换配偶时面临的风险似乎更高,而她们获得的好处却并不明显。[18]

人们试图采取预防措施,以减轻这种转变带来的痛苦。主要的预防措施有如下三种:(1)巩固现有的情感关系,保持对现有关系的忠贞和专一,积极面对;(2)通过提出分手来放弃这份情感,独自生活,或者仅维持这种没有激情的、专一的情感关系,不再爱伴侣、关心伴侣;(3)在可能发生的移情别恋的阴影下奋力挣扎。第一种措施是本书讨论的中心内容,这一手段的成功使用将在一定程度上减少人们爱情中的孤独感。第二种措施,放弃爱情,专注于生活或其他类型的爱(如友情或父母之爱),这从某种程度上而言是有一定意义的,尤其是在我们发现寻找浪漫爱情比维持没有这种爱情的寻常生活对我们更无利的时候。第三种措施包括多种不同的手段,主要涉及同时拥有很多段情感关系,这包括婚外情和培养备胎。这里主要讲找备胎这回事。

备胎策略

存一个男朋友以防下雨——但也要存一个以防不下雨。

——美国女演员梅·韦斯特(Mae West)

为更换伴侣做准备的一个主要策略是培养备胎(如果现有的爱情破裂,人们为替代现任伴侣而培养的候选人)。巴斯和同事们发现,无论男女,每个成人平均有三位备胎候选人,而且若这些备胎候选人真的爱上了别人，人们会恼火。如果备胎候选人爱上了他人或与他人建立了长期的情感关系，女人可能比男人更恼怒。[19]虽然有上述种种问题，但有些人宁愿做某位已婚人士的替代伴侣，也不愿完全与对方分手。

在恋爱和婚姻关系中，人们都可能用到备胎策略。这种策略在浪漫约会网站上最为常见。它为人提供了一系列潜在伴侣的名单，有时候名单上包括几十个候选人，如果与其中一人约会不顺利，那他们就会再选下一个试试。这样的备胎策略让人无法专注于一位伴侣，让人无法投入时间和精力以加深感情。备胎策略还会衍生出"选择机会多，但选中的反而少"和"花中选花"这样的观念，从而降低了人们成功建立忠诚而深厚的爱情的概率。

备胎策略是一种使人避免在现有的情感关系中遇到伤害、抛弃、厌烦等状况的安保政策，但通常对情感关系有害，因为它会降低人对现有情感关系的专一度，从而使这一策略成为自证的预言。虽然拥有备胎可能降低了人们分手要付出的情感代价，却增加了分手的可能性。在满意度中低等的情感关系中，双方对这段关系的专一度已经降低了，因此这种策略的消极影响在这种关系中格外显著。

爱情备胎活动就像逛街，你现在并不想买什么，但如果发现了吸引你注意力的商品，你就会在合适的时候出手购买。就像逛街一样，逛街是令人开心的，爱情备胎活动也是让人开心的。在这个过程中,你会跟人玩暧昧、调情。很多人认为,只要"逛街者"不会反复思考、比较并选择"购买",这种浪漫"逛街"就没有错。

备胎策略其实是浪费资源。现在,我们并不缺乏可选择的人,因为可以选择的人太多了。如今,我们的问题不是要找到爱人,而是要维持并巩固爱情,所以耗费资源努力去培养备胎似乎是不明智的。对我们的祖先来说,备胎策略可能是有一定好处的,因为他们并不像我们现在这样有多种选择的机会,但现在,这种策略是不必要的、不明智的,也是浪费资源的。

也许有人会说,短暂的性交无须用备胎,但长期的情感关系是需要时间来培养的,这时候用备胎策略可以防患于未然。这种说法好像有点道理。虽然如此,但与这些备胎人选若没有持续的、深厚的感情,那我们也无法继续维持与他们的关系。这样就会降低备胎策略的价值,尤其是这种策略还严重威胁到了现有的情感关系。就跟积极的幻想一样,备胎行为也会衍生出自证的预言。但是在培养备胎的时候,自证预言通常会毁掉深厚的爱情,而积极的幻想能帮人维持并巩固深厚的爱情。

乍看上去,爱情备胎策略似乎比积极的幻想更重要,因为这种策略更贴合实际,但真的是这样吗? 在我看来,并非如此。有时候,罔顾现实中的一些令人不愉快的状况对我们是有利的,因为它能够让我们持有积极乐观的态度。对永恒之爱的承诺让恋人们相信持久不变的爱的确是存在的。积极的幻想也能给人带来更大的动力,让人更坚定地去行事,从而提高行事效率,最终获得更大的成功。所以,积极的自我态度会使人花更长的时间、付出更大的努力去投入爱情。乐观主义也有同样的效果,哪怕不切实际的乐观主义也是如此,它能成为自证的预言。然而,如果这种不现实的乐观主义对我们处理在情感关系中出现的实际问题具有阻碍作用,那么,这种乐观主义也是对我们有害的。

没有什么能确保爱情关系发展一路顺遂,当你让爱引路时,你的对安全担忧的系统就会退居二线。虽然备胎策略能够有帮助,但若要与人培养深厚的爱情,这一策略却是有害的。因为这一策略带来的潜在威胁超过了其带来的潜在的益处。使用这一策略,你就无法与他人建立深厚的爱情。没有哪个情人会永远爱你,某些活动经历可能还会破坏你的爱情。

为什么现在要改变我?

你知道,我会爱你到地老天荒。难道你忘了我一直是你的小丑吗?为什么现在要改变我?

——美国歌手弗兰克·西纳特拉、鲍勃·迪伦(Bob Dylan)、菲奥娜·阿普尔(Fiona Apple)等找情人与情感关系的另一方面紧密相关——改变伴侣的负面特质。尽管你想通过这个行为来改变伴侣,并改善你们的关系,但这种做法通常是失败的,因为这种行为似乎会加大两人的隔阂,使双方都不认可彼此的行为。当你试图改变伴侣时,就会证明他(她)没有达到你的期望。因此,人们受到的限制越多,就越觉得自己不符合伴侣的理想标准。相应地,不断向伴侣提要求往往会适得其反,让双方对彼此的关系更加不满。即使伴侣改变了,这些改变在你眼中也是微不足道的,不能达到你理想伴侣的标准。

人们应该发掘出伴侣和自己身上最优秀的特质,这会让他们变得更适合彼此,使双方的感情更加深厚。你想要改变伴侣的原因并不是你的伴侣有哪里不对,而是你们一起在成长,对彼此的适应度更高了。只要双方都认识到,情感关系的发展需要彼此不断地去适应而不是去改变时,情感关系成功的可能性就会更大。这样的情感关系自然也会促进双方各自的成长和成熟。在这样的情感关系中,正如生活中的其他方面一样,双方的独立自主是很关键的。

变心：同居会让更多人离婚吗？

> 只有死鱼才会随波逐流。
>
> ——马尔科姆·马格里奇（Malcolm Muggeridge）

许多人的长期的爱情行为就像是随波逐流的死鱼，随着流水缓缓移动。这样的行为是有害的吗？事实证明，并非总是如此。

决策机制

> 他读着书，我就渐渐地对他有了爱意，然后就沉溺其中了，就像人入睡也是在有了睡意之后马上就睡着一样。
>
> ——约翰·格林（John Green）《无比美妙的痛苦》

深思熟虑和直觉认知是两种决策机制。深思熟虑机制通常包括缓慢的、有意识的思维过程。这些过程是受人自主意识控制的，通常需要人根据获得的信息来推断，这种推断在很大程度上是呈连续性的。直觉认知机制包括人们通过直觉和基本的认知瞬间做出的反应。这种活动通常是快速的、自发的、几乎是无意识的，而且是基于现成的模式确定的。这一模式是在进化过程中以及在社会和个人发展的过程中形成的。从这一方面而言,历史和个人的成长都是按照这一模式来的,我们这里也许可以说是"习得的自发性"。因为直觉认知是我们心理建设的一部分,所以我们无须花时间去激活这种认知,只要有合适的条件,这种认知就会自然地出现在我们的头脑中。[20]

爱情发生转移也是一种情感关系的决策机制,更准确地说,这是一种回避机制,也就是不主动做爱情决策。这种机制意味着缺乏控制。在某些情况下,"转移"这个词既指慢速的运动,也指快速的运动。一见钟情就是快速发生的爱情,这里我主要讲慢速的爱情转移。

我们很多人体验的爱情都是慢速的。从主观的角度而言,这样是很方便的,因为在慢速陷入爱的过程中,我们只需要投入少量的资源,万一失败了,我们需要承担的责任也相对较少;从客观的角度而言,爱情是一个逐渐发展的过程,我们需要实际地看待状况。没有什么决定是仓促的,任何决策都是经过"精心调制烹饪"并直到"做好"了为止。如果我们"转移"是为了实现维持情感现状这种短期的目标,而不是改善情感现状,那么,"转移"就是有害的。在这种情况下,"转移"通常会提高改变情感现状的最终成本,大幅削弱改善情感的作用。它虽然能帮我们避免直接的冲突,但埋下了情感关系的隐患,增加了破坏情感关系的可能性。

缓慢的爱情转移

> 陆地是缓缓移动的,人心亦如是。
>
> ——约翰·马克·格林(John Mark Green)

缓慢的爱情"转移"就是指无须有意识的干涉或选择,我们就从一种爱情状态转移到另一种状态。缓慢的爱情"转移"是一个漫长的过程,在这个过程中,爱情可能会发展成熟,但也可能使你突然间发现,你的配偶不再爱你了,或者他(她)爱上了你的另一个朋友。虽然"转移"的过程很漫长,但发现它的重要性是一个瞬间的、偶然的机会,这让人大吃一惊。罗素曾声称,他在结婚的时候觉得自己很幸福,但直到有一天,当他骑自行车外出时,突然发现自己已不再爱妻子了。[21]"转移"的特点是习惯性和缺乏强烈的感情,且所有的事情都是逐步发生的,不像激烈的情绪或情感一样一触即发,没有什么能促成一种引起强烈情感变化的改变。

爱情"转移"的过程看起来可能是毫无理由的、无须选择的、无须采取行动的过程,也通常是我们无意识做出的行为,但这种说法并不完全正确。"转移"不是毫无理由的,只不过不是由我们的意识思维控制的。虽然爱情"转移"不是我们经过深思熟虑后做出的决定,我们也并未将所有可能的选择都考虑到,但它的确是我们未经强迫做出的决定。虽然我们对"转移"的过程并没有清楚的认识,但还是能够察觉到某些"转移"的迹象的。因此,情感"转移"的人能够察觉到他们在婚姻中遭遇的难题,但没有完全认识到这些难题已经逐渐恶化,他们的爱情甚至可能会破灭。"转移"也不是指人们完全不采取行动,虽然"转移"的人可能看起来像是随波逐流的死鱼,但他们通常都是能够做出选择的。爱情发生了"转移",如果让他们重新选择,他们通常就不会选择"转移",因为他们认为这样做没有价值或是有风险的、令人不快或尴尬的。爱情发生了"转移",伴侣个人的责任在于没有投入更多的精力去探索他们情感关系中出现的问题。在某些情况下,探索这样的问题能够改变某些境况。[22]

缓慢"转移"发生的时间相对较长,它反映了现实的一些稳定的特征。因此,爱情的"转移"揭示了双方关系恶化的可悲现实。在缓慢的"转移"过程中,伴侣双方逐渐失去了对对方的依恋感,也对对方越来越不热情。当人们觉得心中对对方的感觉已消亡,要改变、隐藏或伪装自己的情感为时已晚时,对情感关系的所有怀疑都会消失,接着自然就会分手了。

伴侣双方如果认识到了这一点,但仍然维持着没有感情的关系,那就是做出了情感妥协。这种妥协通常是因为他们对以后能否找到理想的伴侣感到恐慌,受到之前寻觅恋人的痛苦经历的影响,以及认为寻找理想伴侣的难度高于维持现在的情感关系的难度。在情感关系中,当付出似乎没有回报的时候,人们就会产生爱情"转移",就会移情别恋。然而,如果相爱的双方能够及时认识到自己的情感发生了"转移",有时候就能够停止"转移",甚至可能回心转意。在"转移"时,我们就像是被冰阻滞的河流,冰面下的"水"不是静止不动的。我们若认识不到这些暗涌的"水流",它们就会对情感关系产生巨大的威胁。

"转移"进婚姻

> 我的男朋友已经和我住在一起了,但我们的热情却少了。牛奶是免费的,我们却对乳糖不耐受了。
>
> ——玛格丽特·曹(Margaret Cho)

在许多国家里,婚前同居已经成为一种常态,现在有70%以上的美国夫妻在婚前就开始同居了。婚前同居的拥护者们认为,这能让伴侣双方更了解彼此,并弄明白彼此是否能适应婚姻生活。然而与这一观念相违背的是,许多研究显示,婚前同居竟然更可能导致离婚,使婚姻质量和双方的沟通质量更低,人们遭遇家庭暴力的风险反而更高。最后,有研究(尽管较少)反驳了婚前同居和离婚之间的负相关关系。为什么这种很常见且旨在提高双方对彼此的适应度的行为,有这种相互矛盾的影响力呢?

专一度理论介绍了三种影响专一度的重要因素:爱的程度、分手的代价,以及是否有可替换的情感关系。对情感专一和分手的代价巩固了人对情感的专一度,而其他的可替换的情感关系则削弱了人对情感的专一度。情感的专一度对维持持久而深厚的情感的作用比替换者的合适度或分手的代价的作用更大。情感关系的质量对情感关系的持续期影响最大,相比其他外部因素,如替换伴侣的代价或替换伴侣后的合适度,它更能影响情感关系的持续期。然而,当情感不专一时,后两者对情感的影响力就会更大。[23]

心理学博士斯科特·斯坦利和同事们展开的一项研究显示,同居期间结婚的决定是人们根据一种变化(或称"漂移")而做出的,几乎不涉及深思熟虑的思考。因此,半数以上的情侣们只同居而不婚。与单纯的风流韵事或不持久的情感关系相比,同居分手的成本较高(如经济责任、共同承担的租约、共享的宠物、怀孕、因经济拮据而产生的债务等),而爱情的深度和强度却没有因同居明显增强。斯坦利和同事们声称,婚后不再那么重视爱情很可能会带来问题,夫妻双方将不得不一起面对各种各样的障碍。有趣的是,订婚以后再开始同居,也就是说先决定结婚再开始同居,会减少婚前同居的消极影响。在这种情况下,当决定结婚时,双方需要为爱付出的代价更低,与其他异性见面仍然是自然的。[24]

人们决定先同居后结婚的一种理由是,同居伴侣会将同居生活当作试婚,以便使婚姻关系更融洽,特别是为了调节对待情感和情感态度的差异,减少未来婚姻生活中的矛盾。许多决定结婚的同居伴侣都认为,两个人生活方式的差异很小。毕竟,这种想法是婚前同居的主要理由之一。同居伴侣也认为它能帮助他们测试彼此是否适合结婚,但结果,这种想法是错误的。虽然同居看起来和结婚类似,但其实质却并不相同。同居生活没有婚姻关系的约束(如专权性和更少的自由),同居生活的问题和麻烦也较少(如不用养育孩子)。同居似乎是一种高级的考验,人们不用太过专一,遇到的问题也较少。的确,有研究表明,从本质上来看,婚姻与同居不一样,婚姻比同居需要更高的专一度,也比同居更稳定。[25]

那些不相信婚姻、从未打算结婚和只同居不结婚的伴侣不属于婚前同居。这些人选择与人同居并不是为了试婚或想要弄清楚未来要不要结婚。这种同居关系中,伴侣双方对彼此的专一度高,而且认为他们无须法律手段或宗教上的仪式去巩固他们的关系。在同性婚姻未被认定为合法的地区,同性伴侣的同居也是如此,他们未来也是不婚而同居。

同居之后步入婚姻,伴侣双方此时对彼此的热情并不在巅峰状态。如果双方的感情在同居期间就到了巅峰状态,那么结婚之后，因为巅峰状态已过，所以双方没有足够的动力去克服和解决婚姻中的挑战和问题，婚姻生活就不会顺畅。还有一种可能，就是同居之后，人们对待婚姻的态度更草率了，也更轻视离婚。他们分居也随便，分手也自然。

专一度理论认为，若一方遇到了比现任更好的人选，那这就会伤害到原有的情感关系。这种观念是正确的。同居确实限制了人与其他优秀的人交往的机会，使人们只维持现有的情感关系。同居是选择伴侣过程中的一个阶段，所以有时它会阻碍我们找到真正合适的伴侣。这也是为什么做出了结婚的决定之后，同居就会变得有价值，因为它起到了巩固双方关系的作用——而如果你仍然要找最佳的伴侣，同居可能是有害的。

与上述状况相对照的是，有学者指出，婚前同居的作用在于"试婚"，这让伴侣双方在选择步入婚姻殿堂之前更熟悉彼此。这一理论的支持者认为，婚前同居者在婚后更可能遭遇离婚变故，并不是因为同居，而是出于其他个人的原因，如个人的个性和同居之前的经历等。因此，对感情专一度不高的人更倾向于选择同居，而不是婚姻。[26]

美国社会学学会成员迈克尔·罗森菲尔德和凯瑟琳·罗斯勒的一项研究表明，婚前同居在短期和长期内对婚姻稳定性的影响是不同的。结婚一年后，婚前同居的伴侣的离婚率比未同居的伴侣的离婚率更低。这可能是因为经过婚前同居，伴侣双方对共同生活的初体验感觉还不错,但这种感觉仅仅能维持这一年。结婚五年后,婚前同居对婚姻稳定性的不利影响表现得最为明显,这种消极影响甚至不会随着时间推移而减弱。[27]

不深入探究有争议的细节的话,婚前同居似乎在短期和长期内都对婚姻关系有显著影响。然而,这种影响要从多方面进行考量,而且伴侣双方的个性和外部环境因素也应该被考虑。

不平等和嫉妒

孤零的花朵用不着羡慕丛生的荆棘。

——泰戈尔(Tagore)

友谊中的平等是一个老生常谈的话题。亚里士多德和古希腊的许多其他哲学家都认为,理想中的友谊是平等的。亚里士多德还认为,人与人的身份地位不平等,但双方却仍然维持着友情,那一定涉及一定比例的利益交换,这使得双方有了一种"分配平等"的关系。

不平等通常会引起人们的嫉妒心理,降低双方对关系的满意程度。我曾说过,嫉妒主要是由我们认为自己在某些方面不如别人且觉得自卑而引起的。这种心理与公平与否无关,而与我们认为自己应该不只拥有现有的,还应该拥有更多有关。[28]这种自卑感和自己应该获得最佳的心态是嫉妒心理产生的最重要缘由,这证实了不平等对嫉妒心理产生的影响。当这种不平等被认为是不应得到的时候,嫉妒心理就可能产生。不平等通常被认为是有消极作用的,平等通常是有积极作用的,所以,我们对贫富差距加大这个问题的态度也是消极的。不平等被定义为"一些人比其他人拥有更多权利或更好机会的不公平状况",在社会经济学领域,这个词通常被用来指贫富之间的差异。很多主张平等的国家试图通过均分如食物、保健、教育和生活设施等资源来缩小贫富差异,从而满足人们的基本需求。以色列的集体农场就是这样的案例。然而,这种活动并未减少人们的嫉妒心理,反而使其增加了。[29]

即使在主张平等的国家中,我们也无法完全消除或减少嫉妒。这是因为我们没有能力减少天然差异造成的不平等,如长相俊美、机智有才,或由人的出身背景等其他客观原因造成的不平等。因为这种不平等并未涉及任何人做出的不公平行为和态度,所以我们不能因这种不平等而责备任何人。虽然如此,但上文所述的这些不平等也可以被视作不应得到的。因为从某种程度上而言,这也是不公平的,它们让我们认为这样是不应该的。我们通常嫉妒那些美貌或有天赋的人。我们嫉妒这些人,但这并不代表我们指责他们,认为他们的行为不当;相反,我们是认为自己处在比较弱势的地位。在嫉妒心强的人看来不公平的状况，其他人通常并不认为那是不公平的。这种执意认为自己的弱势是不公平的现象，我们也可以解释说，"不公平的状况相对而言容易忍受，公平正义反而让人难过"。

最合适的伴侣通常不是"客观"条件最佳的那个，而是为双方的充实生活而努力的人。我们爱的不是世上外貌最美或头脑最聪明的人，而是和我们感情深厚，让我们过得充实的人。

亲密关系中的双方的平等显然是很重要的，但确定是否平等的标准却很难。在某些情况下，双方都认识到了彼此的差距过大。还有些情况是双方不爱彼此，且都认为自己是更优越的一方，并且也是做出妥协的一方。而在深厚的爱情关系中，每个人都很爱自己的伴侣，并认为自己的伴侣（近乎）完美。针对上述这些情况，人们通常都会有自欺欺人的想法。

人的特性差异并不明显，或是在涉及不同的领域时，人的比较价值就不那么重要了。只有当这些特性差异完全占据了你的思想和心灵，让你相信你在做意义深远的妥协时，它们才会让你烦恼。然而，因为比较的领域多种多样，如亲和力、魅力、聪明才智、社会地位和成就等，而且从某种程度上而言，各种领域所占的比重是由爱人来决定的，所以，怎样评判你的伴侣（是劣于你还是优于你），这个决定权在你手上。

一项研究表明，当人在婚姻中处于劣势地位，又认为这种情况是不应该发生的时,婚外情就很有可能产生。[30]上文讨论公平理论时,我说过爱情关系中的不平等会让人认为这不是自己应得的。有"优势"的一方认为自己能获得更好的情感关系,而处于"劣势"的一方就会因得不到伴侣欣赏而愤愤不平。认为情感关系中的双方是不平等的人,比那些认为自己与伴侣是平等的人更容易发生婚外情。有"优势"的一方可能认为婚外情是自己应得的,因为他得到的比他应得的要少。"弱势"的一方会借婚外情来逃避婚姻中的不平等状况,并向自己和伴侣证实,自己与伴侣是平等的,虽然伴侣并不欣赏自己,但有别人会为自己倾倒并渴望得到自己。

一般来说,不平等的存在可能会在短期内使一方无比倾慕另一方,因此它能够增强双方的爱意和性欲。然而,从长期而言,差距太大会给双方带来麻烦,于是肤浅的短期目标(如与名人相爱)就不再那么重要了。例如,"优势"的一方可能会表现出缺乏互惠性,这最后将摧毁"劣势"一方的爱,让其产生嫉妒、猜忌和恼怒的情绪。

差异程度的大小和每位伴侣的总体比较价值也发挥了作用,而且会使状况更加复杂。如果总体比较价值被认为是相似的,那么对某个特定领域(如智力)的不平等感到难受的感觉会消失。在这种情况下,伴侣在该领域的"弱势"会因其他领域的"优势"而得以弥补。因此,当人们确定了自己的价值后,就可能会喜欢上在某一领域稍强于自己的伴侣,而这种情感关系也对他们更有利。在这种情况下,人们自然会对伴侣产生钦佩之情。例如,在某项调研中,89%的高成就男士表示,他们愿意或已经与一位跟他们一样有才智,或才智比他们更高的伴侣结婚。这些男人认为,与这样的女人结婚对他们更有利。理想中的差距是有一定限度的。一项研究表明,男性和女性追求的伴侣平均比他们自己的欲望高25%。认识到自己的社会等级的人会相应地调整自己寻找伴侣的行为,并为争取更理想的伴侣展开适度的竞争。[31]

有意思的是,恒定不变的不平等是不可持续的,且对情感关系是有害的。在一段关系中,双方势力的不断变化往往是维系这段关系的动力,这样的变化表明了情感关系中的双方的地位是基本平等的。这里的深刻价值不在于不断变化的本身,而在于平等促成了变化。如果双方关于这种平等的价值观不牢固,就可能总是担心自己当前的"劣势"地位会一直存在。如果双方的这种平等价值观稳定,那这样的担心也就不会产生——他们会认为当前的"劣势"是暂时的,不会长期存在。

爱情的互惠性：你爱的人不爱你（或对方不如你爱他那样爱你）

如果付出的感情不能对等，那就让我成为付出更多的那个吧。

——W.H. 奥登

爱一个不爱你的人就像是拥抱一株仙人掌，你抱得越紧，伤得就越深。

——佚名

单恋是最令人伤心的爱情经历。然而，有些人愿意付出，即使得不到回报也没关系。虽然互惠性在爱情关系中很重要，但某人爱自己的伴侣却未得到伴侣完全的爱的回报的情况是存在的。

虽然每位伴侣对感情的投入度总有不一样的地方，但其应该存在某种程度上的深刻互惠性，以防止其他方面的不平等导致一方或双方认为这种互惠的差异是不公平的。如果有这种不公平的现象出现，我们就会相互抱怨，婚姻质量相应也会降低。在爱情的互惠关系上做出妥协就是"最不感兴趣原则"的一种案例。对双方关系最不感兴趣的一方具有更低的针对双方情感的专一度，情感关系的存续也深受影响，相应地，这位伴侣通常也是结束关系的那一方。[32]

不平等的爱情关系是很难评估的,因为人们的个性、爱情关系的形成方式和节奏都是不一样的。相应地,对爱情的投入度不对等是很常见的,至少在爱情关系刚刚确定的最初几年里确实如此。对爱情关系的投入度的差异可能造成如下两种状况:

1. 你爱你的伴侣,但你的伴侣却不爱你,或不如你爱他(她)那般爱你。

2. 你的伴侣爱你,但你却不爱你的伴侣,或不如他(她)爱你那般爱他(她)。

这里再举一个真实案例。艾伯特五十岁出头,是个离过婚的英俊男人。他在一次相亲时认识了黛布拉,他们相处了约一年的时间,但后来分手了。他虽然喜欢她,也很高兴能跟她在一起,但并不是非常爱她。分手后,他也跟其他的女人约会过。但大约一年后,在他生日的时候,黛布拉邀请他去她家里吃晚饭,后来他又决定重新跟她交往。艾伯特这样告诉自己的朋友:"她就是我想与之共度余生的女人。"听到这话,他的朋友很惊讶,并提醒他说:你在最近一年还曾说你对她的爱并未深到愿意与之共度余生的地步。艾伯特却回复说:"是的,但我还没见过有谁像她那样爱我那么深,这才是最重要的。"事实上,艾伯特也问过黛布拉同样的问题:"既然你知道我爱你不如你爱我那么深,那为什么还要跟我在一起?"黛布拉回答,她更喜欢与自己深爱的人在一起,至于对方有多么爱她无关紧要。

如果你也遇到了这样的状况,你是更愿意选择艾伯特的做法,还是更愿意选择黛布拉的做法?我的学生和朋友的意见就有分歧。提到无回报的爱,人们通常认为,一方对另一方没有爱意的情感关系是令人痛苦的。然而,大部分的情况并没有这么极端:在一般情况下,双方都爱着彼此,但爱的特性和强度却有所不同。正如上文的案例所示的那样,黛布拉非常爱艾伯特,但艾伯特却只是喜欢黛布拉。艾伯特对黛布拉是有爱意的,他关心黛布拉,愿意跟她在一起,但爱得不够强烈。爱的坚固性(指强度和深度)低于某个标准点,双方就不应该在一起,而艾伯特的感情点却高于这一标准。

艾伯特和黛布拉都决定为爱做出妥协——但我们并不清楚哪一种妥协更痛苦。这一状况对艾伯特的益处在于,这份爱是黛布拉给予他的,因此,他对双方的关系更有掌控权,黛布拉离开他的可能性更小一些;对艾伯特不利的地方在于,他放弃了人们想要的梦想之一,即疯狂地爱上某人。艾伯特对爱做出的妥协是为了确保未来生活的稳定。黛布拉则更弱势一些,因为她对这段关系的掌控度不高。她选择享受现有的感情关系,从而放弃了对未来的控制权。个性特征也对艾伯特和黛布拉的状况有影响。更以自我为中心的人可能会做出与艾伯特同样的选择，而更浪漫的人则更倾向于做出像黛布拉这样的抉择。年龄也是一种重要的影响因素。对于年长的人而言，他们的爱情机遇正在减少，或者他们寻求的是伴侣之爱而不是激情之爱，他们会更趋向于做出艾伯特这样的抉择。

幸福的结局。听完这个故事的一年后，有人告诉我，艾伯特又回到了黛布拉身边，他们现在是一对恩爱的夫妻，尽管他们是住在各自的住所里的。

结束语

比较会葬送幸福。

——马克·吐温

本书介绍的伴侣间的沟通模式的一种主要观点是，伴侣双方的沟通交流决定了情感关系的坚固性和质量。本章介绍的爱情关系的特性，就为这一观点奠定了基础。

归属感是人的一种重要需求，在爱情中体现得尤为清晰，让爱情变得对我们而言非常重要。然而，爱情中的归属感并不意味着一方对另一方有所有权，因为在爱情中，双方的自主和平等的地位是至关重要的。归属感在这里意味着相互接受,是双方共同互动和发展的自然组成部分。

在现代社会中,爱情和婚姻的关系更加复杂了。婚姻这种社交模式,其主要目的是实现并改善包括生育在内的生活条件的务实目标。一旦爱和个人充实相继成为婚姻的理想,婚姻的质量就开始得以提高;但得不到这样的爱和充实生活的可能性也增加了,这也增加了婚姻破灭的概率。

我区分了两种"完美"(没有缺陷和最合适)的定义,以此来定义和确立一个"完美"的人建立持久、完美的爱情关系的愿望。在爱情中,我认为最合适的伴侣才是最好的,没有缺陷的伴侣则没那么重要。此外,我们还讨论了以对比性和独特性来评估伴侣的特性。在选择伴侣的时候,对比性和独特性都是很重要的,但在持久的爱情关系中,独特性更加重要一些。

爱人的情感变化是爱情的核心所在,这个问题要看双方对情感的投入度。在某些文化中,爱是至死不渝的。然而,人和环境都改变了,分手也就成为常态。虽然如此,但爱人也不像图书馆里的书那样,可以一周换一次。

"转移"的决策机制不如情感直觉、深思熟虑和直觉认知的机制有益。的确,在很多情况下,爱情"移动"是会造成问题的,是无法加强情感的稳定性和深度的。但在某些情况下,"移动"是有价值的,能让人的情感逐渐加深,来得慢,去得也慢。

让爱情变得深厚的主要方式是双方一起参加活动,这需要双方保持独立自主、地位平等。当人认为伴侣与自己不平等时,就会产生嫉妒心理(可能还会发生婚外情)。夫妻双方的平等不应是机械性的平等,不应该将各自的贡献叠加,而要考虑到他们对情感的投入度,以及他们在地位上是否平等。

Chapter 7
爱情妥协

有时候,心也需要引导。
——艾丽西亚·弗洛里克(Alicia Florrick,
电视剧《傲骨贤妻》中的女主角)

成就一番伟业的唯一途径就是热爱自己的事业。如果你还没找到自己热爱的事业,那就继续寻找,不要放弃,跟随自己的心走,总有一天你会找到的。就像所有美好的专一关系一样,随着时间流逝,婚姻关系只会越来越好。所以继续寻找,直到找到为止,不要放弃。

——史蒂夫·乔布斯(Steve Jobs)

在事业和爱情上,乔布斯主张坚持不懈地追求,这种观念值得称赞。当我们做关于事业和爱情的重大决定时,这种观念起着主导甚至是排他的作用。然而,这种理想观念却并不现实,在很多情况下也不合适。用头脑仔细思考心中所想通常会更好,因为这样的话我们才不会做出冲动的决定。在美国电视剧《傲骨贤妻》中,女主角艾丽西亚·弗洛里克在被问到是如何让爱超越激情时回答说:"我认为,爱不只是与心有关,有时候,心也需要引导。"弗洛里克是对的(尽管在后来的剧集中她与丈夫离婚了),有时候你必须以某种方式做出妥协,因为这会让你过得更好。

本章，我主要介绍的内容是为爱情关系做出妥协。这样的妥协主要有如下几种形式：(1)为爱人放弃其他有诱惑力的选择；(2)在选择伴侣的问题上不能只按理想的目标去寻找。在本章和本书中，我主要讲述第一种妥协（第二种妥协主要关注的是选择伴侣的相关问题，将在下一章讨论）。另外，我还论述了如下几个问题：爱是否需要牺牲和妥协；好的妥协与坏的妥协有何差别；第一任、第二任和最后一任恋人的价值；怎样做一个足够好的恋人；爱情妥协的复杂性。[1]

爱情妥协的本质

你不可能总是得到你想要的，但只要去尝试，你就会发现，你得到的有时正是你需要的。

——滚石乐队（The Rolling Stones）

为爱而妥协，我们放弃了一种浪漫主义的爱情观（如强烈的、充满激情的欲望），以换取一种不浪漫的观念（如舒适地生活）。然而，我们的内心一直渴望得到自己所向往的，渴望去走自己起初没有选择的那条爱情之路。我们不知道心底的渴望什么时候是真实的，什么时候是暂时的，而且随着情感关系的发展和成熟,这种渴望是否可以得到满足。

为爱而妥协是现代爱情生活中最常见也最令人痛苦的事情。大概有一半的已婚伴侣无法接受他们已经为爱做出的妥协,而这可能会让他们选择离婚。而其他人——那些选择不离婚的伴侣——觉得自己已经妥协了。那些拥有深厚爱情的幸运者,几乎不需要用头脑为心做引导就可以自由地遵从有爱之心的指令,享有他们想要维持的情感关系。

与某人在一起很幸福,并不意味着这世上再没有让你更幸福的人了。然而,要找到让自己更幸福的人是很难的。原因有如下几条:首先就是分手的代价太大,如放弃你现有的、良好的情感关系;其次就是寻找理想伴侣需要付出成本,包括投入大量的时间和精力;最后就是不见得很快就能找到最理想的伴侣。如果我们认为双方的互动对于建立深厚的感情很重要,那么,要找到理想的伴侣,我们需要在做决定之前先去认识诸多不同的人。这样我们才可能找到更合适的伴侣(尽管仍然未必是这世上最适合我们的)。然而,如果这种找寻持续了五十年,以至于人要到七八十岁时才能得到幸福,那找寻的这半个世纪我们可能很痛苦。

为爱而妥协意味着人们对时间在爱情中的作用持更积极的态度。所以,一些在结婚时与伴侣感情并不深厚的人说,他们决定结婚是因为希望随着时间的推移,他们和伴侣会加深对彼此的了解，从而使感情更深厚。有时候，一段情感关系的确会随着时间推移而得以巩固，这表示最初做出的妥协就是正确的。但有时候，情感关系并未随着时间推移而得以加深，伴侣彼此的态度甚至恶化了，这时离婚就是不可避免的。爱情的强度和深度之间的区别可以解释这样的情况。在结婚时将伴侣视为爱情妥协的明智选择，并且随着多年相处，双方共同参与的有内在价值的活动，能够显著加深彼此的情感深度。

爱情妥协的类型

> 女人每一次都会失败。女人面对情感虽然有游刃有余的一面，但也有脆弱无力的时候。只要（女人）产生欲望，就总会受到约束。
> ——法国现实主义作家居斯塔夫·福楼拜《包法利夫人》

爱情妥协有两种主要类型：（1）在步入婚姻（或另一段专一的感情）之时就为配偶放弃了与其他异性交往的自由；（2）在对配偶的选择上做出妥协。在第一种类型中，我们主要的问题在于：虽然放弃了各种诱人的选择，但心底还是渴望它们。在第二种类型中，我们还多了另一个问题，就是接受伴侣身上消极的特性。

当情感关系的消极影响显著时，如涉及家庭暴力，对消极影响的担忧也就成了亟须解决的问题，我们应该马上终止妥协式的关系。然而，如果消极影响产生的问题并不严重，我们就会渴望维系这段关系。通常，这两种问题是同时出现的，而情感关系的消极面会让我们认为自己做出了妥协。

我们来看一位已婚妇女如下坦率的评论："跟我丈夫结婚时，我并不觉得我做了多大的妥协。最开始的时候，我们关系中的积极面完全压倒了消极面。但随着时间的推移，消极面的影响力开始逐渐增加，多年后，我觉得我对他的爱意也开始减弱了。我想要改善这种状况，也开始考虑自己是不是要换个伴侣。我在这两种选择中徘徊！"

放弃爱情自由和接受有明显缺陷的伴侣，这两种类型的爱情妥协揭示了在专一度高的情感关系中做出妥协的必要性。如果婚姻关系并不完美，而夫妻双方能认识到妥协对稳定的情感关系的重要性，婚姻关系就能维持下去。婚姻不美满的人往往对他们的伴侣和婚姻采取不必要的严厉态度，因为他们没有认识到在不完美的情感关系中做出妥协的价值。从另一个问题而言，许多人之所以继续维持不完美的情感关系，是因为他们不清楚好的妥协和坏的妥协的差别。这里的主要问题是，为爱而妥协最终是巩固了我们的爱情和生活，还是毁掉了我们的爱情和生活？

放弃诱人的抉择

> 黄色的树林里分出两条路。可惜,我不能同时去涉足,我在那路口久久伫立。
>
> ——美国诗人罗伯特·弗罗斯特(Robert Frost)

> 我想要的,没得到;我得到的,都是我不想要的。
>
> ——以色列剧作家汉诺赫·列文(Hanoch Levin)《生命的劳工》

稳定的界限之间的相互压力,维护着我们的"舒适区",在这个范围内的事情是我们熟悉的,也是可以预测的。而体验新奇的愿望,往往需要我们跨越这些界限才能实现。这种相互压力为人类生活和爱情体验奠定了基础,也是自由和忠诚之间的压力。这种压力让我们在婚姻中做出重要的爱情妥协——放弃爱情的自由,这就让人们产生了被囚禁的感受。[2]如今婚姻的灵活性越来越大,诱人的爱情选择的可行性也越来越大,这增强了爱情在我们生活中的作用,也说明了对当前婚姻形式进行修订的必要性。

如今,我们伴侣的人选增多可能会诱使处于良好关系中的人们去寻求一位"更好的"(或至少是更不同的)伴侣——而这样的追寻会让人们忽略甚至毁掉现有的情感关系。你可能认为你的伴侣很好,至少是适合你的,但诸多有魅力的可选候选人会让你坐立不安。正如男中音歌唱家纳特·金·科尔所唱的那样:"在这样躁动不安的世界里,爱还未开始就结束了。"在他首次演唱这首歌以后,爱情的世界越来越躁动不安了。

现在面对的诱惑很多,要处理这个问题很难,一部分原因是"选择疲劳"和追求这些诱惑付出的代价。还有,快速变化是我们这个以过度消费和生产使用寿命短或一次性物品为基础的不断浪费、躁动不安的社会的主要特征。我们都沉迷于不断变化的、快速发展的新奇事物。[3]对很多人来说,停留在同一个地方就等于踩水(一种游泳方式,直立水中,双腿交替上提下踩,以保持身体不沉)。有情人终不成眠,不是因为他们选择的爱情之路不好。这条路可能有点乏味,但仍然是有价值的——也许是人类历史上极好的道路之一。然而,未被选择的那条爱情之路被认为更有吸引力,而且我们可选的路似乎远不止这些。追求短期的幻想通常会造成情感问题,而不是找到情感问题的解决之道。那些"外面"的"已经存在"或"可能存在"的幻想中的人,往往无法取代我们身边的伴侣。我们可能会被"可能存在"的幻想所囚禁。正如老鹰乐队在《加州旅馆》中所唱的那样:"我们都是自己的囚犯。"更好地理解爱情妥协的本质,可以帮我们摆脱这种"囚禁",或至少让我们的"囚禁"生活更好受一点。

爱情妥协是实用的,从这个角度而言,许多妥协对我们都是有利的，它们帮我们协调我们的爱情理想和现实之间的差异。即便不能实现，或至少不能完全实现，爱情理想也对我们很重要。在这种情况下，它们仍然能作为我们的灯塔，让我们在不完美的爱情世界中前行。如果这个"灯塔"有什么价值，那就是能够让我们认清现实，而这也是爱情妥协赋予我们的能力。

我们之所以会投入到一段感情关系中，是因为认为未来我们在这段关系中能够获得满足，而不只是因为现在它给我们带来的满足感。[4]这可能是人们之所以做出爱情妥协的理由之一。例如，虽然双方都认为自己做出了妥协，都为自己觉得委屈，但仍然保持着现有的情感关系。在做爱情决策时考虑时间维度，有助于我们区分短期和长期情感关系的差异，并做出最佳的抉择。为爱而妥协需要我们放弃一种浪漫主义的爱情观，而去选择一种非浪漫主义的爱情观，就像人们为了舒适的生活而非爱情结婚。然而，与一位非常吸引你的人结婚，却忽略对方对你的评价，这可能在短期内是一种浪漫主义的决策，但从长期来看，这可能会被证明是爱情中的一个妥协。很多爱情妥协牵涉的就是短期益处与长期益处的冲突。

爱情妥协为何如此令人痛苦?

不要委屈了自己。你就是自己的一切。

——美国歌手贾尼斯·乔普林(Janis Joplin)

因为有太多想要却得不到的东西,所以爱情中充满了妥协。因为现实,我们为爱而妥协。浪漫主义意识形态否认这种复杂性,因此也认为没必要为爱而妥协。"爱情妥协"这个词看起来的确很矛盾。你不能对伴侣说这样的话:"亲爱的,我爱你,但跟你在一起我还是觉得委屈了自己,做出了妥协。"但我们通常都有这样的感受。

像其他类型的妥协一样,爱情妥协也有其积极和消极的影响。我们做出这样的妥协,就放弃了自己的一部分感受和看法,因而会觉得有点不满。然而,浪漫爱情的本质是唯心的、复杂的,而爱情妥协通常是可逆的,这就意味着为爱而妥协是很难做到的。

经济上的妥协是为应对特定的情况,而且影响力有限,但爱情妥协不一样,它是一种持续不断的体验——你可能一辈子都要生活在这种妥协之中。此外,爱情妥协通常是可逆的。若伴侣们总是认为自己可能有"更好"的爱情选择,那么这会让他们对彼此的关系不满,也会对持久的爱情构成持续性的威胁。

我们生活在一个需要妥协的复杂多变的世界里。这就需要我们为所有事安排优先次序,这种次序可以指导我们在何时必须放弃一些低价值的东西,而去追求更高价值的东西。因此,当我们用自己的价值观应对现实问题时,就需要做出妥协。事实上,只有理性的人才具备在冲突中寻求妥协和考虑对方观念的能力。与年轻人和中年人相比,老年人更趋向于使用高阶的推理方式。他们强调多重关注的存在,允许自己做出妥协,并能认识到自己的局限性。[5]

爱情妥协是指我们对伴侣的至少一个方面的特性不做过多的要求,不报过高的期望,如外表吸引力或值得称赞的个性特质和成就。有些人会做出妥协,放弃追求外表的吸引力,而更关注伴侣的优秀的个人特质和成就,如将来可能成为优秀的养家者或父母;有些人可能更看重强烈的激情,而双方的感情、家庭的成立或对个人成长的支持等问题则被忽略了。例如,有些对激情做出妥协的女人会这样说:"我希望这个男人能成为我孩子的父亲。"这些女人不一定认为这个男人是最有魅力的,而是将他视为一个很好的朋友,和一个可以与之一起养家的可信任的人。相反,女人也可能认为某男人是一位很棒的性伴侣,却不是最好的朋友和志趣相投的伴侣。

由于伴侣的外表吸引力、值得称赞的个人特质与成就都是让我们坠入爱河的关键,而这三者也不是非此即彼、相互排斥的特质,所以爱情妥协主要是为了适度。当上述特质都不够优秀时,我们就会产生强烈的妥协感。然而,因为这些特质不会都达到最优的状态,至少不会同时达到最优的状态,所以伴侣双方都需要决定:什么时候放弃哪个方面的特质。选择伴侣的时候,我们一开始不太可能在伴侣的外表吸引力下妥协,而这种吸引力在情感关系的初期比较重要。之后,双方开始共同参与各种活动,相互关心、互惠互利,这也成为生活的常态。现代社会的经济发展降低了"养家者"的需求程度,从而让我们在选择伴侣时有了更多自由,这意味着我们能更专注地去找寻自己所爱的伴侣。

爱包括牺牲或妥协吗?

让一个人为之付出生命的事物并不代表就是真理。

——奥斯卡·王尔德

当我们做出牺牲时,就是放弃了对自己有意义的东西而去换取另一种东西。爱情里的牺牲是指为了爱情方面的理由而放弃一种重要的非爱情观念,如为了和爱人在一起而牺牲自己的工作时间。牺牲是一种个人的、自愿的决定，一个人做出牺牲并非因"职责所在"。做出牺牲后，得到的回报通常比预期少。[6]

在亲密关系中，我们总要做出牺牲和妥协，因为每个人都有不同的愿望和价值观。这些冲突可能是小问题，如选择去哪家餐厅吃饭，也可能是大问题，如是否再要一个孩子，或者是否要搬去一个新地方安家。处理这些冲突的两种方法就是牺牲和妥协。不过，许多人都认为，牺牲才是真爱的表达方式，而妥协则不是真爱的一部分。

在亲密关系中，人们愿意做出牺牲是因为对情感关系非常满意，而且双方的感情也很稳定。人们认为，伴侣愿意为自己做出牺牲是因为他关心自己、相信自己、尊重自己，并忠于这段感情关系，所以他们也把牺牲等同于他们所认为的爱。相应地，牺牲也是需要经过长期的婚姻生活磨砺的。愿意做出牺牲，这证明了双方感情的深厚度，也使双方的感情更有安全感，而这种安全感也是婚姻持久的关键影响因素。互惠性在牺牲中是很重要的，因为伴侣只有在必要的时候才会为对方做出牺牲，这样双方的付出才是基本平衡的。虽然牺牲是为了巩固对方的幸福，而不是为了牺牲者自己的幸福，但做出牺牲的一方也会因此而受益。因为这改善了伴侣对牺牲者的评价，增强了牺牲者的自尊心，而且增加了伴侣为对方做出牺牲的可能性。相应地，他们也能从牺牲中有所收获。慷慨地给予他人既对我们的健康有利，也有助于提高我们的婚姻质量。[7]

爱情妥协与牺牲息息相关，然而，这两者还是有重要的区别的。妥协是为了自己的直接个人利益而放弃自己的爱情观念，而牺牲则是为了双方的关系和对方的幸福牺牲自己的直接个人利益。因此，我们更趋向于隐藏自己为爱而做出的妥协，而高调宣扬自己为爱做出的牺牲，因为牺牲似乎比妥协更像是道德行为。

与妥协相比，牺牲更像是一种自愿的行为，是人自愿决定为了伴侣的幸福和充实生活而放弃某物，而妥协则是外部环境"逼迫"（至少从某个方面来看是如此的）一方放弃某物。在爱情妥协中，一个人得到的期望比防止情况恶化的期望要少。虽然做出妥协和牺牲可以是被动的，也可以是主动的，或者两者兼有，但爱情牺牲的积极意义通常比爱情妥协的积极意义更大。因为爱情妥协涉及的是未完成的事情，它的消极影响可能会持续很长一段时间，会让人持续不断地渴望获得新的可能。而牺牲则更个人化、更实在，它造成的影响也更有限，主要集中在促进伴侣的积极特质发展成熟的方面。爱情妥协通常会让人有挫败感，让人觉得无望、悲伤，而爱情牺牲则会让人产生同情、怜悯和感激之情。因为做出妥协而错失重要机会，我们会觉得遗憾，但因为做出牺牲而错失机会则不会让我们有这种感受。有时候，我们虽然并不后悔，但也会因为自己做出的牺牲和付出的代价而抱怨。

在做出牺牲的时候,人们甚至不会认为这种行为是一种牺牲。在爱情中做出妥协时,人们仍然相信妥协所产生的结果更重要,因此不会完全接受已经出现的状况。这反映了一种经常发生的情况,追求爱情的时候,适应妥协需要更长的时间。人们仍然怀疑妥协的作用,渴望有另一种选择,直到他们适应了妥协后的状况,不再将它视作一种妥协为止。

如果做出的牺牲过多,而且不是互惠性的,比如一方为了另一方的幸福而牺牲自己的全部,那这种牺牲就是有害的。在这种情况下,我们通常会觉得伴侣双方是不平等的,那些在情感关系中没有主导权的一方(通常是女性)更容易做出牺牲。如果做出牺牲的一方保持"沉默",不表露自己对双方关系的看法和愿望,那情况就会更糟糕。

好的妥协和坏的妥协

如果你不能和你爱的人在一起,那就好好爱和你在一起的人吧。

——美国歌手、影星克罗斯比(Crosby)、斯蒂尔斯(Stills),美国作家纳什(Nash)

我希望成为你的吸尘器,在你的尘埃中呼吸。

——约翰·库珀·克拉克(John Cooper Clarke)

在一个没有任何约束的世界里，我们不需要妥协，因为我们可以得到想要的任何东西。而在现实世界中，我们会受到种种约束和限制，这时我们就有必要做出妥协。以婚姻冲突为例，在爱情和婚姻关系中，冲突是不可避免的。然而，发生冲突并不意味着都是坏事，而且即使冲突的次数多（从某种程度上而言）也并不一定会导致双方离婚，让双方决定离婚的是处理冲突的方式。冲突虽然可能会让双方关系恶化，甚至离婚，但也为双方改善沟通方式、加深感情提供了机会。处理冲突有三种主要模式：淡化、整合和争吵。淡化模式就是尽量减少意见不一致带来的消极影响；整合模式就是表达不同的意见并进行协商，同时达成公平和良好的妥协；争吵模式则会让冲突升级。淡化这种模式在短期内很有效，而整合是在长期内降低分手风险的最有价值的模式。当争吵时，人们根本不愿意妥协，这也是对情感关系最有害的一种模式。[8]

在介绍好的和坏的爱情妥协之前，我想强调一下它们与（好的）解决方案的一些相似之处。所有的妥协看似都是一种解决方案（但不是所有的解决方案都是妥协）。我会根据罗伯特·古丁对"安定"的分析来阐述它们的相似之处。古丁的分析：（1）安定就是让人的思绪平息；（2）安定是在有限的时间里发生的，这段时间可能不会太长，但绝不是转瞬即逝的；（3）安定除了能够防止更糟糕的状况的发生，也有自己的价值和意义；

（4）安定和奋斗看似矛盾，但实际上是相互联系的，因为它们是彼此存在的前提。[9]这些特性都有很强的时效性。

让人思绪平息。好的妥协可以解决双方的冲突，能让人的思绪平息下来。人们接受了爱人的价值观和愿望，但这并不意味着人们放弃了自己的价值观和愿望，只是愿意认同对方的观念和愿望，并将它们视为自己的。[10]人会改变自己的价值观和愿望，这并不代表所有的改变都是妥协。只有当一个人继续渴望更好的选择时，他的处境才能被视为妥协。在爱情世界中，好的妥协能让人心绪安定。

时间有限，但不是转瞬即逝的。好的妥协是一种持续性的体验，它并不是转瞬即逝的，但存在的时间也不会很长。在做出好的爱情妥协时，没有找到持续性的积极的可替代方案并不意味着不能在合适的情况下继续寻找这种方案。在爱情生活中，我们需要在很多关键性的时刻考虑：是否要继续这段情感关系。几乎在每一次激烈的冲突之后，人们都会把关于情感关系的未来问题放到桌面上谈。在好的爱情妥协中，夫妻双方关注的不只是眼前的麻烦，反而考虑得更长远。

内在价值。好的爱情妥协有其自身的内在价值。它之所以有价值，不仅是因为它能阻止人们徒劳地、沮丧地去找寻完美的王子或公主，还因为它能增强伴侣的幸福感——通常是在非爱情领域的幸福感。好的爱情妥协在爱情领域里也是很有价值的，因为它能促使人们为爱情做长远的考虑，而不只是关注短暂的性欲满足。例如，在选择伴侣的时候，人们更看重对方是否会关心他人，而不注重对方的外貌如何。好的爱情妥协不仅会让人安心于现有的、足够好的情感关系，同时也会让人继续努力改善这段关系。

奋斗。虽然好的妥协能够使人不再做无谓的和令人沮丧的努力，但不能阻止所有形式的努力。尤其是奋斗在情感关系方面的作用，它可以积极地改善情感关系，以替代现有的情感关系，而不是无休止地找寻新的可能。

坏的妥协没有上述特性，因为当做出坏的妥协时，人们会觉得自己是在向自己妥协。在这样的妥协中，人的思绪是不停摆的，他们总是在努力寻找更好的选项。坏的妥协仅仅能阻止某种糟糕状况的出现，但妥协之后出现的状况往往比之前的更加糟糕。好的妥协与坏的妥协的一个主要差异是，做出好的妥协之后，随着情感关系的加深，委屈和妥协的感受减弱了，而做出坏的妥协之后，情感关系更糟糕了，离婚几乎是无可避免的。好的妥协就是让观念的冲突逐渐变成观念的融合。[11]

在浪漫主义的意识形态中，唯一可以被接受的是暂时性的妥协——人们可能会延迟他们的爱情满足。例如，人们会等待数月乃至数年的时间，直到爱人到来。《圣经》中记载着这样的话："拉班有两个女儿，大的名叫利亚，小的名叫拉结。……雅各爱拉结，就说：'我愿为你的小女儿拉结服事你七年。'拉班说：'我把她给你，胜过给别人，你与我同住吧！'雅各就为拉结服事了七年；他因为爱拉结，看这七年就如同几天。"根据这一描述，真爱是可以等待的，甚至在合适的环境还未出现时，也能获胜。这样的等待不是为了让双方的感情更加成熟，而是因为重视心爱之人，以及拒绝接受不够完美的伴侣。像"我会一直等你到时间的尽头"和"耐心地在黑暗中等待"这样的话是情侣们经常说的，许多流行歌曲和其他文化作品中也有类似的表达。在这种情况下，人们会在他们认为不那么重要的时刻做出妥协，从而避免在更重要的方面做出妥协，如爱人的特征方面。在浪漫主义的意识形态中，妥协是化解冲突的必要手段，没有其自身的价值。

现在，让我们来看另一个真实的故事，它是关于米尔德里德和珍妮特两姐妹的。米尔德里德在刚开始和布鲁斯交往的时候，对布鲁斯并没有像对前几位恋人那样热情。按她自己的话来说，那些更"健壮"的前任，"他们的外表更令人兴奋或更有冒险精神"。虽然她"一直喜欢欣赏男性之美"，而且仍然"见到俊男就会开心"，但还是选择了一个"在女人看来并不是最帅的"男人。后来，在婚后第一年，她有过两次短暂的婚外情。当她哭着把这些事情告诉布鲁斯时，布鲁斯毫不计较，还大度地宽慰她。他对她短暂的婚外情明智而关切的态度让她明白，放弃了花花世界中的诸多诱惑,她还有他深厚、浓烈的爱,而这种爱会让她收获更多。她的一夜情如同少量的毒药,使他们的关系获得了免疫力,变得更加坚固。

米尔德里德的妹妹珍妮特的故事和她的完全不一样,珍妮特陷入了一场疯狂的爱情之中,但它很快以悲剧结束。她放弃了接受高等教育的机会,嫁给了一个其他人认为配不上她的男人。当被问及她与这个男人的感情如何时,她回答:"我们深爱彼此,这是最重要的。"刚结婚的时候,珍妮特疯狂地爱着自己的丈夫,但从一开始,他们就总是因外出用餐、酗酒和家庭暴力等问题而争吵。最终,珍妮特与丈夫离婚,并加入了匿名戒酒者协会。她丈夫在他们离婚两年后过世,享年五十三岁。

这两姐妹有不同的基本态度:米尔德里德注重未来,而珍妮特则更注重短期的生活。在她们的婚姻生活中,米尔德里德做了一次好的妥协,而珍妮特则做了一次坏的妥协。米尔德里德为了持久而深厚的感情放弃了短暂的激情,而珍妮特则为了短暂的激情放弃了持久的感情。米尔德里德最终回归家庭,而珍妮特却以离婚草草收场。米尔德里德非常明智,能够明白长期利益和短期利益之间的差异(尽管她经历了两场婚外情才完全理解了这两者的差异),而珍妮特必须花时间好好去认识和理解两者的区别。[12]虽然好的爱情妥协并不会忽略短期的益处,但它的侧重点还是在持久的、深厚的爱情上。

初恋、第二任和最后一任恋人

你可能不是她的初恋,不是她的最后一任恋人,也不是她的唯一。她再次陷入爱中之前也曾爱过别人,但如果她现在爱你,那还有什么比这更重要的呢?

——牙买加歌手鲍勃·马利(Bob Marley)

初恋、第二任和最后一任恋人,这个顺序通常是有一定价值的。有些人想成为所爱之人的初恋,有些人更想成为所爱之人的第二任恋人,绝大多数人都希望成为所爱之人的最后一任恋人。

初恋和唯一的爱人

当初恋也是最后一任恋人时,这是最危险的。

——塞尔维亚剧作家布兰尼斯拉夫·努希奇(Branislav Nušić)

许多爱侣对贞操(也就是女人的贞操)的态度是绝对的(虽然现在不那么绝对了),婚前性行为仍带有负面的含义。贞操不仅是指性与爱的先后次序,还代表着女人纯真而规范的状态,女人的贞操只给足够爱她并愿意娶她的人。

不考虑宗教层面,仅从心理学角度而言,人们很自然地认为,与初恋结婚的人很可能会后悔错过更好的选择,至少是不一样的选择。沿着这种思路,研究表明,当人的初次示爱被立即接受时,他们更可能认为自己本可以获得更好的,因此对初恋的满意度可能低于那些初次示爱未被接受的人。[13]这也体现了未选择的爱情之路的影响力。

然而,除了上述情况,我们也有证据证明,与初恋结婚的人在婚后多年更可能仍然相爱,从未考虑过离婚,并确定永远将彼此相守。[14]对于这些令人惊讶的、相互矛盾的结论,人们做出了各种各样可能的解释。而本书介绍的是与初恋结婚后,不断地拿伴侣和其他人做比较对婚姻产生的破坏性。

与初恋结婚的人并不像其他人一样,愿意拿自己的爱人与他人做比较,这是因为他们与初恋的爱通常很深厚,并且也很认真地培养自己与恋人之间独特的感情关系。有研究表明,如果一个女人以前有过多位性伴侣,那么她在现有的情感关系中再找性伴侣的可能性也会大幅提高。此结果与上述理念相符。[15]似乎发生婚外情的主要原因是个性特征和性爱习惯,而不是人们对新的性活动存在的强烈的兴趣。

二手的爱情

> 那些认为女友过去的恋情会减少她对自己的爱的男人,通常都是愚蠢而软弱的。
>
> ——美国女影星玛丽莲·梦露(Marilyn Monroe)

在现代的书面语中,"二手"的爱情指的是与一个曾经与他人有过深厚感情的人之间的情感关系。然而,不是初恋就有什么问题吗?现在,人们很早就开始走上了爱情之路,极少出现"初恋就是唯一"的情况。然而,从时间上来看,"二手"在许多情况下都意味着"污染"。如果你有这种观念,那就意味着你不仅没有得到全新的爱情,而且认为这样的感情和其他使用过的旧物一样是不完美的。

成为他人的第二任恋人并不一定意味着具有羞辱性的内涵。因此,一位单身女士这样说:"我不愿意嫁给在我之前从未爱过别人的男人,因为这样的男人可能会觉得,有了我,他就错过了很多与别的女人搭讪的机会,甚至可能会有婚外情。"然而,这位女士还说,"我也不想嫁给跟前任有孩子的男人,因为他已经和其他女人体验过拥有自己孩子的欢乐,而且还要处理孩子们的问题。要让我嫁给这样的男人,那他必须非常有魅力、有吸引力,以弥补我为爱做出的妥协。"

一位已婚之夫的情人可能会觉得,她的爱侣对他的合法妻子的感情更深,但她仍然会高兴自己是他唯一的情人。很难理解是吗?来听听一位已婚女士所说的:"有独特性非常重要,至少这意味着我在某个方面是第一名,然后我才能成为某男士的初恋情人,成为他的妻子。我知道他跟其他人的关系都比不上我们的关系,我也无法想象他还会有别的比我们的关系更好的情感关系。这是我的看法。"

对寡妇、鳏夫或出于其他非爱情因素而结束了深厚爱情关系的人来说,二次恋爱的问题更加严重。如果他们爱上了另一个人,就无法再为自己的前夫、前妻或前任恋人在心底留一个独特的位置了。正如一位寡妇所写的那样:"二次恋爱跟初恋很不一样,但是非常棒。我会一直爱着我的前夫,一直想念他。有时候,我也很难弄明白,我是怎么收回自己为前夫流的眼泪,并微笑着去想念我的新男友的。这种精神'分裂'还真奇怪。我爱他们两个,但他们一个在我身边,一个已经不在。"这么看来,我们拥有一颗灵活的心,它足够大,能够同时容纳很多个人。

当"二手"仅指时间次序靠后时,它比"第二好"有更积极的含义,因为"二手"可能在质量上是第一。但当"二手"意味着有某种缺陷时,它就比"第二好"更消极,因为它意味着质量可能比"第二好"低得多。

最后一任的价值

你可以和那个向你抛媚眼的男人跳每一支舞,但别忘了,把你带回家的是我……亲爱的,跳最后一支舞的机会,请你留给我吧。

——流浪者合唱团(The Drifters)

在上面的这首歌里,男人给了女人空间,让她去跟"向你抛媚眼的男人"跳舞,但要求她记得,他才是带她回家的人,她应该把跳最后一支舞的机会留给他。

初恋时的爱意是很强烈的,人们也会铭记很长一段时间,然而最后一次恋爱的情感深度更深。当你成为别人的初恋时,很容易感到兴奋,但这种兴奋感可能源于第一次的新奇感,而不是源于你们感情深厚。成为最后一位恋人能够给你带来极大的满足感,虽然你和你的伴侣会有"去过那里,做过那件事"的感受。这种感受常常表现出一定程度的厌烦或者自满,但你们仍然是相爱的。一位婚龄三十年且有过两位恋人的女士,这样描述她的态度:"跟我的初恋在一起时,我们很开心。对彼此的强烈情感,我们在他人身上从未感受到过。虽然第二次恋爱并不像初恋那样让我兴奋,但从总体上而言,这一次的爱意并未'减少',因为从很多方面而言爱意还更深了。最重要的是,这次的爱更深刻,没有让我感受到初恋曾带给我的那种痛苦;第二任恋人给我的安全感和安心感是初恋未曾给予我的。"

对"第二好"的爱和"二手"的爱的消极观念与"我应是最好的,也应是第一位的,不然这段情感关系就一点意义也没有"这种极端的态度有关。这种态度无视人是否获得了充实而幸福的生活,而只认为之前的情感关系污染了纯洁的人心。这也能起到相反的效应:之前的情感关系能够使我们积累经验,让我们得以发现现任和前任的区别,从而探索发掘出现有的情感关系的价值。

在我们这个不断变化的社会中,当许多爱情关系维持的时间都很短暂时,情感关系发生的先后次序也就不那么重要了。一位已婚女士说,她的已婚伴侣在她之前还有过很多恋人,"只要他现在非常爱我,那我是他的第一任还是第二任就不那么重要了。他一生中可能有过更好的爱人,但谁知道,也许我才是他的最后一任。我把自己看作他的餐后甜点——甜甜的冰激凌上的那层热热的巧克力"。英国学者托马斯·富勒说过:"保守的人认为,任何事都不应一次就成功。"在爱情上,某些人认为任何事都不应两次就成功。这两种观念都是错误的。

无论是"第二好"的爱情,还是"二手"的爱情,抑或是最后的爱情,都没有什么不对,这些爱情关系对我们而言都很有价值。在这个竞争激烈、追求自我的社会里,有时候,我们很难相信每个人都能获得足够的爱。然而,我们的心是灵活的、足够大的,可以和不同的人展开不同的爱,而不用按照他们与我们成为伴侣的时间先后(或其他)来对他们进行排序。

成为足够好的伴侣

你只会活一次,但如果你活得好,一次也就足够了。

——美国影星梅·韦斯特(Mae West)

在爱情妥协中,你的伴侣不如你预期的那么好。问题是,这个"不如"的程度到底有多低,而又是你够接受的程度。这个问题很复杂,因为一个最初看起来勉强不错的伴侣最终可能会变成最合适的伴侣。

"足够"可以定义为"尽可能地多"。然而,理想中的爱似乎不止如此。在理想的爱情中,"足够"是满足不了需求的,你对你的伴侣欲罢不能——他越优秀,你越想跟他在一起。但是,某些人不够幸运,连足够好的伴侣也得不到——只能拥有一个"勉强够好"的伴侣。结果,许多人都满足于一个起初根本不适合他们的爱情伴侣。《欲望都市》里的女主角凯莉·布拉德肖说:"有的人已经适应了现有的生活,有的人正在适应现有的生活,而有的人因未得到足够多的利益拒不接受现有的生活。"然而，随着年岁渐长、经历增多，我们也更容易适应并满足于自己所拥有的。的确，孔夫子也说过，"七十而从心所欲，不逾矩"。

经济学家赫伯特·西蒙将"满足"（satisfy）和"足够"（suffice）两个词合并，以此形成"满意解决法"（satisfice）一词。这个词被用来表达一种最优的解决方案，而不是一种集合了所有实用效果的解决方案。[16]当我们考虑到替代方案的成本时，一种"令人满意"的解决方案就是最佳的抉择。在西蒙看来，因为人类获取知识的能力有限，所以他们会尽可能地采取现实的方式去找寻合适的解决方案，而不一定会选择将可能的收益最大化的方案。

西蒙的看法在爱情上是说得通的，因为有很多复杂的情况约束了我们，让我们无法揣测伴侣长期的观念和态度是否会有所变化，所以我们也无法预测自己会对这样的变化做出何种回应。这使得找到一个"足够好"的伴侣变得更加重要。

哈里·法兰克福拒绝接受"经济平等主义学说"，该学说认为，每个人都应该拥有相同的收入和财富。在他看来，"充足主义学说"才更实在。该学说认为，在道德上，每个人都应该拥有足够多的东西，这才是重要的。根据"经济平等主义学说"，人们关心的是别人拥有什么，而不是对自己有内在价值的事物。而法兰克福认为，满足就是人更关注自己拥有的，而不关注他人拥有的。因此他声称:"假设一个男人深爱着一个完全值得爱的女人,跟她在一起也很开心,在这种情况下,我们一般不会因为他可能有机会过得更好而批评他。"如果伴侣双方对待彼此的态度不完全一致,那么,就算对方长得再好看,人再聪明、再富有也不适合你。判断伴侣是否适合自己,主要的评判标准并不是客观存在的、可测量的特性品质,而是你和对方的沟通交流方式。在法兰克福看来,有足够多的钱应该能让人们不再热切地渴望获得更多。这种观念让我们从以下几个方面获得了自由:我们的注意力和兴趣无须投入拥有更多的利益中;我们无须将拥有更多视作重要的事;我们无须抱怨外在环境的恶劣;我们没有理由为外在环境感到焦虑或下定决心去改善外在环境;我们不必竭尽全力或采取任何重大措施去改善状况;我们无须拿自己和他人做比较来获得满足感。[17]

对"足够好"的伴侣采取尊重的态度是明智的,这意味着我们是因为伴侣适合我们而感到满足的,而不是因为这位伴侣是世上最完美的伴侣。相应地,我们不会积极主动地去找寻别的更好的伴侣,我们不会认为我们现有的状况亟须改善,我们对自己的命运感到满足。在现有的条件下,我们不需要其他人。似乎我们对自己的现状越满意,跟"足够好"的伴侣在一起就越开心,因为我们不会期待让真命天子来满足我们的所有需求——其中一些需求我们已经自己解决了。因此,一项研究显示,有博士学位的女人比高中学历的女人更可能满足于找一个"差不多先生"。[18]

追求别人所拥有的东西和自己所拥有的足够的东西之间有很重要的区别。在前一种状况中,我们会拿自己与跟自己完全不同的人做肤浅的比较,而他们拥有的并不一定适合我们。而在后一种状况中,重要的是我们自己的态度,对现状的满足感主要来自内心。虽然我们无可避免地要跟他人比较,但在爱情中最重要的是我们自己感情世界的充实。

如果我们认为我们的伴侣是足够好的,那就认识到了对我们最重要的东西。这并不是说人们不应该注重增加爱情的深厚程度,而是说这样的增加主要是加深与我们足够好的现任伴侣的感情。正如那个关于埋在花园里的那罐金子的故事里所说的那样,有时候,家里正好就有宝藏。

结束语

在那一刻,我所熟悉的关于自己的一切都消失了,我看起来像是另一个女人,但却比以前更像我自己了。

——弗朗西斯卡(Francesca),根据罗伯特·詹姆斯·沃勒同名小说《廊桥遗梦》改编的电影的主角爱情妥协有时候被视为爱情陷阱——让我们不再看重能包容一切的爱,而看重只给予但从不索取的爱。然而,为爱而妥协,放弃浪漫主义的爱情观,转而看重更生活化、更深刻的观念,这些对爱情通常是有好处的。此外,有时候,随着时间推移,这些妥协不再具有消极的影响力,反而能够促使感情进一步加深。这是因为这样的妥协有利于伴侣之间的情感关系。当做出坏的妥协时,人们就会放弃浪漫倾向,过分重视伴侣的非关系性特质,并考虑更换伴侣。好的妥协是有其内在价值的:它帮助我们解决了影响情感关系的大部分紧急问题,让我们的思绪得到放松,让我们努力去奋斗,以获得更多的收获。从另一个角度而言,爱情牺牲则需要我们不只做对我们个人有益的事情,比如工作或培养爱好,以便加深我们与伴侣的情感关系。在深厚的爱情关系中,这样的牺牲是我们自愿做出的,而且我们也乐于做出这样的牺牲。这是因为它对伴侣双方和伴侣之间的情感关系都有利。

在考虑爱情关系的先后次序,以及同时拥有多位伴侣对现有的情感关系的影响时,最重要的是要把现有的情感关系的质量放在首位。虽然跟初恋在一起能让我们保持高质量的情感关系,但我们若是出于自满、恐惧或懒惰而维持跟初恋的关系,那就会让我们的生活失去味道。我们若总是拿现任伴侣与前任做比较,以至于自己不再关注现有的情感关系,那么这段情感关系失败不是受过去的情感关系的阴影影响所致,而是因为现有的情感关系还不够深厚。一旦我们接受了情感关系中不如意的一面,并愿意和一位不完美但却足够好的伴侣在一起,我们的爱就能茁壮成长。情感的深度不需要通过任何外界环境影响而加深,而需要伴侣双方彼此忠诚,不拿对方与过去或潜在的伴侣做比较,并努力为对方而活。

Chapter 8
选择伴侣

我认为穿了耳洞的男人是更好的结婚对象,因为他们对切肤之痛和购买首饰都有了经验。

——丽塔·拉德纳（Rita Nudner）

本章介绍的是我们在探索爱情之路上的一条主要道路:选择伴侣。首先,我介绍了"非关系性"和"关系性"的特质,以及合适度的问题。合适度指的是彼此双方的合适度,这是持久而深厚的爱情的最重要的评测标准。其次,我论述了在寻找伴侣时选"精英"(因技能和成就而非外部因素被选择)的重要性,从对比性和独特性的角度来论述选择长期伴侣的不同方式。

选择合适伴侣的重要性

我爱你不光因为你的样子,还因为和你在一起时我的样子。

——伊丽莎白·巴雷特·布朗宁

爱的时候,我不会去算计什么,我会把自己完全交付出去,把每一次都当作生命中最伟大的爱情。

——法国女星碧姬·芭铎（Brigitte Bardot）

婚姻和情感关系的沟通模式以及爱的同步性、灵敏性和共鸣性告诉我们，双方的感情是爱情关系的核心。因此，关于适合的问题在建立持久而深厚的爱情上起到了主导性作用。人的爱情价值高低应该主要看他与自己的伴侣的合适度。有两种衡量爱情价值的关于合适度的标准：非关系型标准（对人的普遍评价）和关系型标准（衡量一种独特的感情）。

非关系型标准衡量的是人本身拥有的特质价值（如幽默感、财富等），该标准有两大优点——容易使用，而且绝大多数人都会同意这种标准的评估结果。关系型标准的测量则更复杂，因为它是基于我们未曾完全了解的个性和环境因素来决定的。

我们来思考一下评估持久关系中的关系型合适度的价值。你应该嫁给一个聪明人吗？一般来说，聪明是好事——不过在爱情中，情况更为复杂一点。如果夫妻双方的智商有巨大差异，那他们的合适度就较低，因为非关系型标准的差异更显著。然而，不只智力如此，财富也是一样。从普遍意义上来说，有很多钱通常是好事，但富人对情感的专一度可能会更低，因为富裕会让他们有更多选择的可能。此外，富人还倾向于认为自己功劳更多,因此可能不怎么关心他人。同样地,性欲不错通常是好事,但伴侣间的性需求差距过大也不利于双方情感关系的稳定。例如,如果丈夫希望每周有一到两次的性生活,而妻子却希望一天好几次,那他们会成为合适的伴侣吗?如果人的非关系型特质的优势都因关系型特质而折损了,那这就不利于个人幸福感的产生。即便伴侣双方关于非关系型特质的得分都很高,但他们无法发掘出彼此最好的一面,那他们的关系型的价值就会很低。

事实证明,我们很难通过对人本身的评价来判断一个人以后会成为什么样的伴侣。即使你的伴侣在非关系型特质方面的得分很高,也远无法证明你们的关系会更好。就此而论,我想到了如下的友好沟通。女人:"为什么我爱上的人对我一点兴趣也没有,而爱上我的人我一点也不在乎呢?"同伴:"你就像个八岁的孩子,一直试图追上前面十岁的孩子,而后面还有很多六岁的孩子想要追上你。"[1]

对于爱情,我们需要考虑到伴侣的所有特质。因为相爱就意味着彼此想要长期相伴,所以我们应该将因彼此的吸引力而产生的兴趣转化成更为深厚的、持续时间更久的东西。这时就可以用上关系型特质了。它衡量的是我们与对方的合适度,而不是我们与所有人的合适度,这个特质是根据特定的伴侣来分析总体的爱情价值的。

在爱情关系的初期，合适度并不是什么重要的问题。毕竟，我们当时也不能确定我们的情感是否能够持久而深厚。深厚而持久的感情是通过双方的沟通交流培养出来的，因为相互的沟通交流加深了我们对彼此的爱。随着时间的推移，合适度的问题就变得越发重要起来，关系型特质和非关系型特质之间的差距也可能会加大。我们会随着时间的推移更新和完善这两种特质。

随着时间的推移，上述两种特质的变化主要与我们赋予每种特质的重要性有关，与该特质的总体评分的关系较小。有一位不太敏感的配偶的女人可能会说，随着时间的推移，他的不敏感对她造成的影响也逐渐降低了（她不再那么重视它了）。因为她发现，他的其他方面的特性会弥补这点缺陷。然而，她可能还会说，他比她最初认为的还要敏感一点。学者们将这一现象称为"特征适应"。在"享乐适应"中，随着时间的推移，事物的美和丑也就不那么明显了。在"特征适应"中，伴侣的某些特征，最初看起来非常好或非常糟，但随着时间的推移，我们对其的态度会更加温和。伴侣分手通常是因为关系型量表上得分低的特征。随着时间的推移，这些特征的影响力变得更加显著，而它们不是人们可以逐渐适应的非关系型量表上得分低的特征。

这两种特质引出了关于持久的爱情的本质的问题。其中之一就是预测爱情成功的可能性。其他的评测方式可以评估非关系型特质，而这一评估在伴侣双方见面之前就可以开始了。然而，关系型特质与非关系型特质不一样，关系型特质的许多内容都无法通过其他方式评估，大部分的评估只能在伴侣双方见面交流时进行。因为双向互动非常重要，所以主要特质的评估只能在双向的互动之后才能进行。婚姻稳定性方面的知名专家约翰·戈特曼，他在预测夫妻是否会离婚这方面相当成功。他根据双方在冲突中的言语沟通来判断夫妻是否会离婚。[2]关系合适度量表评估的是伴侣的非关系型特质对个人的合适度。

非关系型特质和关系型特质都能够巩固爱情。两类特质之间虽然并没有直接的正相关关系，但通常是相互关联的——一种特质的高价值通常也能提高其他特质的价值。因此，富有而聪明的人通常能够巩固爱情关系，而关心他人的人通常被认为具有更高的总体价值。此外，由于持久的爱情主要看伴侣双方的情感关系，那么从长远来看，关系型特质就更加重要了。在情感关系的初期，非关系型特质的影响力更大一些，而关系型特质的影响力并不太明显。随着彼此熟悉度的增加，他们的关系型特质的影响力也会逐渐增加。

对一个人的非关系型特质的高度积极评价是很重要的，但这并不能保证爱情关系的深厚程度。因为这种评价没有考虑到伴侣之间的关系，而这种关系对维持持久的爱情至关重要。我们欣赏我们没有爱上的许多人所具有的特质。某人本可以找到更优秀的伴侣,却深爱着自己的伴侣,我们不会因此而责备他眼光不好。[3]正如下文所提到的,只有当两个人之间的差距阻碍了深厚感情的培养和发展时,我们才会去责备那些深爱着自己伴侣的人。因此,一个人能够欣赏伴侣的关系型特质,如敏感和善良,但仍然不爱他,这可能是因为他不够聪明,或不够有钱,或社会地位低。因此,缺乏高度的非关系型特质可能是很重要的,尤其是当这些特质的缺失可能会阻碍恋人的成长和发展,以及影响双方在一起的幸福生活时。

你的非关系型特质好,并不意味着你会成为一位好的伴侣——只有和好的伴侣在一起,你才能培养出健康而充实的亲密关系。人们通常是按照完美无缺的标准来定义并寻找理想伴侣的,问题是,这样的话,准夫妇关注的重点就不再是双方的感情了。非关系型特质是以一种间接的方式促进情感关系发展的:它能为巩固关系型特质提供更好的环境,因此也能巩固伴侣双方的关系。例如,与一个乐观的人结婚,能够使双方的感情更好,因为积极乐观的态度能够改善双方的沟通交流方式。不过,最重要的还是关系型特质在合适度量表上的价值。

根据上述观点,保罗·伊斯特威克和露西·亨特认为,当人们选择伴侣时,尤其是随着时间的推移,他们更关注的是关系型特质,而非大家都认可的非关系型特质。他们发现,虽然一开始双方对彼此满意的(非关系型)特质有很多共识,但随着时间的推移,这种共识比双方把彼此视作唯一满意或不满意的伴侣人选的倾向要弱。伊斯特威克和亨特总结称,尽管人们在理想的非关系型特质方面得的分数并不均等,但"求偶活动是在一个相对公平的环境中进行的。在这个环境中,大多数人都很有可能对自己的爱情结果感到满意"。[4]

从上述的内容可以得出这样的观点,那就是不断地拿你的伴侣与他人进行比较是与深厚的爱情精神相违背的。关系持久的恋人们并不会相互算计和比较——他们更关心的是如何促进双方关系健康发展,而不是拥有一位比其他人更优秀的伴侣。

在选择伴侣时,精英管理制度有用吗?

我不想成为所有人的全部,但我希望对某个人而言,我是很重要的。

——雅完

我想要一个善良且善解人意的男人,对一个百万富翁而言,这要求是不是太高了?

——影星莎莎·嘉宝

在精英管理制度中,人们被挑选出来是因为他们的表现而非他们的个性和外部环境。因此,你是否能被某所大学录取,或是否能得到某份工作,只取决于你之前的成绩。精英管理制度旨在消除各种偏见,某些偏见的确是有必要消除的。然而,这种制度的问题在于,忽视人的背景,只注重才能。这可能会让人对那些背景较差的人产生偏见。的确,人们普遍批评那些将教育系统视作只培养精英的系统,因为这样会产生精英阶层,而这一阶层仅仅包括一小部分人。这种教育体系忽视了社会的多样化。

斯科特·佩奇认为,在完成复杂任务时,不同类型的思考者组成的团队比相同类型的思考者组成的团队做得更好。佩奇强烈质疑:利用精英管理制度是否能建立成功的团队。他说,精英管理的原则(任用"最佳人选"来做事的理念)与复杂问题的多维性或层次性相违背。在他看来,这世上根本没有什么"最佳人选"。他认为,即便人们在某个领域知识丰富,也没有任何适用于个人的测试或标准来组建最好的团队。行业领域的广度和深度是无法测试的。他认为,为完成某些复杂任务而组建的最优团队优不优秀取决于环境,因此最优团队应该是多样化的。创造森林时,你选的并不是最佳的树苗,而是能够相互适应的树苗,而这就要求树苗是多样化的。[5]

那么,选择伴侣的时候用精英政策是明智的吗?被爱之人的非关系型特质是独立存在的,可以被视为"精英"。在上文中我们已经了解到，这些特质本身并不能很好地预测持久而深厚的爱情，而这种感情的核心在于伴侣双方的互动。因此，在找寻过程中，事业成功的人可能相当不体谅他人。我们的伴侣可能接受过高等教育、很有魅力、富有且名声在外，但我们跟对方相处却像是穿上了很紧的鞋子一样，感觉很不舒服。我们可能觉得，他们对我们的事不够敏感，或者对幸福生活不感兴趣，甚至可能会因我们的成功或自主而感觉受到威胁。此外，根据精英管理制度精神，和"优于"或"劣于"你的人生活在一起是相当有问题的。通常，你们的关系质量很低，而且婚姻中可能会有婚外情发生。

尽管如此，我们在爱情中依然可以利用伴侣的非关系型特质，这些特质能为个人和双方感情的充实提供合适的环境。用精英管理制度很容易就能评测非关系型特质，而爱情的独特性是根据伴侣双方独特的互动而产生的，用比较的方法测不出来。所以，我们在寻找伴侣时可以用精英管理制度。但我们应该明白的是，在这个领域里，该制度的作用是有限的。精英管理制度帮助伴侣双方以一种有意义的和深刻的方式相处，而这样的相处需要双方有相似的出身背景和价值观。共同生活是建立在双方都能接受的价值观上的，双方的能力应该是互补的，这样，精英管理制度就是重要的了。

但建立情侣关系比组建篮球队要复杂得多。因此，如果不考虑双方的互动,就很难预测双方的感情是否能建立起来。无论如何,我们应该关注的不是找到世上最佳的伴侣,而是找到最适合自己的伴侣。

选择长期的伴侣

这世上没有完美,只有破碎的美。

——香农·L.奥尔德(Shannon L. Alder)

要离开你的爱人可能有"五十种方法",但选择一个能长期待在你身边的伴侣的好方法少之又少。在上文里,我们已经看到一些指引我们正确通往深厚爱情的路标。现在,我们来看一个新的路标。选择长期的伴侣应该主要考虑如下两点:(1)积极面和消极面;(2)深厚度和肤浅度。前者表示的是伴侣特质是有利于还是有害于双方关系的发展,是否会影响伴侣;后者指的是在时间和感情深度上有积极和消极影响的特质。所以,伴侣的积极特质和消极特质的影响持续的时间可长可短,这些影响可能是实质性的,也可能是肤浅的。

如果我们将这两种维度结合起来,会发现四种寻找长期伴侣的主要方式:

1. 清单：初见拒绝（肤浅而消极）

2. 一见钟情：初见时的吸引力（肤浅而积极）

3. 他没有什么不好的：发现对方根深蒂固的缺陷（深厚而消极）

4. 发掘出彼此最好的一面：加深积极品质的影响（深厚而积极）

前两者主要针对的是别人都能发现的、肤浅的非关系型特质，这样，人们就能与他人成为泛泛之交；后两者主要针对的是与合适度相关的深入性特质。每种方式都有各自的优点和缺陷，所以选择伴侣的时候，不应忽略任何一种方式。我们可以说，上述几种方式的重要性是依次递增的：第一种方式是最不重要的，第二种稍强，第三种更甚，第四种是最重要的一种选择伴侣的方式。

清单：初见拒绝

我们都知道该怎么做。在整理出完美伴侣的优秀和不优秀特质清单后，你要在每一项特质旁边标记这是不是未来伴侣需要具备的品质。现在的在线约会网站基本都是这样帮助人们匹配伴侣的，人们关注消极的、肤浅的特质，并快速淘汰不合适的候选人。这个过程很有趣，因为你来上网显然是为了找到好的伴侣,而不只是为了淘汰不合适的人。不过在一个选择机会如此多的环境中,这样做也是很自然的。

上述清单实践起来有两个缺陷:(1)因为没有综合考虑对方的所有特性,所以它忽略了爱情的深度问题;(2)它关注的只是对方的品质,而没有考虑双方是否会产生感情,也就是说,它没有考虑到对方能否成为合适的伴侣。

这样的清单很长——很容易就能列出十几条甚至更多——一条只能评测一种特质存在与否。在这个机械性的淘汰过程中,我们几乎无法考虑每一条特质的重要性。因此,人的身高可以与像善良这种品质一样,具有重要的意义;同样,被检测的任何特质的存在或不存在都是一样重要的。我们给予身高以及更重要的善良的权重应该是不同的,但是这一事实在勾选"存在"或"不存在"时并没有表现出来。因此,从清单的这个角度而言,我们都是肤浅的机器,并没有给不同的品质赋予不同的权重。但是,不好看的头发颜色和奇怪的发型之间的重要度差异就很明显了。将所有的特质都放在同样的篮子里,这显然降低了在寻找伴侣的过程中采用这种方法的价值。人们对清单数据配对存在负面偏见,认为清单数据配对在很多情况下是不利于寻找伴侣的,也极少有配对成功的情况(也许有时候还是很富有、很知名的配对者)。

列清单这种方法的第二大缺陷在于,它关注的是一个完美的人的品行,而不是完美的伴侣应有的特质。因此,它无法准确衡量准夫妇之间的感情状况。这个问题很严重,因为在深厚而持久的爱情里,伴侣间的合适度和互动才是更为重要的。

本杰明·富兰克林是美国的开国元勋之一,也是一位天才。早在1758年,他就写道:"向知识投资,收益最佳。"他还曾建议他的侄子用知识来寻找妻子:"你应该像会计一样,在清单上列出你要找的妻子的所有优点和你能接受的缺点,然后考虑两三天,最后再做决定。"心理学家格尔德·吉仁泽认为,富兰克林的这种记账式的方式就像是电脑程序一样(一个同时检测十八个线索的程序),其不如"找到你需要的,然后忽略其他信息"的经验法则准确。[6]

在澳大利亚作家格雷姆·辛浦生的著名小说《罗茜计划》中,男主人公唐·蒂尔曼—— 一位正在找对象的大学教授——列出了他希望他未来的妻子拥有的所有详细特征:有聪明才智、有好的厨艺、不抽烟、不喝酒、身体健康。他淘汰了许多女人,直到遇到了酒吧侍者罗茜。她抽烟、喝酒,也缺少他列在的清单上的绝大部分特征。他们一起去寻找罗茜的生父,在这个过程里,唐爱上了罗茜。他爱上她并不是因为她个人拥有什么特征,而是因为随着与她交情的加深,他觉得和她在一起时很融洽,也很和谐。这让他们的关系变得不一样起来。

一见钟情：初见时的吸引力

> 这听起来很不可思议，不过……从我第一次见到你，我就没停止过想你。
>
> ——利·法伦（Leigh Fallon）
>
> 这不是一见倾心，我花了整整五分钟才倾心。
>
> ——美国女影星露西尔·鲍尔（Lucille Ball）

因为一见钟情而选择对方成为自己的伴侣，是一种肤浅的确定对方的价值的方式。因为它并没有确定准伴侣更为根深蒂固的特质。

一见钟情之爱是强烈的。对方的外貌之美像闪电一样击中了你，让你想要永远与对方在一起。如果随后伴侣双方显现的优秀特质得到了加强和巩固——或至少不相冲突，一见钟情就可能为持久而深厚的爱奠定基础。如果不花时间去培养感情，一见钟情产生的感情就不会变得深厚。然而，一见钟情产生的爱意不应该被形容为肤浅，它只是还不够深厚而已。如果爱的时间不长，那么这种爱可能是肤浅的，但不能在爱刚冒出个头时就说它是肤浅的。同样，球赛刚刚开始三十秒，我们不会说这支球队的表现不好，因为球员们还没有射门，或者说球赛还只不过刚刚开始，球员还没有做出什么让人印象深刻的举动。

我们最多只能说:到目前为止,我们还不能判断他们的表现好不好,不过现在根据球员们的表现得出的结论是毫无根据的。

我们谈论的不是初见时产生的爱情,而是在初次相处(或相识)后产生的感情,这样的爱意存活的概率更大。初见之后的相处让我们有更多时间去了解对方的其他个性特征(如幽默感和亲和力),并让我们投入到双方参与的活动中去,比如说话聊天。此外,初次相处时,两个人之间独特的、即时的、亲密的联系可能就会体现甚至表达出来。例如,我们可能会表现出欣赏对方的智慧和才干,彼此相互吸引,相互沟通交流,且希望双方能有更进一步的关系,能有更多"偶然"接触的机会。一见钟情就是上文所述的"吸引力光环"所致的情况。在这种"光环"理论中,我们认为一个人只要被认为是美丽的,就肯定还具备其他优秀特质。第一次相处就爱上对方的情况,与"个性光环"有关。在"个性光环"中,一个人如果被认为具有某种积极的个性特征,就会被认为是有价值的,并被认为还具备我们认可的其他积极特质。应该说明的是,虽然外在的魅力在初见的时候的影响力巨大,但随着时间的推移,我们对对方的了解更深了之后,这种影响力就会下降。同样,在第一次相处的时候,聪明才智也是很重要的,但当我们了解了对方的其他特质时,这种聪明才智的影响力也会下降。

一见钟情与后来的情感关系质量之间的联系主要受两个相

互矛盾的因素影响:(1)最初的好印象对后来的情感关系质量有积极的影响;(2)选择伴侣的时间短暂,这使得一个人无法确定彼此的深厚关系,而这种关系对于长期的爱情是至关重要的。

研究表明,最初的印象对持久的情感关系有巨大的影响。[7] 所以,一见钟情时对伴侣产生的积极印象对情感关系有积极的影响。按这种观念来看,如果一见钟情的爱情发展成了持久的爱情,这段情感关系也就更有可能达到更高的质量。第一印象的重要性可以从以下这句名言中体现出来:"你永远没有第二次机会去给人留下(好的)第一印象。"

虽然积极的第一印象增加了获得持久而深厚的爱情的可能性,但因一见钟情而选择伴侣也可能对后来的情感关系产生消极的影响。事实上,你爱的人如果对你来说是一个完全陌生的人,这就产生了一种可能性,那就是你们没有太多的共同之处。这时,你们之间的爱可能是强烈的,却不深厚。的确,有研究证实,与慢慢相处而陷入爱情的恋人们相比,那些一见钟情的恋人在见面后投入爱情的速度更快,而且他们的个性相似度更低,尤其是在性格的外向程度、情绪稳定性和自主性等方面。然而,这并不一定会导致低质量的情感关系,因为第一印象的积极作用可以弥补人们在选择伴侣时所采用的肤浅方式带来的影响。[8]

从一位已婚男士如下的描述中,我们可以深切体会到一见钟情之爱的不稳定性：从我第一次在那里遇见她，我就知道我想跟她共度余生。当时我已经娶了别人，而我第一次有那种感觉。这无关性欲和激情，因为她的长相真的很一般。在我离婚几年后，我们最终结了婚。我们的婚姻生活很不错，一直没有出现过严重的问题。但后来，我因工作离家十八个月，当我回来的时候，她已经爱上了别人，不久之后我们就离婚了。到目前为止，她是我唯一真正爱过的女人，现在我对她的爱也跟初见之时毫无差别。我认为，她是我唯一的真爱，但令人沮丧的是，我却不是她唯一爱的男人。

网恋和一见钟情类似：我们并未掌握所需要的所有信息，但会以理想化的假设来填补缝隙。就像一见钟情一样，网上聊天在某种意义上跳过了通常的信息处理过程，直接把信息"注入"了大脑的评估系统。因此，我们可以称其为"初聊钟情"。例如，人可能在第一次聊天时注意到了对方的幽默感和机智，从而迅速爱上对方。[9]就像在现实的情感关系中的吸引力一样，幽默感在人们第一次网上聊天时也会产生巨大的影响，而一旦人的其他特性显露出来，这种作用的效果就会大打折扣。如果机智被认为是肤浅的，而善良和智慧等更深层次的特征被发现是缺乏的，那么机智最初的积极影响的分量可能会减少。

虽然第一次相处后产生的爱情比一见倾心的爱情更为深刻，但这样的爱情仍然可能是肤浅的，因为人们并不能确定，潜在的伴侣是否真实地展示了自己。即便第一次相处后产生的爱意的确有深厚的特质,但由于相处的时间太过短暂,双方无法进行全面、复杂的交流。然而,如果第一次相处是从网上聊天开始的,然后再转为线下交流,找到深厚爱情的可能性就会增加。

有意思的是,虽然视觉在产生外在吸引力方面起着重要作用,也对人坠入爱河有实质性的作用,但研究表明,相对于其他感官交流,只用语音交流更容易使人产生情感共鸣。在确定一个人的情绪时,听觉比视觉更准确,相应地,有时候在电话里交谈比当面沟通更容易辨识他人的情绪。[10]网上聊天也是一种智能交流,它能够促使人们陷入恋爱中。这一事实表明,爱意可以被许多不同的互动方式激发出来。在成功的案例中,沟通方式的多样化会增加双方感情的深度,因为这样的多样化能够展现出未来伴侣的更多特质。

他没有什么不好的:发现对方根深蒂固的缺陷

> 聪明的人明白该忽略什么。
>
> ——美国哲学家威廉·詹姆斯(William James)

与前两种寻找伴侣的方式不同,这种方式需要考虑对方更多根深蒂固的特质。当我们没有发现对方具有的潜在的消极特质时,这位伴侣就会被我们接受。与清单数据配对模式相比,发现伴侣根深蒂固的特质更复杂,也更现实。它假定人会认为伴侣是存在缺陷的,因此人会只关注伴侣根深蒂固的缺陷。在这里,我们发现,虽然我们可以学着去适应肤浅的、暂时性的缺陷,但根深蒂固的缺陷却会对持久的爱情关系造成威胁。

美国心理治疗师、研究员洛里·戈特利布讲过一位名叫马达希尔的女士的故事,她的婚姻是由父母做主安排的。当她见到未来的丈夫时,根本没有产生爱的火花。虽然在找到合适的伴侣之前,马达希尔可以跟任何她想要交往的男人约会,但她还是决定嫁给他。她给出的理由是"他没有什么不好的"。现在,经过十年的婚姻,他们的感情很深,马达希尔对伴侣的评测也主要关注伴侣的消极特质方面,不过她却在心里排除了那些消极的特质。这个过程旨在确定这个人对你是不是"无害"的,而这也成为你决定是否给予对方与你进一步发展机会的缘由。这种寻找伴侣的方式并没有完全排除外貌的因素,但按这种方法,在持久的爱情关系中,外貌显然是不重要的。因此,马达希尔说:"外貌很重要。我认为,是的,他要看起来很酷,但不一定要非常俊美。"[11]

与外貌吸引力的提高对新的情感关系普遍产生的积极影响相比,外貌吸引力高低对婚姻质量的影响并不显著。只有当外貌吸引力远远超过配偶的吸引力时,人们对自己配偶的外貌不太满意的态度才会影响到婚姻关系的质量。[12]

关注根深蒂固的缺陷似乎是一个明智的决定,但这需要人们投入更多的时间,并进行更细致的探索才能发现。因此,发现诸如"对感情不敏感"之类的根深蒂固的缺陷要比发现诸如"身高不够高"之类的肤浅的缺陷要难得多。本着"他没有什么不好的"这种想法,观察彼此是否合得来是有价值的,但在很多情况下,这样是不够的,我们应该找到更多根深蒂固的优秀特质。

发掘彼此最好的一面:加深积极品质的影响

> 你让我想要成为更好的男人。
>
> —— 电影《尽善尽美》主角梅尔文·尤德尔(Melvin Udall)

我们已经了解到,发现人的消极品质比发现人的积极品质要重要得多,但这并不意味着,了解对方的积极品质就毫无价值。要建立持久的爱情,根深蒂固的积极品质是非常重要的。一种对于维持和巩固双方关系特别有价值的积极品质能够发掘出彼此最好的一面。这就是之前提到的"米开朗琪罗现象"。在这种现象中,相爱的人以一种与他们的理想相一致的方式对待彼此，这激励他们表现得更接近自己理想中的自我，从而对自我感觉良好。正如心理学教授芬克尔说的那样，有时候我们也会见到"逆米开朗琪罗现象"——伴侣双方会发掘出彼此最糟糕的一面，而不是最好的一面。既能发掘出我们最好的一面，也能发掘出我们最糟的一面的是我们的父母、兄弟姐妹和孩子。[13]

要寻找对持久的情感关系很重要的根深蒂固的积极特质是很复杂的，一部分原因在于，人们只有通过长期的共同活动才能发现这种特质。因此，在情感关系的初期，我们并没有掌握关于这些特质的所有信息，只能用并不管用的计算清单的方式去推测对方的个性特质，然后判断对方以后的行为。相反地，我们可能不得不效仿专家，使用经验法则，在没有经过深思熟虑的情况下增加解决问题的可能性。在缺乏相关的信息时，我们是不能用这个法则的。

这时，我们会列出对方的一系列特质，并重点关注积极或消极的主要特质，然后再决定要不要选择对方作为自己的伴侣。如果你认为你的伴侣能够发掘出你最好的一面，就有理由选择与对方共度一生。这种方法有助于我们找到深厚的爱情，但在如今这个快速而肤浅的网络约会世界，这种方法几乎不能使用。要想发掘出彼此最好一面的根深蒂固的积极品质，双方需要不断地共同参与各种活动。

前两种挑选伴侣的方式,即清单数据和一见钟情都是很肤浅的,虽然在排除不合适的候选人方面提供了某些益处,但从长远的角度来看,它们的价值有限。后两种方式,也就是发现对方根深蒂固的缺陷和发掘彼此最好的一面影响更为深远,而且将培养深厚的爱所必需的心智和情感因素综合了起来。虽然在选择伴侣时我们更在乎对方的消极特质,但从长远的角度而言,积极的特质具有同等的重要性,其重要性甚至会完全超过消极特质。

线上约会网站和爱情的深度

> 最后,网恋的新奇感消失了。我发现,这样得来的感情显然缺乏深度……网恋让我心头空落落的。
>
> ——一位女士

近年来,网恋已成为流行趋势。线上约会网站旨在促进两种不同的爱情活动:(1)让人们选择伴侣;(2)促使双方培养持久而深厚的爱。

这些网站很擅长做第一项任务。如今,互联网是单身人士遇见初恋的首要场所。的确,现在通过网络而恋爱的人比通过线下交往而恋爱的人要多得多。在线搜索的价值对那些面临

"狭小"约会市场的人(如同性恋者和中年丧偶的异性恋者)来说很有用,尤其是在确定潜在伴侣这方面。这些群体也是最可能依靠互联网寻找伴侣的群体。这些网站能否完成第二项任务还是个未知数。这些网站用的测算方式在避免不太可能成功的配对方面具有很高的预测性,这构成了最可能的配对,但是它们仍然提供了一少部分潜在候选人供人选择。[14]

我并不是说网上配对是培养深厚爱情的阻碍。约会网站虽然能给人提供无穷无尽的选择,却不鼓励用户将某人当作长久的伴侣来对待。相似地,情感关系的破裂几乎不受线上或线下的影响,那些通过网恋结识而相处时间更久的伴侣,尤其是那些已婚和已同居的伴侣,更难以分手。[15]在一起相处的时间越长,伴侣间的情感会越深,而分手所需要付出的代价也就越大。

因为深厚的爱情是通过各种独具特色的共同活动培养出来的,而网恋时双方可以共同参与的活动有限,所以培养深厚爱情的可能性减少了。仅仅通过网上约会交流,我们很难判断对方有什么根深蒂固的缺点和优点。由于缺乏多样化的互动,彼此最好的一面无法被发掘出来,双方也无法进行更深入的沟通交流。婚恋网站声称,情感关系的基本质量能够从潜在伴侣的个性特质中推测出来,而这些特征在他们相遇之前就存在。事实上,芬克尔和同事们认为这与大量的科学研究结论相反——大量的科学研究表明,人本身拥有的个性特质对情感关系的影响并不大。[16]在有些情况下，男女双方在认识之前，乃至在婚前从未见过面，但经过牵线搭桥就走到了一起。这时候，个人本身的特质对两人的情感关系影响就更小。

融合线下和线上互动的所有优势通常是好的。当网恋已经发展到双方真正见面，并在现实中确定关系，而且双方能够真切感受到彼此的个性，能够发现彼此身上适合培养感情关系的特质时，上文所述的那种融合才会发生。线下的情感关系不应阻碍双方的网上沟通；相反，线上的沟通交流会透露更多关于彼此的信息。

当双方继续活跃在婚恋网站上，并进一步去接触其他想要结识伴侣之人时，线上和线下活动的融合就是有害的了。继续这样使用网恋平台是人们不能获得深厚爱情的主要缘由之一，因为若继续去认识更多的人，深厚的爱情就很难被培养出来。这些婚恋网站在找寻伴侣候选人方面是个很不错的工具，但要想确定持久而深厚的爱情，光靠这些网站可不够。这些网站就像是虚拟的咖啡屋，主要是供人了解潜在伴侣的所在地，让人对对方有初步的印象，以便他们确定以后是否要在线下交往。

结束语

虽然好看并不能当饭吃,但我还是喜欢和长相英俊的男士出去吃晚饭;而和长得丑的男人在一起,我什么也吃不下。

——一位单身女士

选择长期的伴侣之所以复杂,是因为天作之合真的不是由已经存在的个人特质决定的。只有经过持续不断地互动,双方才能判断彼此是否合适,并由此来确定是否可以成就一段天作之合。这里的主要问题并不在于双方本人有多么优秀,而在于他们有多么适合彼此。选择伴侣时,双方的合适度比彼此任何的个人特质都更加重要。相应地,以个人过去的成就评判一个人优劣的精英管理制度,在挑选终身伴侣这方面的作用有限,因为伴侣的主要价值在于彼此是否合适,而不在于其表现如何。

在评估选择伴侣的方式时,重要的是思考每种方式最优先看重的是人的哪些品质。虽然我们的头脑既会关注积极的特质,也会关注消极的特质,但这些特质对确保深厚的爱情并没有非常大的作用。列出一份伴侣身上让人无法接受的、肤浅而消极的品质的清单是没用的,因为这些特质在预测一段持久而深厚的情感关系方面没有多大价值。相似地,在一见钟情的爱情中,因初见时观察到的那些肤浅的积极特质而产生的激情和强烈的爱意,也无法确保情感关系能够深入发展。选择伴侣的时候,我们应该关注的是根深蒂固的特质,尤其是其中的积极特质。如果能够发掘出彼此最好的一面,这段情感关系就很可能会成功。然而,在情感关系的初期,这种能力很难体现出来。

Chapter 9

恋爱关系

你的爱有多深？我真的需要知道，因为这世上有很多傻子会让我们崩溃。

——比吉斯乐队（Bee Gees）

我们已经了解了爱情和爱情妥协的特性。现在,我将开始论述,这些特性在真正的爱情关系中是如何表现出来的,同时特别关注这些情感关系中的时间问题。本章讨论的主题包括如下几个方面:没有完美结局的爱情、爱情中的好奇心、恋爱上瘾、爱得过分,想要和爱人在一起的愿望的本质,爱得更久还是爱得更深,以及决定说"我爱你"的最佳时机。

没有完美结局的爱情

你曾经来过这世界,现在你走了,这世间也有了一个洞,白天的时候我常常经过那里,晚上却总是掉下去。我非常想你。

——美国女诗人埃德娜·圣·文森特·米莱(Edna St. Vincent Millay)

> 玛丽亚·埃琳娜过去常说，只有未实现的爱情才是浪漫的。
> ——电影《午夜巴塞罗那》中的角色胡安·安东尼奥（Juan Antonio）

跟持久而深厚的爱情体验不同，强烈而短暂的爱情体验是不完美的，是一种未完成的事业。通常，我们都会被不完美的、不寻常的、未完成的、未解决的、原因不明的或不确定的东西所吸引。虽然这样的体验通常伴随着悲伤和挫折，但我们仍然想要去见识一下。人们的欲望，比自己本来拥有的或可以争取到的要多得多。我们的能力有限，拥有的资源有限，但愿望几乎是无穷无尽。尽管我们竭尽所能地去实现它们，但最终真正实现的少之又少，许多愿望都未完成就已搁浅。

没有完美结局的爱情体验也是一种未完成的事业，在这种体验中，爱是存在的，但没有完全实现。不完美的爱情体验是充满感情色彩的，在这样的体验中，爱没有完全被接受和认可。人总渴望着能够补充完整，缺失的那一部分就像爱人心上的一个洞，既无法填满也无法忽略。因此，它总会让人产生强烈的挫折感。看起来似乎不那么令人满意，但适度的沮丧感在某些情况下是有益的。

在定义完美的追求者时，罗伯特·格林就介绍了让爱情互动保持不完美的方法。这些方法包括增加暧昧，欲拒还迎，掌握暗讽的艺术，混淆愿望和现实，将欢乐和痛苦结合起来，弱化性欲但不完全让它消失，不遵照规则行事，不让对方很快得到满足，不让对方完全满足。[1]

一种不完美的爱情关系指虽然结局不完美，但感情却强烈，这种关系是许多书籍和电影的主题。在这些作品中，主角们为了与心爱之人在一起，经历了重重磨难，不能与心爱之人在一起对他们而言是巨大的妥协。虽然不完美的爱情体验缺乏正常情况下的深厚的爱情的基本特征，但其也有自己的优势，尤其是能够在长时间内让爱情保持最初的强烈程度。

另一种不完美的爱情关系就是双方的感情很深，但他们没有性生活。在这种情况下，爱情的强度除其他因素外，还由其不完美的特性决定——想要达成的爱情愿望未能实现，总觉得这一段情感关系还缺少些什么。未达成想要的结果的事情不仅会让人觉得兴奋刺激，也会给人带来痛苦。这是因为我们总是因没有完全实现愿望而产生挫败感，这种挫败感对我们来说是有价值的。一旦这样的情感关系得到了完善，例如双方开始了性生活，情感的强度就会减弱，这段关系就会结束。这就是12世纪的吟游诗人们所吟诵的不完美却庄严的爱。他们咏唱的是"一种全新的、温情的婚外恋，这种爱情（在理想状况下）是不包括性爱的，因此，它让贞洁的恋人变得更加高贵和高尚"。[2]

网恋通常有这种"没有完美结局"的特征，因为它只要还未转换为线下交往，这种爱情就还是不够完整的。从这种意义上而言,网恋就像是一种长期的求爱行为。这里的矛盾之处在于,网恋的情感因为不能共处而显得格外强烈,而这让人渴望去建立更完善的情感关系——但这种共处的情感却不再那么强烈,甚至有可能导致双方情感关系的终止。[3]网络空间缺乏私密性和单一性。在网络空间里,我们一直在追寻和查找,永远无法安定心神。网络上发生的事情,其发展过程是不稳定的,开始和结束都不在人的预料之内。这种永不结束的事情,就跟未完成的任务类似,增加了不确定性和人的挫败感,因此人产生的情感和情绪就会很强烈。

爱情中的好奇心

我想知道爱究竟是什么,我想让你告诉我;我想要感受爱的滋味,我知道你能让我感受到。

——佚名

人若是对蜜蜂活动太过好奇,那就会经常被蜜蜂蜇。

——亚历山大·蒲柏(Alexander Pope)

从柏拉图和亚里士多德,到斯宾诺莎和康德,哲学领域有一种悠久的传统思想,认为了解是道德行为的必要组成部分,是人们过上良好道德生活的关键所在。因此,拥有足够的了解是人们获得幸福的缘由。而另一种历史悠久的传统观念认为,了解是通往幸福之路的巨大阻碍:《圣经》中记载,亚当和夏娃因为吃了智慧树上的果子,所以被驱逐出了伊甸园。潘多拉的盒子的传说也传递了类似的警告:潘多拉因为想要知道上帝给予她的盒子里究竟有什么,所以打开了盒子,从而给这世间带来了苦难。

爱情中对对方的了解的作用也是矛盾的。很多流行歌曲里就表达了这样一种观念——对对方的了解与浪漫爱情紧密联系,例如,"我越了解你,就越爱你"。另一种不同的观念则强调了对对方了解的缺乏的作用。神秘感在爱情中的作用,尤其在性欲方面,正如诗人泰戈尔所言:"爱有无尽的奥秘,因为没有任何其他的东西能够解释它。"这些相互对立的传统观念表述了对对方的了解与爱情之间关系的复杂性。在我看来,爱情中了解对方通常是有益的。不过,积极的幻想、一定的神秘感和好奇心也可以是有益的。

了解他就是爱他吗?不一定

第二次结婚的新娘不戴面纱,因为她想看清楚她要嫁的是什么人。

——海伦·罗兰(Helen Rowland)

我以前的一位学生告诉我（在我参加一次葬礼时），多年前她曾参加过我的情感课程，她很喜欢那门课程。"我总是想起，"她说，"您在上课时曾经弹奏过的《了解他就表示你爱上了他》这首曲子，您评价说'这首歌很棒，不过有个小小的问题——它的主题在通常情况下是错误的'。这么多年过去了，我一直和我丈夫一起生活，我也认识到了您那句评价有多么正确"。我告诉她，现在我认为状况更加复杂了。在通常情况下，这句话是错误的，但在某些条件下，它也有一定的合理性。

了解显然不能解决所有的问题。然而，它能使我们更好地处理爱情中的复杂情况。了解能够增加我们的适应能力，帮我们认识到自己的能力和局限性。当然，越了解对方，我们就越难过，但这并不意味着我们完全不去了解对方正确的选择。虽然在特定的情况下，神秘、幻想和一定的好奇心会有一定的价值，但如果将它们当作一种生活方式，那它们对我们则有害而无利。

我们对自己所爱的人，以及我们自己的爱情观了解得越多，就越能发掘出对方最好的一面来。这并不是说我们就应该夜以继日地思考我们的情感问题和伴侣的缺陷。我们应该做的恰好与之相反。在意识到这些困难并尽了最大努力缩减其带来的痛苦影响的同时，我们也应该关注生活中积极的那一面。反复思考我们无法改变的事情只会提高它们在我们生活中的地位，从而增加它们的影响。爱情智慧是一种以信息为基准的智慧,它让我们更重视他人的积极品质,而非消极品质。

我们要知道,伴侣的每一种品质都可以对我们的生活产生影响,而且一种品质的影响加深甚至能帮人重新点燃爱情之火,增加爱情的深度。情感专家费希尔对相爱的人做的一项调查显示,约60%的受访者认为,他们喜欢爱人的一切,尽管爱人有一些缺点,但这些并不影响他们对对方的爱。[4] "对不同品质的重视度不同"的观念,跟"对婚姻的期望不高"这种观念并不相同。降低对爱情的期望值可以降低失望的风险,让我们在面对爱情时不那么兴奋,但它不能为长期的困境提供解决方案,只是为我们避开困境提供了一条道路。对某些特质给予更多的重视,而对其他特质给予较少的重视更具有建设性。

给予不同的特质不同的重视度,其基本上是一个主观的任务,但并不完全由我们自己掌控,因为这种评判会受到生理、心理和社会条件等各种因素的影响。主观上的分配有助于增加伴侣的感知价值,但即便我们有积极幻想的能力,某些消极的影响也是不容忽视的。

一个人会有太多爱情的好奇心吗?

我不想知道你的新女朋友是谁,不要跟我提她。

——卡伦·玛丽·奥斯特德(Karen Marie Ørsted)

毫无疑问,相互了解有助于增进双方的感情。然而,有时了解得太多,或者说好奇心太重也可能会伤人。在爱情国度里,人们通常都会想方设法地去了解所爱之人,认为了解得越多越好、越详细越好。因为这能让他们更全面地了解对方,从而巩固他们的情感关系。例如,了解对方过去交往过什么样的恋人能帮我们弄明白对方的个性特征,但也会造成痛苦。对许多人而言,知道爱人以往的性爱经历会让他们对自己与爱人的性行为产生心理阴影。正如一位已婚妇女所说的那样,在不忠于感情的事已经发生的某些情况下,无视这些事才是更好的选择。也有些人可能只想要了解爱人的爱情经历,但不想了解他过去的性爱经历。还有一些人可能根本不想讨论这样的事情。

爱情的好奇心与一种现实的态度紧密相关。我们都想知道爱和性的真正含义,同时也想真切体验爱与性。相应地,人们往往不想错过任何可以打开爱情之门的机会。而且,凭借我们强大的想象力,我们希望看到并领略超出我们当前现状的事物,想要去亲身体验那种美好的风情。然而,打开沿途所有的爱情之门会让我们付出昂贵的代价,那些打开的门可能会阻挡你回家的路。为了让自己自由做出选择,我们不得不罔顾现实,因为现实有它本身的局限性,包括限制了我们可用的资源。如果拥有了自由选择的权利,那我们对一段情感关系的投资就会很少。然而,关上爱情之门无法满足我们的好奇心,而且也不符合我们千变万化的生活。认识了自己的配偶之后,很少有人会说自己对其他人没有一点激情。更常见的是,我们对其他人的好奇心依然存在,但并没有转化为实际行动。

提出"什么是爱"这个问题,反映了人们对爱浓烈的好奇心。然而,总是想要寻找新鲜感、搭讪其他人,这种好奇心是有害的。关上某些打开的门会限制人们的好奇心,可能会让人产生做出了爱情妥协的感受。这样的体验令人不快,但在一个有无限选择、投入资源有限且价值观相冲突的世界里,这样的体验是必要的。

爱情观望

你在观望物色……你不是真正想买什么,只是随意看看而已。

——汉克·威廉姆斯(Hank Williams)

> 没结婚的时候,我并不知道自己的价值。现在,我结婚了,脸上也有了皱纹,可是为时已晚。
>
> ——一位已婚女士

橱窗购物——浏览无意购买的商品——是由人们的好奇心推动的一种流行的消遣方式。爱情观望指的是跟不同的人交往,却无意开始一段深厚的感情。橱窗购物和爱情观望都是肤浅的、内在的活动。它们在短期内是能令人愉悦的,但通常不会产生直接且深远的影响力或持久性的效果。然而,如果它们能提高我们的幸福感,那也能产生累积性的价值。在这两种情况下,人们只是想要寻找"这城里最好的买卖"。

购物是一种外在的活动,其成功与否取决于它的效率:以尽可能少的钱买到最优质的商品。橱窗购物是一种内在的活动,这种活动令人心情愉悦、放松,让人觉得自由。就像其他内在的活动一样,这是一种不紧不慢、毫无压力的活动。当开始享受这种活动本身时,人们就没有理由快速终止它。

爱情观望就像购物一样,它本来是外在的、有目的性的活动,我们参与这样的活动是为了得到想要的物和人。就跟购物一样,观望的一项主要活动就是寻找合适的"商品"(人、货物)。为了成功完成任务,搜寻应该是高效率的:投入最少的资源(如钱和时间),获得最想要的结果。不出所料,经济学家和其他学者在谈到择偶的话题时通常以市场来比喻。[5]就像橱窗购物一样，某些约会是内在的活动，人们赴约只是为了观望，而并不想要"购买"某人，或是订下终身。

橱窗购物是一种肤浅的、内在的活动，能够改善你当前的情绪，但不能真正提高人的基本能力，如打情骂俏这样的爱情观望就是如此。打情骂俏带着戏弄的味道，令人心情愉悦，对人无害。它有爱情所需要的欢快和魅力，但缺乏情感深度。通常，很多小事情对提高我们的幸福感有很大的贡献。正如上文所述，肤浅的活动不一定就是糟糕的、没有价值的。我们不应只沉浸在有深远意义的活动之中，有时候也需要享受肤浅的活动。当以适度的方式追求时，肤浅的活动也是有短期的意义的，只有当我们过分沉溺其中时，它们才对我们有害。

研究显示，女人比男人更热衷于购物，也比男人更喜欢浏览商品。相应地，她们也更喜欢橱窗购物。绝大部分男人都不喜欢去商场闲逛，而许多女人将购物视为一种放松的体验，就像去餐馆吃饭，去酒吧和咖啡屋喝饮料，去看风景或是在城里闲逛一样。虽然现在参与传统购物的男人多了，但他们购物更追求效率一些，更趋向于"拿了就走"，而不去体验购物的社交功能或让人心情放松的功能。[6]

在爱情上，男性更倾向于采用观望策略。无论是采用看色情图片和影片这类被动的观望策略，还是打情骂俏这类主动的观望策略,男性对爱情观望的参与度都很高。男人在爱情观望时,内心里有强烈的功利主义动机。当男人勾搭女人时,通常会将对话主题往性爱方面引,因此将爱情的"观望"调情变成"硬核"调情。

总而言之,橱窗购物和爱情观望在短期内都能给人带来愉悦的感受,但极少能给人带来深远的影响或产生长期性的结果。爱情观望也许是一种享受,甚至是一种明智的做法,但也要谨慎,我们不能低价"出售"或廉价"购买"。

恋爱会上瘾吗?

爱就像兴奋剂一样,我们不关心它维持时间的长短,只关心我们的爱能达到什么高度。

——佚名

爱若不疯狂,那就不是爱了。

——佩德罗·卡尔德隆·德拉巴尔卡(Pedro Calderón de la Barca)

把爱情视为一种瘾或疾病是一种古老的观念。这种观念的另一种不太极端的表达方式就是,某些人爱得"过分"了。毫无疑问,爱一个人就会持续地关注对方,这种持续性的关注就是成瘾或过分行为的一部分。然而，某些爱情中的持续性关注行为总是糟糕的吗？这样的爱应该被视为一种瘾吗？

爱与成瘾的关系在文学、哲学、心理学、精神病学和脑内研究方面的文献中都可以看到，而且现在仍然很常见。然而，"爱成瘾"和"性成瘾"这两个术语是有争议的。在某些疾病分类中并没有列出这两项，但是却有一个常见的替代性术语——"过度性冲动"。这种争议体现了这个问题的极度复杂性。在我看来，深厚的爱情不是成瘾，尽管深厚的爱情中具有成瘾的某些特征，如全情投入。此外，不是所有的全情投入都是有害的，若全情投入能让人过得更充实、更幸福，那就对人有利，而不是成瘾的特征。

对爱痴迷，被认为是爱成瘾的主要特征，其定义是"对一个通常不合理的想法或感觉的持续不断的令人不安的关注"。[7]这里，"令人不安"和"不合理"是关键词汇。只要没有影响到人的充实生活，执着于一种观念或一个人本身就没有什么问题。为了阐明爱情中的这个问题，我转而使用"重复"和"爱得过分"这两个概念。

"重复"就是有规律地、间歇性地不断反复发生的行为或事情。在人的行为上，重复通常有消极的含义，尤其是当不断地说什么或做什么却没有得到任何回复或收获时，重复就是毫无意义的行为。的确，重复地做某事会让人感到厌烦，会降低人的能力。那我们为什么要为重复出现的事物浪费时间和精力呢？这与这样一个事实是一致的，即情绪是由人在感知到处境发生重大变化时产生的，而不是由同一事件的重复发生而产生的。

我们可以谈一谈有价值的重复性活动吗？正如上文所述，人的许多才艺，如舞蹈和游泳，都是通过重复性练习而得以巩固的。在这些情况下，重复性活动是有价值的，因为没有重复性练习，这些能力就会被削弱或无法发展。如果重复性活动出现的频率过高，或者干扰到了其他令我们感到充实的活动，那这样的重复性活动就是有害的。深厚的爱情包含了一种积极的情感投入，这种情感投入能巩固人的充实生活，而不是那种从定义上来看就有消极意义的"痴迷"。深厚的爱情涉及内在发展的过程，它不会让人感到厌烦，也不会扼杀人的能力；相反，这样的内在发展还能够增强人的能力，让人过得幸福。

无论是深情还是不褪色的强烈爱情，都不应被视为"痴迷"。不褪色的强烈爱情指的是在性方面（或其他方面）对爱人无休止的渴望。这不是一种毫无意义的、机械性的重复体验，而是对重要之人的一种持续性的急切渴望。

如果重复性的活动对人的成长、成熟无益，就会失去价值，或被视为一种瘾，如性爱活动。性爱活动是相当有重复性的活动，因此，过度的性行为就失去了其原本的价值，甚至被视作一种瘾。一项研究显示,虽然频繁的性爱活动更能增强爱情关系双方的幸福感,但如果一周超过一次,这种联系就不那么显著了,因此"性爱频率与幸福感之间的关联性最好用曲线(而不是直线)形式来表达"。[8]其他重复性活动,如看电视、闲聊、玩电子游戏,都是会成瘾的。

爱得过分

我们拥有的东西太多了,但我们似乎仍然觉得不够。

——德国作家彼得·库采克(Peter Kurzeck)

婊子太多,女王太少。

——玛丽莲·梦露(Marilyn Monroe)

大部分人都希望得到比自己拥有的更多的东西有:更多的钱,更多的房子,更多种的巧克力,脸书上更多的"赞",更多的性爱活动,更刺激的爱情体验。这些愿望虽然看上去很自然,但却是有问题的,因为多样化的选择是要付出代价的。这些代价之一就是在面临多样化的选择时,我们会对已经拥有的不太满意。在开始讨论这个问题之前,我先考虑了一下"过分"和"不够"的标准,然后论述爱是否会"过分"这个问题。

多就太过了，太多也不够

> 故知足之足，常足矣。
>
> ——老子《道德经》

在继续讨论"足够好"的伴侣时，我转而去关注巴里·施瓦茨对倾向于利益最大化的人和倾向于"满意解决法"的人的区别。施瓦茨认为，追求利益最大化者固执地仅接受最佳的选择；而使用"满意解决法"者追求的是令人满意的结果。相应地，追求利益最大化者比使用"满意解决法"者更喜欢拿自己拥有的与他人拥有的做比较，且进行交易时花费的时间也更长："追求利益最大化者比使用'满意解决法'者花更多的时间拿自己的交易决策跟他人的决策做比较。追求利益最大化者在交易之后更可能体会到遗憾的滋味……追求利益最大化者对他们的交易决策也更不乐观。"[9]

我们的爱情世界也很适合用施瓦茨的上述言论来描述。如果我们将上述文段中的"交易"改成"伴侣"，就能很好地解释不同的求偶之人的不同倾向。

这里，我们要记住上文所述的完美的两种定义（没有缺陷的伴侣和最合适的伴侣）。爱情利益最大化者决心找到"最好的"爱情伴侣，而追求满意爱情者则专注于寻找最合适或者足够好的伴侣。相应地,爱情利益最大化者也比追求满意爱情者花更多时间来做比较:他们把现在的伴侣、过去的伴侣、其他追求自己的人和其他人的伴侣做比较。他们更有可能在做了一场爱情"交易"之后感受到遗憾、后悔,并花时间去思考假想的其他爱情伴侣。跟那些在爱情中不追求利益最大化者一样,他们对自己的爱情决策往往不如追求满意爱情者乐观。

施瓦茨设计了一种量化指标来衡量利益最大化和满意的倾向。他说,与满意倾向得分高者相比,利益最大化倾向得分高者对生活的满意度更低,他们过得更不开心,且对生活更不乐观,更沮丧。在爱情上追求利益最大化者也是如此,他们徒劳地寻找"最好的"伴侣,这让他们焦躁不安,对生活和现有的情感关系感到不满,而且也不如满意者快乐和乐观。所以,追求利益最大化者虽然在爱情上可能有得到爱情的机会,但在个人幸福方面付出了高昂的代价。

施瓦茨还说,尽管追求利益最大化者从客观上而言可能比追求满意者做得更好,但从主观态度上而言,他们的感受却更差。利益最大化者的伴侣可能有更好的非关系型特质,如外貌更俊美、受教育程度和社会地位更高。然而,利益最大化者总是认为,因为他们在做出爱情决策时放弃了某些东西,所以对情感关系的感觉就更糟,而这也使情感关系的整体质量降低了。爱情的满足感与你对爱情感到的快乐感觉有关,如果你总认为还有"更好"

的人在等着自己,那就很难对现有的情感关系感到满足。[10]

美国经济学家理查德·塞勒和法律学者卡斯·桑斯坦也讨论了不断选择的驱动力。在他们看来,经济学和平常生活中普遍存在一种观念——拥有更多的选择永远不会让你变得更糟,因为你总可以拒绝其中的一部分选择。他们说这个观念也存在一个大问题,即这一原则没有考虑到人的自控力、外界的诱惑,以及短期愿望和长期利益之间的冲突。施瓦茨指出,利益最大化者总是想要得到更好、更多的渴望,而这些让他们普遍对生活感到不满,也降低了他们的幸福感。塞勒和桑斯坦批评那些拥有更多渴望的人,这主要是因为这些渴望更看重肤浅而短期的欲望,而忽略了我们内心深处长期的需求。这些批评之语都是很有说服力的。[11]

事实上,拥有更多或努力寻找更多东西通常是不好的。因此,我们总能听到"多即少""少即多""好东西太多了""太多了也不够"这样的说法。这些话语虽然表述的都是反对拥有太多东西的观念,但对过量产生的负面影响的侧重点略有差别。

施瓦茨认为"多即少"这种观念与"多就太过了"这种观念类似,指的是决策过程。在爱情中,这指的是现在的爱情抉择太多了,人们总是在搜查、寻找,从而削弱了他们建立深厚而持久的爱情的能力。这样,人们就总会觉得沮丧、难过、孤独。"少即多"这种观念也有类似的含义,即可供选择的潜在伴侣越少,你就越能与之建立深厚而有意义的情感关系。从这个角度而言,数量越少(潜在的备胎人选越少),情感关系的质量和深厚程度就越高。"太多了也不够"这种表述也是指一种不平衡状态,即我们无法满足于我们所拥有的。

差不多、太多和太少的判别都是要依赖语境和环境的。亚里士多德认为,活动最重要的不在于数量多少,而在于是否合适——在特定的环境下,适不适合做这样的活动。按这种观点,找到合适的平衡点是让情感关系健康发展的关键所在。

我们能过分地爱吗?

> 在这个极端的世界里,我们只能付出一点点爱。
>
> ——理查·坎纳雷拉(Rich Cannarella)
>
> 我爱你太多太多了……但我的爱就是这样,我也无法控制我的心。
>
> ——迪安·马丁(Dean Martin)
>
> 好东西太多真是太棒了。
>
> ——梅·韦斯特

深厚的爱情是大家都想追求的,因为它需要人付出关心,而且能让人过得幸福而充实。我们很难弄明白这样的现象有什么要批评的。无论如何,人们总会批评相爱的人,尤其是那些爱得过分的人。女人能告诉她的伴侣她太爱他了吗?在讨论这个问题之前,我先来论述一下另一个相关的问题,即人是否能够太过开心。

开心对我们的幸福很重要。的确,有研究显示,在健康、工作和爱情等主要领域里,开心的人通常比不开心的人做得更好。[12]但是,也有一些因太过开心而带来危害性后果的案例。弗吉尼亚大学哲学系教授大井健弘(Shigehiro Oishi)和同事们称,幸福的程度因人和环境的不同而异。因此,幸福程度最高的人是在亲密关系方面最成功的人,而幸福程度稍低的是那些在收入和受教育程度方面最高的人。他们还声称,虽然想要收获更多可能是人们追求更多收入和更高等教育的动机,但在亲密关系方面,想要获得更多可能是有害的,因为这会促使人们去追求尽可能多的潜在伴侣。[13]

爱情似乎也是类似的——它对我们的幸福很有益处,但是在某些情况下也可能是一种"太多就过分"的事物。正如我之前所说的那样,深厚的爱情不会让人感到厌烦,不会削弱人的能力,反而会让人内心充实,能够拓展人的能力,让人获得幸福。因为深厚的爱情是人充实生活的驱动器,它给人带来的益处是深远的。正如我们不会因书的艰涩难懂而批评作者一样,我们也不会因为他人对我们的爱太过深厚而批评对方。如果这种深厚的爱让我们忽略了其他有价值的活动(无论是深刻的还是肤浅的），那我们就可以说它"太过"深厚了。跟其他令人充实的活动一样，深厚的爱情是有价值的。因为它与爱人的个性和其身处的独特环境具有联系，所以，这时并不会产生有害的成瘾问题。

当然，我们都想和自己爱的人在一起。我们享受内在的、有意义的爱情活动本身，并有理由希望反复参与这样的活动，让它们变得更有意义，令我们更愉快，像写作和画画这样有深远内在价值的活动也是如此。当然，只要参与这些活动不会阻止人们参与其他必要的和能令人感到充实的活动，这样的活动频率自然就没有合适与不合适之分。

这些活动与爱情的深厚程度不一样，爱情过于强烈就是过分。因此，女人对伴侣强烈的激情可能会导致她发现不了或至少不承认伴侣对她的态度很糟糕，或者不承认他们的情感关系几乎没有长期发展下去的可能。相反，因为深厚的爱情对个人的充实和幸福有利，所以我们没有准确评判充实和幸福过度的标准。然而，如果人们认识不到什么是对自己爱的人和自己有利的，那么将一个人深厚的感情转化为具体的行动可能是有害的。

深厚的爱情的表现跟"爱成瘾"或"性成瘾"是完全不同的。为了理解这一差异，让我们想一想有深远意义的活动和意义肤浅的活动之间的差别。在这一方面，斯坦顿·皮尔和布罗德斯基在他们的《爱和爱成瘾》一书中声称,爱和成瘾的区别不在于爱情的强弱,而在于其狭隘性。[14] 人们若深爱着伴侣,那就会想跟爱人共同去体验各种令他们感到幸福而充实的活动,而性成瘾则让人们只想要与对方重复做爱。性成瘾者的这种肤浅的态度和重复性的行为很难让人过得充实而幸福,更难以让人成长、成熟。在深厚的爱情中,与爱人在一起的愿望跟让人成瘾的生理欲望是完全没有关系的。

我们可以进行总结:如果某种好的态度和行为跨越了"界限",其不仅不会促使人整体感到充实和幸福,反而会阻碍人对更有意义和更能促进人的幸福生活的活动的追求,那么这种好的态度和行为就可能"过分"了。因此,好的东西,"人拥有的越多越幸福"这种说法从某种程度上而言是正确的,但再多就是"好东西过多了"。性爱是一种很棒的体验,但是性爱成瘾就对人不利了,而且像任何成瘾行为一样需要进行治疗。菲律宾的前第一夫人伊梅尔达·马科斯就有收藏鞋子的嗜好,她曾收藏了三千双鞋子;美国女歌手多莉·帕顿曾说过,她同一套衣服从不会穿第二次(你可以想象她究竟有多少套服装)。

我们当然不需要几千双鞋子,不需要每用一次餐就换一位陪伴者,也不需要拥有过多的好东西。这些东西若只带给我们肤浅的体验,那么拥有这些东西就意味着我们追求有深远意义的活动的权利被剥夺了。当我们无法过得充实而幸福时,尤其不需要这些东西。按照这种思路,如果伴侣双方共度的时光让彼此无法感到充实和幸福,这两人相处的时间就"太多"了。

人们说的爱得过分,指的是爱情过度强烈,这使他们看不到伴侣犯的错和自己过分的行为。这么看来,爱神丘比特被描绘成一个眼睛被蒙住的男孩是多么恰当!这生动地说明了相爱的人,尤其是相爱的年轻人,可能对自己所爱之人的缺点或不合适之处视而不见。像"我真的情不自禁,我疯狂地爱上了她"这样的话就表示,这种爱是过度的。这种爱无所禁制,会让人失去自主性,让个人得不到成长。在某些极端的案例中,这会让人有强烈的占有欲和控制欲。

爱得更长久,爱得更多和大部分时间里都相爱

如果不能延长生命的长度,那就拓展其深度。

——意大利谚语

探索持久而深厚的爱情这么久,到此我将考虑关于这种爱情的存续期的两个问题:(1)爱得更长久就意味着爱得更多吗?(2)我们能在大多数时间里都深深相爱吗?不是所有人

都喜欢"卖关子",那我就给出一个提示:深厚爱情的本质使得这两个问题的答案都是否定的。我们还是来看看其原因吧。

爱得更长久就意味着爱得更多吗?

> 苏珊·洛温斯坦:你就承认吧,你就是更爱她(你妻子)。
>
> 汤姆·温格:不,我不是更爱她,洛温斯坦,只是我爱她的时间更长一些。
>
> ——帕特·康罗伊(Pat Conroy)《岁月惊涛》

苏珊·洛温斯坦是汤姆·温格的双胞胎妹妹的精神科医师。汤姆的妻子出轨,两人的婚姻也差不多走到了尽头,这时汤姆和苏珊相爱了(两人都有各自的家庭)。后来,汤姆接到了妻子的电话,希望丈夫能回归家庭。而汤姆既爱苏珊,也爱自己的妻子。最后,他回了家,没有抛弃妻子和三个女儿。但他仍然爱洛温斯坦,认为她是上天给予自己的恩赐。

爱得更长久就一定意味着爱得更多吗?爱得更多其实是指爱得更强烈、更深刻。正如我们已经知道的那样,时间并不会增强感情的强烈度,但有时候能增加感情的深度——如果情感关系在某段时间内健康发展的话。然而,爱的时间更长通常是指跟某人一起生活的时间,或相互理解和沟通的时间更长。而在这样的共同生活中，人们就要承担更多的非爱情责任，如创建家庭，有共同的朋友，有共同面对各种挑战的经历。这些责任并不一定会使双方的爱意增加，却减少了双方分手的可能性。

上文提到的汤姆·温格就是这样的案例。如果他一开始同时认识苏珊·洛温斯坦和他的妻子，那他可能就会选择跟洛温斯坦在一起。不过在他的故事中，他选择了为爱做出妥协，更重视他的生活环境和家庭责任。这是爱的价值与对家庭和共同经历的承诺的道德价值之间的矛盾。这世上没有什么规则能指导人们，当人们同时爱上两个人，但爱的深度不一样时该怎么办。虽然汤姆爱妻子的时间更长，但他们的爱情并未发展成深厚的爱情。因此，在他的案例中，爱得更长久的确不代表爱得更多。

我们也会陷入汤姆·温格的境地吗？到目前为止，我们可以说，有很多人会，但也有很多人不会。

大部分时间都在恋爱

> 我爱博塔爱了六十年了。
>
> ——雅科夫·哈桑（Yakov Hazan）

> 大部分时间里我都深爱着他。
>
> ——美国演员布莱克·莱弗利（Blake Lively）

九十二岁的以色列政治家和社会活动家雅科夫·哈桑说,他爱妻子博塔六十年了。这并不是说在这么长的时间里,他每一分每一秒都在想念她,或者对她有性欲。浪漫爱情是一种复杂的情感,即便是没有想念爱人或对爱人没有性欲,它也是存在的。

即便相爱的两人不在一起,两人之间的爱情也能够持续存在。事实上,两个人有一定的距离反而能够增加这种爱情的持续期,因为这种爱情为双方提供了更广阔的个人空间。两人相爱之后都想彼此亲近,不过如今,越来越多的伴侣都是两地分居的。正如下文所述,与近距离关系相比,这种长距离情感关系的质量更高一些。

布莱克·莱弗利称,她在"大部分时间里"都爱丈夫,这种说法看似与深厚爱情的特质相违背。她可能在大部分时间里都对丈夫有性欲,而且是一直爱他的。莱弗利说:"我们婚姻持久的秘诀就在于我们坚定不移的友情……我们认识两年后才开始约会。我把他当成我的好姐妹。"她认为,他们婚姻关系的基础就是友情。友情的确是持久而深厚的爱情的基础,但在深厚的爱情中,你不可能在"大部分时间里"都只是对方的朋友。莱弗利可能并不是想说他们的爱是坚定不移的,因为双方只要意见不一,或是因闹矛盾而疏远彼此,爱似乎就消失了。但我要说,虽然双方表面上不再那么亲近了,但爱还是存在的。若莱弗利深爱丈夫,那她对对方的爱就是持续不断的,即便双方爆发了矛盾冲突，这种爱也是存在的。她可能是在说，在大部分时间里，这份爱都是她思想意识的核心部分，但这并不意味着，当他们不做爱或不想念彼此的时候这份爱就消失了。

深厚的浪漫爱情是一种复杂的情感态度，既能偶尔爆发强烈的积极情感（如性欲、幸福感和赞赏的态度），也会偶尔爆发强烈的消极情感（如抱怨、恼怒和嫉妒）。这些突然爆发的激烈情感可能是经常出现的，但不可能是连续的，它们能够常常重复出现或只是偶然出现。深厚的浪漫爱情不会消失，莱弗利似乎是一直爱着丈夫的，但"只是"在大部分时候对他有性欲。

什么时候应该说"我爱你"？

我一生中唯一的遗憾就是没有经常说"我爱你"。

——日裔美籍歌手小野洋子（Yoko Ono）

在这一章的最后，我将谈论恋人在什么时间向伴侣表达爱意——何时说出"我爱你"。第一次听到伴侣说"我爱你"，通常是一段情感关系极其重要的部分之一。然而，人们似乎并不太确定什么时候应该说出自己的爱，以及是应该做先说出爱的那个人，还是应该在等到对方给出同样的暗示后再表达。表达自

己的感受也需要合适的时机吗？不同的时机究竟有没有区别？

你什么时候应该表达爱？

> 爱不是说"我爱你"，而是问"吃了吗？"
>
> ——马龙·詹姆斯（Marlon James）

浪漫爱情表达的是我们的真实态度，再没有什么比表露真心更能促进伴侣间的沟通和个人成长的了。然而，当对方与我们的感受不同时，这样的表达会让我们更加脆弱，让我们的伴侣陷入难受的境地。考虑一下如下这些关于何时对伴侣说"我爱你"的常见（且相互矛盾的）建议：

至少要约会五次后才能说。

交往两个月后就说。

不要等太久才说出口。

等到感情完全培养好了再说。

性爱之前、之后或是过程中都不要说。

当你非常情绪化且无法理性思考时，不要说。

当你想为某事而奖励伴侣时，不要说。

不要先说，直到你们一起相处过一段时间之后再去回应对方的爱。

以上的建议都是关于时机的,然而时机难道比诚实表达自己的感受更重要吗?

正如上文所述,关于持久的爱情,最重要的是时间,而不是时机。追求爱情之路上的一些岔道,如糟糕的时机,并不会使整段爱情黯然失色,甚至能让双方更信任彼此、更诚实。因为深厚的爱情需要时间来培养,所以,只相处了很短一段时间就说"我深深地爱上了你"是不理智的。从这句话里能看出,你对这件原本重要的事并不重视。然而,因为一见钟情是可能发生的,所以,在相处了短暂的一段时间之后,如果你只是想表达当前的感受,那么可以说"我爱你"。你也许还可以补充说,你觉得你们之间的关系有继续发展的巨大潜力。我们能看出情感关系的潜力,但无法预测其未来。

在深厚的爱情中,行为比言语更有说服力。我们不说"我爱你"的原因可能有很多,但不一定都与缺乏爱有关。在影片《屋顶上的小提琴手》中,男主角特伊问与他结婚二十五年的妻子戈尔德是否爱他。戈尔德对这个问题感到十分惊讶,她猜测,他是不是心烦或是疲劳了。"进屋去躺一会儿!你可能因消化不良而不舒服了吧。"她说。而特伊坚持要得到答案,戈尔德说:"二十五年来,我一直在为你洗衣,为你做饭、做家务,给你生孩子,饲养牲畜。现在,你为什么要问我爱不爱你?"他仍然坚持要一个答案,她最终回答:"我想,我是爱你的。"

不同的速度

> 千万不要倾诉你的爱
>
> 爱只能深藏在心中
>
> 因为和风吹拂时
>
> 总是悄无声息，不留一丝痕迹的
>
> ——威廉·布莱克（William Blake）

如果一个人是真诚的，那么坦承自己的爱通常是没问题的。然而，期待对方有同样的回应却是很难的。原因有两点：爱情萌芽的速度不同，表露心意的想法出现的时间不同。

选择表达自己的爱的时间，也许跟你的性别有关。男人表达自己爱意的时间比女人早，当听到伴侣说爱自己时，男人也会比女人更开心。一项调查显示，男人平均要花88天才会对伴侣说"我爱你"，而女人的平均耗时是134天。另外，39%的男士在恋爱一个月之内会对伴侣说"我爱你"，而仅有23%的女士会在同样的时间段内对伴侣说"我爱你"。[15]

陷入爱河的速度也是因人而异的。然而，速度的不同并不意味着忠诚度的不同——更快陷入爱河的人可能也是变心更快的人。在表达爱的速度上也存在差异：即便爱意同样深沉，性格内向的人表达爱意需要的时间要比性格外向的人更久一些。一位内向的女士在伴侣向她表达了爱意后,这样告诉对方:"不要看重我现在说什么,重视我的行为。"她说得没错,在爱情中,行动比语言更实际。

因此,爱人们通常听到这样的建议:只有在对方对你有爱意,并且也准备好要表达的时候,你才能表达自己的爱。爱情的规则并未规定当伴侣跟你说爱你的时候,你也要说爱他。事实上,当对方说"我爱你"时,你最好不要说"我也爱你",而要说,虽然你现在不知道你爱不爱对方,但的确很喜欢对方,想要更了解对方,并希望你们的这段关系能够更深入地发展。这时不需要一见钟情。更不可取的是,人们迟迟不表达爱,而只是享受(假设的)愚昧的幸福。

我们每个人心中爱意的生长速度是不一样的。虽然深厚的爱情的确需要靠双方的态度和行为来确立,但这并不意味着,你要在你爱的人对你的爱不如你对他(她)的爱那么多、那么深时隐藏你的爱。我们的态度应该明确,并给予伴侣充分的时间去培养他们的爱意。这种爱的表现可能更加"柔软"、更加间接,如称呼伴侣为"我的挚爱",或者跟对方说"把我的爱送给你"或"我爱你所有的一切",直到最后可能会听到"我爱你"的直接告白。

陷入爱河的速度缓慢和对爱无动于衷是不一样的,而且速度慢并不代表对情感关系的忠诚度和投入度不够。相反,陷入爱河的速度慢的人通常对情感关系更忠诚、更投入。我们应该尊重不同的人有不同的个性这个事实,而不应期望我们的伴侣对同一件事的感受与体验和我们完全相同。深厚的爱情是需要持久的情感投入的,因此,在未来的某一时刻,伴侣双方都有可能会感受到彼此深厚的爱,并将它表达出来。急切地想要建立不成熟的深厚感情是有害的——培养爱情是需要耐心和冷静的。

其他浪漫爱情的表达也是如此,如"你是我一生的挚爱"或"你是我最爱的人"。这样的表达方式是将前任恋人和现任恋人做比较,这让这种宣言更加复杂,因为它们不仅牵涉到两个相爱的人,还涉及了过去认识的其他人。例如,你告诉伴侣,"你是我一生的挚爱",但她没有对你说同样的话,你不应为此恼怒。拿不同的情感关系做比较通常是不可行的,甚至会让人分心。一段情感关系可能非常狂热,另一段情感关系可能更深厚,再一段情感关系却更加友好。即便可以做比较,如你爱人多年前的初恋现在仍然是他(她)的最爱,但这一点也不影响他(她)对你的爱——不同的情感关系的状况也是不一样的,你的现任可能有前任伴侣所没有的许多优秀特质。无论如何,你们的情感关系都是独一无二的,用现有的情感关系与其他人或过去的情感关系做比较,即便是可行的,也没有什么价值。

结束语

我发觉自己越来越爱我丈夫了。

——一位已婚妇女对她的朋友说

与生活中的大部分事物一样,爱情中的好的行为态度,如相知和好奇,适度是有用的,但过度却是危险的。我们的目标应该是了解我们的伴侣,理解我们之间的爱情,这样是有实际意义的。然而,当好奇心让人试图跨过通奸的界限,或是在不那么极端的情况下,如参与爱情观望这样的活动时,这种活动是令人愉快的,然而,如果人们对这些活动上瘾,那它们就是有害的。这种内在价值肤浅的活动会让人付出巨大的代价。我们虽然几乎不会说爱得太深是过度,但却总是说爱得太强烈就是过度。深厚的爱是我们想要追求的,因为它让我们与伴侣进行了深刻而有意义的互惠,而这种互惠在本质上是有价值的。虽然这种深厚的爱并不意味着我们每时每刻都感受得到强烈的爱,但我们确实需要总是尊重并欣赏我们的伴侣,因为对方是我们生活中有价值、必不可少的一部分。

Chapter 10

网络空间的情感关系

> 我和我先生是通过婚恋交友网站认识的,我们婚后生活很幸福。我们都觉得彼此找到了对的人。
>
> ——一位已婚女士

本章我们主要讨论网络时代的情感关系,主要包括网上恋爱和网络世界的友情。在此之前,我们先谈谈"仓促的爱情"。

仓促的爱为什么不好?

> 大多数人在追求快乐时都是心急火燎的,以至于与快乐擦肩而过都未察觉。
>
> ——索伦·克尔凯郭尔(Søren Kierkegaard)
>
> 爱不要操之过急,因为即便是在童话里,幸福的结局也是出现在最后一页。
>
> ——佚名

当谈到仓促的爱情时,我指的是试图建立一种深厚的关系,而不给予爱情应有的发展机会。虽然听起来像是陈词滥调,但我还是要说,爱情就像花草一样,必须精心栽培。随着时间的推移,它会越来越茂盛。

伴侣双方应采用适时的策略,花必要的时间去培养感情。这种策略能让双方的感情持久发展,有利于双方的关系深入发展。

比比·戴茨列出了一份很有用的"不要急"清单:

不要急着确定对方是否适合你。

不要急着马上就跟对方在一起。

不要急着浪费你的宝贵时间。

不要急着说"我爱你"。

不要急着马上住在一起。

不要急着马上相信对方。

不要急着进行重要的沟通对话。

不要急着投入感情。

不要急着结婚。[1]

戴茨的这份清单列出的是成熟的、彼此忠诚投入的爱情关系的特征。急于按上述清单去做,就会太过急促,因为这需要我们快速地去完成,而我们可能会在未来感到遗憾、后悔。我们的清单需要慢慢列,上述这些也需要一步一步地去做。迅速会让我们感觉到刺激,不过这种感觉的持续时间可能就只有那么一瞬间。例如,忍受延迟满足的痛苦(尤其是指性交活动),或是在时机成熟之前拒绝亲密沟通,这些策略是有用的。当然,每一对伴侣的情感关系进展的速度是不一样的。但是想要让情感关系立即具备上述特征也是有害的,因为在正常情况下,深厚的爱情关系是随时间的推移而逐步建立起来的。

对于建立深厚的爱情关系,"不能操之过急"是对的。在这个方面,上文介绍的戴茨的"不要急"清单能给予人提示。但我们有时还是要平衡一下,有些人就走向了一种极端,甚至完全拒绝爱情。通常,他们给出的理由也很合理,就是担心爱情会变成自己的软肋。但是机会来了,就要去把握,这也是很重要的,如果不这样做,我们就会被爱情遗忘。

总而言之,从好好生活的角度出发,迅速既有好处也有坏处。在快速发展的爱情环境中,迅速很容易就会变成仓促,让人无法培养出深厚的爱情关系,但我们也不能完全否定迅速的作用。举例说明:亚里士多德不仅认为情感过于丰富是坏事,而且认为缺乏情感也是坏事,总之就是要把握平衡。

网络空间中的情感关系

<u>或许，我只是爱想象中的那个美好的你。</u>

——一位男士对网友说

网络空间就相当于一个巨大的、多元化的电子卧室，在这里，你可以尽情享受各种富于想象力的交互活动。这个全新的平台对线下真实的爱情活动产生了重要影响，因为它提供了更多的机会，让人更加敞开心扉与人交际。网络空间为人们提供了必要的技术工具，让人们有机会享受多元交际，尽管它们无法取代线下的真实交往，但能与线下的交往活动互补。

就跟真实的情感生活一样，网络空间也是包罗万象的，这里，我重点介绍的是网上恋爱和网络世界里的友情。

交互的特性

<u>如果不太过分，我喜欢克制。</u>

——梅·韦斯特（Mae West）

网上恋爱是一种主要通过电脑进行沟通交流的恋爱模式。虽然对方可能与自己相隔千万里，甚至可能都不知道彼此真实的姓名,但网上恋爱关系中产生的爱情与线下的情感关系中产生的爱情是可以同样深沉而强烈的。与真实生活的恋爱不同,网恋中人们不会真正亲吻到彼此,但他们发送出去的亲吻符号是充满感情的,对人产生的影响也相当于真实的亲吻。

在网络空间中,人可以扮演多种不同的角色,这种灵活性为人们提供了更大、更多元化的环境,有时候这种虚拟的真实更令人兴奋、更诱人。在虚拟的网络空间中进行恋爱的互动,是人际关系的一次变革,因为这让人们能够在不投入大量资源的情况下,获得跟线下真实交往一样的很多好处。[2]

网上恋爱带来的互动革命促进了更多社交活动和个人活动的发展。与真正的幻想相比,网络关系提供了更多与他人沟通交往的机会。然而,在线下的真实情感关系中,许多活动的开展都是需要双方共同投入的,而线上活动只需独自面对电脑或手机即可进行。

更大的灵活性和更小的排他性

> 有时候,我真切觉得网络无上限,也无底线,但我又离不开它。
>
> ——一位资深网友

人类社交需要划定界限:跟他人一起生活,我们就需要控制自己的欲望。然而，以网络空间为活动中心的全球化，从本质上而言就是持续不断地跨越、分裂和打破边界。一旦人们习惯了虚拟空间中相互冲突的界限，那么，当对待真实生活中的明确界限时，人们的态度就会更加灵活，而这就可能引发更大的冲突。网络空间中的界限具有的灵活性给传统道德带来了挑战。一些人认为，在爱情生活中严守界限可能是不合理的，因为这样并没有考虑到爱人的独特性，没有考虑到爱人的个性特征和所处的境况等问题。比如，斯蒂芬·图尔明认为，"我们需要认识到，完全建立在一般规则和原则基础之上的道德是残忍的、不恰当的。只有那些公平地考虑到细微的个体差异的人，才会对道德的更深入要求有合理的感受"。[3]

当然，更大的灵活性需要人们付出代价。以网上性爱活动为例，在这些活动中，爱与性的界限比真实性交活动中的界限更加灵活。这种灵活性并未减少，反而增加了真实活动中侵犯边界的次数。随着互联网的普及，尤其是移动应用程序（手机App）的普及，爱与性的背叛也增多了。此外，即便在性爱活动上的欺骗仅限于网络空间之内，伴侣还是会产生遭到了背叛和受伤的感觉。[4]

爱情，尤其是性爱上的排他性一直都被认为是稳定的情感关系的标志。现代社会的潮流似乎倾向于降低情感关系中的排他性，这一趋势因人在爱情界限相当灵活的网络空间中的行为而得到了巩固。减少爱情的排他性和偏爱这种基本的情感特征是相冲突的,偏爱就是指我们要集中精力和资源去专心爱我们所爱的人。减少排他性也跟理想爱情的核心相违背。在理想的爱情中,被爱之人是唯一适合让自己付出深厚爱情的人。然而,这种排他性的减少,增加了对改变和新鲜感的需求。这两者有助于激发人的情感。

这种与网上关系密切相关的技术,尤其是各种手机App的使用,使得人们能够更容易、更方便、更安全地去增加灵活性,减少排他性。网络空间中的爱情环境非常适合我们现代快速发展的社会,同时也让这个社会在追求性爱方面更加"高效"。当今许多人的生活规划都很匆忙,甚至忙得没空与他人真正亲密接触,连肤浅的性爱活动都只能借用手机App。

现代的新兴科技继续改善着用于建立和维持爱情与性关系的方式。除了有各种婚恋交友网站为人们牵线搭桥之外,还有诸多的手机App来促进人们相互建立联系。比如美国广受欢迎的一款名为"Tinder"的交友App让择偶的过程变得非常简单(主要是靠外貌)、快捷(在手机屏幕上向右滑动表示"喜欢",向左滑动则表示"跳过")。人们使用这种App的动机各不相同:使用者们不只是为了随意性交,而是为了爱,为了与人沟通,为了证实自我价值,或是为了找刺激、赶时髦。因此,"Tinder不应仅仅被视为一种有趣的交友App",还应该被视为一种"促进人们建立深厚的爱情关系"的新方式。[5]

现代科技还能帮助人们维持远距离的情感关系,不仅为人们提供机会与他人结识,还提供了一种同时与多人建立"亲密"关系的快捷而高效的途径。吃着碗里的,看着锅里的,这种做法是破坏婚姻中性爱排他性的一种常见行为。由于网上性爱看起来并不是很严重的罪过,而且这只需要与人沟通,并没有与人真正发生性关系,所以有些伴侣甚至能够容忍并支持这种行为。

从一方面而言,网络和手机App对性伴侣单一的情感关系,尤其是婚姻关系产生了严重威胁,因为它们不仅能让人建立起令人兴奋刺激的性关系,也能让人建立起深厚的爱情关系。网上一夜情更容易实施,也更容易保密。从另一方面而言,培养深厚有爱的情感关系的条件也得到了改善。网络和手机App都提供了一种愉快而有效的方式,通过这种方式,不同的人可以在不受外部因素干扰的情况下亲密地了解彼此,这些外部因素包括外貌、年龄、地理距离、种族、国籍、宗教或婚姻状况。这能够促成跨国籍、跨文化和跨宗教信仰的婚姻关系。

有选择性的爱情环境

> 我爱上了你不用手触摸我的方式。
>
> ——佚名

网络空间是人展现自我真实状态的另一种环境：一些人在不破坏重要情感关系的前提下，探索各种令人感到刺激的情感关系；一些人在不破坏主要情感关系的情况下，培养可供替代的人选当备胎。而当人们混淆了网络空间和真实生活空间时，就破坏了感情的专一性，就会遇到感情上，甚至是道德上的问题。

网络空间充满了诱惑，对于网上的情感关系，人们无须太过努力就能有所收获。这也带来了风险：人们很容易入迷，成瘾的风险也很高。跟其他类型的成瘾一样，网络空间不只能满足人的需要，还能创造以自身的条件通常无法满足的需要，这可能会降低人对自己的情感关系感到满足的可能性。

聪明的投资者会同时维持线上和线下的情感关系。网络和手机 App 的吸引力越来越大，这就降低了人们局限于真实的情感关系的可能性。然而，因为网上发展的情感关系缺少了基本的爱情活动，如真实的身体接触和性爱活动，所以令人满意的线下情感关系仍然是一种高级的、更令人充实的情感关系。学着将网络空间中的情感关系与真实的爱情糅合起来是当今社会的主要任务之一。的确,现在的很多婚姻都是通过网络建立起来的。某项调查显示,与传统的线下活动模式建立起来的婚姻相比,从网上开始的婚姻更不可能离婚,而且那些维持婚姻关系的人对婚姻的满意度也要稍稍高一些。这就意味着,网络可以改善人们的婚姻状况。[6]

如今,更好的生活不再只靠做梦才能得到,网络已经取代了做梦,并且发挥了重要的作用。在网络空间中,两个相爱的人会觉得彼此虽然不在一处,但心意相通。人们通常会将网上恋爱视为"白日做梦",而且也会觉得很开心。然而,只有梦的生活是危险的,因为这些梦并没有跟现实联系起来。网上的情感关系如果能够与线下的情感关系互补,那才是有价值的。就跟网络空间一样,只有与现实融合在一起,梦才是有价值的。

网络社会中的友情

> 我想,网络世界的我也是真实的我,是与现实生活中不一样的我。
>
> ——一位"键盘侠"

如脸书这样的社交平台已经成为建立和维持爱与性关系的主要场所。新的沟通交流方式也在塑造爱情关系,通过社交平台结识更多的朋友,会进一步降低爱情排他性的价值和可能性,并常常降低爱情的深厚程度。

在《虚假友情》一文中,美国文学评论家威廉·德雷谢维奇讨论了在脸书这样的社交平台上"友情"这个词的宽泛含义:在脸书上,我们可以有成千上万个"朋友"。他声称,我们一旦跟所有人都交了朋友,就会忘记怎样去结识重要的朋友。在他看来,传统的友情是很珍贵、很难得的,一个"真正的朋友"是那种自私的"奉承者"或"虚假朋友"的对立面。随着现代家庭的减少,朋友可能会成为我们的家人。但在现代社会中,友情的含义已经从一种深厚的情感关系变成了一种强烈的感觉——从人们共有的一种东西变成了每个人在孤独的虚拟世界中独自拥有的一种东西。在这个虚拟世界中,我们不再将他人当作个人,而当成了一个群体—— 一种观众或身份不明的公众。德雷谢维奇认为,我们跟朋友相处的时间不过就是发个信息的时间,因此,我们认识的人越多,就越孤独。[7]

德雷谢维奇还谴责了我们中有许多人愿意,甚至是热切地想要将自己的个人生活展现给公众的做法。友谊的价值主要体现在友情的独特性上——而如脸书这样的社交平台则没有这样的排他性。德雷谢维奇承认,脸书能让人们相互联系,尤其是那些很久未见的朋友。但他也认为,这种联系的建立也需要人们付出代价,那就是将自己的身份信息简化为一些寻常的细节信息。友谊指人们需要投入时间去共同参与活动,聆听朋友的故事,了解他们的观念和期望、欢乐和担忧。当你有五百或五千个朋友时,怎么能做到上述这些呢?建立亲近的友情需要耐心,需要付出,需要敏锐的直觉、精明的头脑,也需要技巧。正如德雷谢维奇指出的那样,当我们将我们的心倾注到了机器上时,自己也似乎变成了机器。

科学对此现象有何解释?网络真的增加了孤独感吗?网络似乎帮许多人建立并维系了他们的社交生活,对年长者,以及患有各种生理疾患和遭受负面社会影响的人群而言,似乎的确如此。脸书这样的社交平台对友情和孤独感的作用,我们仍然不太清楚,但脸书上的网友们沟通交流的绝大部分内容都是肤浅的,在脸书上添加朋友也像贴邮票一样方便快捷。[8]我们需要将网络视为线下生活的补充,而不是线下生活的替代品。

结束语

年轻的人们不知道自己在做什么,但一做就是一整晚。

——麦当娜(Madonna)

现在,人们很容易就能在网上找到情缘,而且他们在建立爱情方面所需要的投资也减少了,这会让情感关系变得肤浅,而我们如今的社会崇尚即时满足,这也会让情感关系变得肤浅。但是,网上建立的情感关系也可以发展成为深厚的情感关系。

网络性爱比真实的性爱更加灵活。网络作为社交平台,是促进人们相互沟通交流的工具,而从屏幕后面看,亲密关系的界限越来越模糊了。网络能帮助人们维系远距离的人际关系,但是会对情感关系的排他性造成威胁,因为网络上几乎有无限的合作伙伴。在网上的浪漫空间中遨游比在现实世界里的浪漫空间中遨游更容易、更简单。网络社交平台虽然拓宽了我们的人际关系网,却无法帮我们维系深厚的传统情感关系。因此,对于网络是否能减少人的孤独感这个问题,我也给不了明确的答案。

Chapter 11

后半生的爱

人活一世,无论什么时候开始有向往都不晚。

——意大利谚语

成熟的平静令人兴奋。我为我年长的情人能平静接受现实而激动,她们只关注现在,而不考虑未来。

——一位喜欢与五十多岁女性约会的三十多岁的男士

深厚的爱情论述至此,时间成为主要问题,因为我们只有在年老患病时才能知道成熟的爱情是什么样的。我曾一直认为,随着年岁渐长,生理和心理机能会逐渐衰退,人体会到的幸福感和浪漫爱情的机会也会递减。现在我明白了,相比年轻人,年长的人通常在生活和婚姻方面具有更高的满意度,过得更幸福。也许,这是因为当我们认识到自己年纪大了后,也就改变了自己的观念,只注重当前的积极体验,这些体验更可能是由平静和安宁组成的,而不是兴奋和快乐。加州大学心理学教授索尼娅·柳博米尔斯基总结了这些发现并报告说,对大部分人而言,人生中最美好的时光是生命的后半段。[1]不必说,在这个问题上,大家各有各的见解,有些人在年老之后变得抑郁,害怕死亡。本章还会讨论老年期爱情的其他特质,尤其是配偶死亡后的爱情和其中一方患阿尔茨海默病时的爱情。

成熟和爱

令我吃惊的是,我们居然会"表现"得像青少年一样(实际上我们没有表现)。我们就不能表现得像个成年人一样吗?

——一位中年已婚男士

成熟似乎是新鲜和冲动的对立面。难怪人们通常认为,年轻人比老年人更情绪化。当然,这并不是说令人兴奋的积极经历和消极经历在所有年龄段都不会发生。人们通常对未完成的事情有强烈的情绪和情感,因此这种情感主要是针对未来的,而成熟则更注重当下,要求你对现状感到满意。强烈的情绪和情感是由改变引起的,而成熟则意味着适应改变,并认为改变不再那么重要。虽然无论在什么年龄阶段,我们都能享受到新奇感和熟悉感,但随着年岁渐长,我们也越发重视后者。正如我之前所说的那样,伴随着强烈的爱而来的幸福感是令人兴奋的、刺激的,而伴随着深厚成熟的爱而来的幸福感是平静的、祥和的。这样的发现表明,随着年岁渐长,我们对亲密关系的态度也会转变,尤其是我们不再会注重数量的多少,转而注重质量的高低。有人提出,年轻伴侣的主要成长任务就是学会化解冲突,而年长伴侣的主要任务就是学会维持相互支持的生活状态。[2]

行为不成熟的人相当有魅力：他们非常活泼、快乐、精力充沛、活在当下，并且好像永远不会长大一样。然而，他们也像孩子一样变化无常。你总会怀疑，在认识了另一个能给他们带来愉悦感，让他们完全拥抱爱情生活的人之后，他们还会不会继续爱你。

爱情妥协是成熟的一种表现。做出妥协就表示我们接受现状，接受限制，因此意味着成熟。然而，跟真正的成熟相比，妥协中的接受只是行为上的接受，而不是态度上的接受。只要这种行为上的接受被认为是一种妥协，那么，人内心深处就是不接受的。一旦人们全心地接受了妥协，妥协也就不再是妥协了。就跟习惯一样，在爱情中表现出成熟和妥协通常会降低人的欲望，因此对情感关系是有害而无利的。成熟会减少积极和消极情感体验的机会，妥协则会减少积极体验的机会，增加消极体验的机会。在成熟和妥协中，期望虽然没有消失，但减少了，我们所期望的事物常常被其他合理的和可能的事物所取代。成熟的爱通常不像热烈的爱那样令人激情澎湃。因此，很多人说他们永远都不想变得成熟，因为接受已有的、忽略想要的可能会减少人的积极性和自发性行为。然而，做出妥协的时候，人们的确会减少积极性和自发性的行为。

我们希望孩子们变得成熟，学会从长远的角度看待问题；而又希望年长的成人不要太过担心长远的问题，希望他们可以更多地表露自己的情感。我们不想失去像孩子一样的积极特性。我们想要乐观、真诚、轰轰烈烈的爱情。尽管我们都有明显的缺点，但仍然希望彼此倾慕。我们想要好好了解彼此，但也希望彼此的态度是积极正面的，这样，我们的头脑中还能留下一些美好的印象。在面对爱情时，我们希望能像孩子一样愉快、自然、热情，但在遭遇避无可避的痛苦时，我们要像成年人一样彼此支持、鼓励，一起面对，一起承担。我们想要通过彼此适应，而不是改变彼此来克服困难和解决问题。

老年时的爱情

> 这是我第一次变老，我没有经验。
> ——娜奥米·波拉尼（Naomi Polani）

> 爱就是年轻时的激情、中年时的习惯，和老年时的相互依靠。
> ——美国诗人约翰·查尔迪（John Ciardi）

我们通常认为，年老的人无法体验到强烈的爱，因为他们的性欲和身体机能随着年龄增长而下降了。这种观点太过简单化了，而且也是一种曲解。通常，老年时的爱情比年轻时的爱情更加深沉。

卡斯滕森认为，虽然随着年龄的增长，人的认知能力和行为能力的确会提高，但人老年时的认知和行为并不是随着年岁的增加而得到巩固的。一个附加的、比出生时间更重要的时间方面的因素是人死亡前主观意识的存续期，主观意识的存续期对人的行为动机起着关键作用。卡斯滕森认为，随着年龄的增加，人们会越来越认识到时间是有限的，他们的视野也会逐渐变得狭隘，而且他们对事物重要程度的排序也改变了。例如，他们不会那么重视拓宽视野的目标，而更重视对他们当下更有情感意义的目标。当时间被认为是短暂的，我们倾向于关注短期的目标。老年人的社交圈更小，他们不像年轻人那样容易受到新奇事物的吸引，兴趣范围也更狭窄一些。不过，他们看起来跟年轻人一样过得很幸福（如果不说比年轻人更幸福的话）。这是有道理的，因为当视野越来越狭隘时，人们就会优先深化现有的人际关系，在已经得到满足的生活领域发展专业知识。[3]

卡斯滕森还称，老年人更喜欢去回忆积极的情感记忆，而不愿回忆消极的情感记忆。她声称，这一点尤其有意思，因为我们都知道，年轻人认为消极的信息比积极的信息更引人注意、更令人难忘。相反，老年人则更喜欢积极的信息，在储存记忆时，老年人对消极资料的存储也不多。卡斯滕森总结称，无论是年轻人还是老年人，只要将时间视为有限的，他们就会更注重生活的情感意义和满意度，投入更少的资源到收集信息和拓宽视野上。因此,虽然社交圈子变小了,但老年人却更满足了。[4]

年长的伴侣确实更容易接受"安享天年"的态度。想一想一位五十多岁的单身母亲说的这一段话:"我追求完美,但总是做错选择。我拒绝了跟很多男人约会的机会,因为我认为这些男人都不够完美。随着年纪的增长,我的态度也逐渐温和了,同时我也更明白我喜欢什么,想要什么了。"老年人的视野也不是都会变窄的,因为年老之后儿孙绕膝,孙辈能够为老年人不断扩充视野,给他们带来快乐。许多祖父母说,跟孙辈在一起,他们的生命就"又有了活力",他们甚至还认为,就如老话所说的那样:"如果我早知道孙子们这么有意思,我就先生孙子了!"

我们有证据支持这些话。年纪大的人无论是在争吵还是在共同参与活动时,对自己的伴侣通常都很有感情,对婚姻的满意度也很高。年纪大的伴侣们的争吵次数比年轻的伴侣们的要少得多,他们在报告里说,性关系在他们的生活中不那么重要。基于友情而生的伙伴之爱,是他们互动的主要特征。老年时的亲密关系通常是和谐的、令人满足的。[5]

随着年岁渐长,爱情妥协也不再是什么问题。随着时间的推移,人们也会逐渐适应伴侣身上的消极特质。他们适应了一起生活,并减少这些特质的消极影响。当我们意识到时间不多、选择减少了时,就更可能接受这些限制,而不会因不追求一个有吸引力的目标妥协。此外,由于老年人相互依赖的程度加深,所以婚姻关系中的他们往往会相互帮助和扶持。尽管态度和年轻人一样消极,但在面对亲密关系中的紧张问题时,老年人的处理会更灵活。老年人不容易发生争吵,通常会将问题放到一边不予理会。他们更能够正确地看待冲突,并认为不值得为某些问题而争吵。[6]

老年人的认知和身体能力似乎减弱了,但对自己的生活感到满足的能力却增强了,这既减少了婚姻冲突,也减少了爱情妥协的体验。老年人更有可能接受充分享受自己已经(或仍然)拥有的生活的这种建设性观念。他们关心的不是拥有更多,而是怎样减少损失。

至死不渝的爱

断掉的蜡笔也能用于涂色。

——雪莱·希茨(Shelley Hitz)

我们绝大部分人都会遇到爱情窘境,但那些寡妇和鳏夫遇到的难题尤为尖锐。他们应该积极地寻找又一春吗?如果他们找到了新的爱情,但仍然深爱着自己已故的配偶,那这两种爱是怎么在他们心中共存的呢？再次去爱另一个人，去适应另一个人，值得吗？什么时候才适合再次陷入爱河呢？（下文中我主要介绍的是寡妇的经历，也会涉及一些鳏夫的经历。）

爱的尽头和死亡

> 没有爱情，我的生活便没有意义可言。
>
> ——一位女士

对许多人而言，浪漫爱情是他们生活中必不可少的一部分。没有爱情，生命似乎是不值得的。浪漫爱情是充实而有意义的生活的主要表达方式之一。没有爱情，人们会觉得自己的某个重要组成部分是死的。爱人被视为他们生命中的阳光，对许多人而言，没有这样的阳光，这世界就变得毫无生机。即便是在如"大屠杀"这种人类史上最黑暗的时期，虽然表达爱意要冒极大的风险，但人们也会陷入爱中。人们没有放弃爱，而爱甚至也让某些人在恐怖的"死亡集中营"里活了下来。

爱和死亡通常是相对的。例如，分手通常被认为是一种"死亡"。英国女歌手达斯蒂·斯普林菲尔德在一次分手后声称，"爱似乎已经死亡了，看起来一点也不真实，留给我的只有孤独，我再没有别的感觉了"。没有爱的人际关系也常常与死亡联系在一起,我们常说"死了的婚姻""冷漠的丈夫""冷淡的妻子"。情感关系不好的人总认为他们的婚恋状况就如同死了一般。

因为爱情对人如此重要,所以爱的终结会让某些人想要终结自己的生命,或为了自己的爱人杀了其他对爱人有意的人。当伴侣想与自己分手时,有些男人会以爱的名义杀掉自己的伴侣或是自杀。[7]

虽然爱对人的充实生活很重要,但也有人会因为觉得自己永远找不到想要的爱而放弃寻找。这些人声称,如果遇到了深爱自己的人,他们不会拒绝对方,但也不会主动去追求。这种态度是可以理解的,毕竟爱不是生命中最重要的事物,但有了爱,人们会活得更开心。

寡妇的新爱情

我仍然爱着我的丈夫,尽管他已去世多年。

——一位女士

人心足以容纳两段爱情吗?这完全是可能的——既能够爱过一个后再爱另一个,也能够同时爱上两个人。我们思考一下寡妇之爱这个复杂的例子,考虑到丧亲之痛的持续影响,即便前夫已经死去多年，她们还是会为之悲伤。她们对亡故之人的感情对她们而言仍然很重要，她们面对着同时爱两个人的双重考验，以及一种巨大的现实变化：现任积极主动，并且支持和热爱她们，但她们却还记得那个不再活着、不会再出现在她们生命中的人。

在理想的爱情观念中，深厚的爱应该是永恒的，会走到尽头的爱标志着它最初就是肤浅的。事实上，爱可能因不同情况而终结，而且这种终结并不一定意味着爱就是肤浅的。深厚的爱虽然不太可能死亡，但死亡的可能性仍然存在。因此，我们没有理由认为，人一生中不能爱上很多人。

配偶的死亡和爱的终结从很多方面而言都有相似性。不过寡妇的身份是独特的。无论情感关系如何——是如绝大部分人的情感关系一样，只是一般般而已，还是很不错或很糟糕，这段关系的结束都会改变人的生活。许多女人在成为寡妇之后，仍然保持着对已故配偶的爱意。这是因为我们有将过去理想化的倾向，而且在我们的普遍观念中，外人是不能说死者的坏话的。虽然亡故的伴侣的确已经不在世上了，但寡妇对他的爱却是可以保持的，甚至还可能会增加。

在处理爱情的问题上，刚丧偶的寡妇可能会面对多种不同的境况。这里我主要讲述两种：(1)在仍然爱着亡夫的同时接受新的爱人；(2)几乎立刻就爱上了另一个人。

接受新的爱人

> 我爱我已故的前夫,也爱我现在的丈夫,我的爱是真挚的,请不要怀疑。
>
> ——一位女士

配偶亡故以后再爱上他人,跟结束一段情感关系后再爱上他人是不一样的,尤其是当配偶死亡时双方是相爱的情况。在这种情况下,活着的一方的爱并没有消亡。虽然她可能会有新的恋情,但从心理学角度而言,她现在将同时爱两个人。她的经历明确表现了爱的非排他性。

重要的是,爱的形状是可以改变的。在另一个人身上追求与前任相同的爱,其结果可能是毁灭性的,因为没有两个人是完全相同的。从某种程度上来说,新的恋人会让丧偶伴侣的心重新活过来。

寡妇面对的挑战是在不忘记或不否认故人的情况下开展新的、有意义的爱情关系。以色列临床心理治疗师奥夫里·巴纳达夫和西蒙·鲁宾将寡妇和未丧偶的女性在结束一段长期关系后进入一段新关系时所面临的问题进行了对比。前者认为自己改变更多、更大,而后者认为自己对情感关系的态度变得更积极了一些。后者在这个阶段的体验中可能没有出现过那么矛盾的心理落差，而前者却体验到了同时存在的矛盾情感。巴纳达夫和鲁宾认为，在失去伴侣并经历了这一过程之后，寡妇比她们的同龄人在与新伴侣建立亲密关系时更犹豫不决。这种态度是因为她们害怕再次失去，害怕接受新的情感，而且认为接受新伴侣就代表着对亡故伴侣的不忠。[8]

在这种情况下，我们的大脑会创造奇迹。虽然亡故的伴侣不会再让我们失望和恼怒，但新伴侣却会让我们失望、恼火，这提醒我们现有的情感关系是丰富多彩的，也会遇到问题和挑战。虽然对亡故之人的爱可能会随着时间的推移而增加，但这也许不再是一件心事，能让人们更容易适应新的情感关系。面对新的情感关系，我们既需要放下旧的情感关系，也需要牢牢记住它，从而创造新的平衡。[9]

找到合适的伴侣，并学会与之相处，这需要我们花费大量的时间和努力。有些人在到了某个人生阶段时会怀疑这样做是否值得，尤其是在新的情感关系已经发展起来，却还保留着对已故伴侣的记忆的情况下。

寡妇们应该多快再次陷入爱中？

> 我丈夫去世了，我的爱也随之而逝，我还有再爱的能力吗？
>
> ——一位女士

即便以上所述的跟新恋人在一起的所有阻碍都能被克服，寡妇们仍然处在一个进退两难的境地之中。她们面对的问题包括，是否应该留有适当的悲伤时间；是否应该取下以前的结婚戒指，如果可以取下，什么时候取比较合适；什么时候开始重新约会；什么时候丢掉亡夫的东西；在不同的场合该如何穿戴；谈论过去经历的频率；怎样公开向新的恋人示爱。由于人们对寡妇的评价往往是批判性的，所以她们总是敏感、小心翼翼、言行适度。与已婚男士约会的寡妇比离异或单身的女人受到的批判更重。寡妇应该更清楚失去伴侣是什么滋味，对自己有何影响。寡妇们都应该像恺撒大帝的妻子那样，这似乎是"无可置疑"的。

我们来看看下面这个真实的故事。一位与鳏夫约会的寡妇发现，她的新情人还戴着以前的结婚戒指——自他妻子亡故后，他就再没取下来过。在适当的时候，两人订婚并开始准备婚礼。而那个戒指一直在男人的手指上。最后，当她在婚前挑选新戒指时，他问："你介意我戴两个结婚戒指吗？"这个尖锐的问题（顺便提一句，得到的回复当然是否定的）揭示了最大的两难之处——深厚的爱情不可能在所有方面都是唯一的。有些东西是我们无法，也不应该完全从伴侣心头抹去的。

现在，我们来谈谈这个尤其有争议的问题：人们应该等多久才能重新开始与其他人约会？不同的文化背景下有不同的习俗:在有些国家,人们至少要等一年,在另一些国家,人们可能要等更长或更短的时间。我们以米歇尔·海德斯特拉的经历为例来说明。在丈夫乔恩亡故仅四个星期后,她便和乔恩的好朋友阿德里安在一起了,他是乔恩葬礼上的抬棺者。虽然她也对丈夫的亡故感到很难过,但却被这个能够安抚她的男人吸引了。阿德里安非常照顾她和她的孩子。在跟包括阿德里安在内的丈夫的朋友们相处一天后,米歇尔就去了阿德里安家。她说,如果乔恩活着,这应该也是他希望看到的。她把这件事告诉朋友们时一点都不难为情,也能够理解那些批评她的人,但她说:"怎么能为人的情感制定规则呢?我们的爱和悲伤都是不同的。我一直都在为乔恩的逝去感到难过,但这并不妨碍我找新的恋情。"她和阿德里安交往了一年时间,但一年后他们都觉得,这段情感关系发展得太快了,于是就分手了。又过了一年,他们又重新开始约会。这一次,他们放缓了速度,在六个月后才开始同居。现在,他们已经订婚了。米歇尔说:"如果你想责备,那就责备我好了,不过,不同人的悲伤状态和持续期都是不同的,我没有任何遗憾。"[10]

这样的故事数不胜数,有许多人都在伴侣过世后不久就爱上了对方的朋友。这是一种应对巨大损失的合理方式,因为人自然愿意跟能给予自己帮助和支持的人在一起。这样的话,双方可以共同承担这种悲伤和难过。

总而言之,寡妇们必须处理好各种独特的爱情分手问题,这种分手是真正的生离死别,而不仅是心理上的疏远。大家都不希望配偶因故而亡,但真正的死亡是不可逆的,活着的一方可能仍然深爱着已故的伴侣。不同的人对这一件事有不同的反应,虽然寻找新的爱情比完全放弃爱情、不再另觅新欢要好,但寻找新的伴侣并不总是可行的。再次坠入爱河是可能的,但新的爱情关系总是充满挑战的:因为对已故伴侣的思念总萦绕在人的心头。

爱和阿尔茨海默病

爱是无尽的宽恕,是习以为常的温柔目光。

——英国导演彼得·乌斯蒂诺夫(Peter Ustinov)

若其中一方患有阿尔茨海默病,那么情感关系中爱的意义何在?在这个问题上,因为一方已经分不清过去与现在了,所以时间在爱情中起着非常重要的作用。在这种状况下,健康的一方对过去的记忆是维系爱情的主要因素之一。

老年时,人们共同参与各种活动的能力减弱了,这对以双方共同参与各种活动的方式来创建有意义的"我们"的沟通模式来说是一个威胁。阿尔茨海默病会严重削弱人的社交能力，尤其是沟通认知能力和与他人分享兴趣的能力，这让情况变得更加严重。

奥里特·沙维特和他的同事们对那些配偶患有阿尔茨海默病的人的爱情态度进行了细致入微的考察。他们区分了患上疾病后的情感关系发展的五种重要类型：爱情消亡了，爱情削弱了，爱并未改变，爱得到了巩固，健康的伴侣爱上了他人。在老年伴侣的情感关系中，这些状况也很常见。这种情感关系中的人以一种富有同情心的方式描述他们的爱，并在日常生活中对伴侣非常关怀。大部分的正常配偶表示，他们的亲密关系有了新的意义，他们觉得与患病的伴侣的关系更亲密了。某些人所体验的亲密感的增加似乎与关怀的增加有关。[11]

从表面上看，沟通模式似乎很难体现出爱与阿尔茨海默病的关系，因为在一方患有阿尔兹海默病的情况下，伴侣双方的互动在数量和质量上都有所下降。而这种关系在关爱模式中才最能体现出来。虽然双方都进入了老年期，而且一方还患有阿尔茨海默病，双方共处的时间有限，共同参与的活动也减少了，但他们仍然是相爱的亲密伴侣。因此，即便患病的一方再不会像未患病时那样为爱付出，他们之间的情感关系也还是跟以前一样深厚，这一点跟沟通模式的爱情关系是相符的。

结束语

> 随着年龄的增长,我们在爱情上的视野的确会变窄。当然,从情感上而言,选择的数量也会减少。这就让许多人都乐于待在自己的舒适区,而不去参与情感关系活动,或者期望不用努力就能收获一份情感关系。
>
> ——《今日心理学》杂志自由撰稿人马拉诺(Hara Estroff Marano)

> 接受了婚外情,就是拒绝优雅地变老。
>
> ——凯瑟琳·哈基姆(Catherine Hakim)

晚年的生活是由深厚的爱拼凑起来的——它为深厚的爱情提供了最好的环境,但也使其遭受了最大的障碍。因为时间会加深人的感情,所以在健康的情感关系中,伴侣双方感情最好的时候有可能会是他们一起生活过几十年之后的晚年时期。老年时丧偶的人要放弃这份感情就变得相当艰难。伴侣刚过世时,人们放弃爱情是很有可能发生的。但是,由于爱对充实而幸福的生活至关重要,所以找到一个合适的新伴侣也是很重要的,但这种情感关系的重建类型和时机却因人而异。

当一方已逝,另一方还在时,要找到新的爱情,活着的一方就必须面对多种独特的挑战。寡妇们会将已故的伴侣理想化,而且她们对伴侣的深厚爱情可能是持续不断的、永恒的。因此,她们在建立新的情感关系时还要处理复杂的情感问题,这就使得重新爱上他人变得更加艰难。是否应该忘记前任,是否要让现任取代前任,这些问题使她们在开始建立新的情感关系时遇到的状况变得更复杂。

阿尔茨海默病不仅给爱情增加了障碍,还带来了一系列特定的问题。因为这种病症会对情感关系中的某些重要方面产生影响——双方有深远意义的沟通交流和共同体验,包括平常的互动、性爱、关怀、友情、互惠和爱等。虽然每个人的经历体验都不相同,但阿尔茨海默病的确改变了伴侣间沟通和互动的方式。虽然这种病症并不是深厚而有限的爱的障碍,但人们还是需要对新的情感关系做出重大调整。

晚年的情感体验带给人更多的是平静,而非兴奋刺激。平静和刺激在爱情关系中都很重要,我们的问题不在于从这两者中挑选一个,而在于怎样把握两者间的平衡。

爱的障碍在生命历程中随处可见。年老者可以重新平衡伴侣建设性参与情感关系的能力,当伴侣一方患上阿尔茨海默病时,维持双方的爱情需要巨大的牺牲。人们必须认真考虑,这种病症对双方的关系和双方各自的充实且幸福的生活有何影响。这是我们尊重并维系深厚的爱情关系所必需的完整性的方式。

Chapter 12

多角恋会提高爱情关系的质量吗?

改变能力的高低是衡量一个人智力的标准。

——爱因斯坦(Albert Einstein)

克服通往持久而深厚的爱情之路的障碍,是如今的恋人们面对的复杂任务的一个方面;另一个方面就是,恋人们怎样让爱情生活(尤其是一夫一妻制的情感生活)更加灵活化。本章开始部分,我首先调查了单身人士对爱情的态度,这些态度表达了他们在不考虑自己当前的状况下的真诚愿望。

单身人士真正想要的是什么?

婚姻就像一个鸟笼,笼子外的人拼命想进来,而笼子里的人拼命想出去。

——法国作家米歇尔·蒙田

许多已婚人士都羡慕单身人士,因为他们能更自由地与他人发展关系。那单身人士会因已婚人士拥有持久而深厚的情感关系而嫉妒他们吗？由海伦·费舍尔主导的第八届美国单身人口研究（2018年）显示了令人惊讶的趋势走向。

寻求重要的情感关系

> 我一直在找那个Mr. Right，我想所有的单身女士都有这样的想法。
>
> ——一位单身女士

开启一段重要的情感关系意味着你想要跟一个人共度很长一段时间，意味着你要为了这一段深厚的情感关系放弃单身的自由。然而，上文所述的Match公司展开的调查显示，如今，69%的单身人士希望获得重要的情感关系。

根据该项调查，美国年轻人用以下三种主要方式来寻求这种重要的情感关系：闲逛、结识"利益伙伴"和正式的初次约会。这三种方式都需要人们投入时间去进行，并受人们希望达到的情感关系的深厚程度来控制。

"闲逛"时，人们不会发生性关系，也并未真正开始第一次正式约会。虽然这种情感关系的重要程度最低，但也是有一些正式的行为规则的。因此，许多单身人士认为，"闲逛"时的约束比正式初次约会时的约束更宽泛一些,例如在约会当天临时取消约会,约会时平均分担费用,不急于发生性关系等。

结识"利益伙伴"则更重要一些。的确,有很多结识了"利益伙伴"的人将双方的关系发展成了持久的情感关系。此外,大部分参与调查的拥有"利益伙伴"的人认为,在他们的情感关系中,双方的友情比性关系更加重要。

正式的初次约会变得越来越受人欢迎(几乎有一半的受访者进行过这样的约会),而且意义重大。若人们在约会前两三天就开始预约餐馆,然后选择在一家不错的餐馆(而不是快餐店)进行第一次约会,那么结束时也是完美收场的,如在对方脸颊上轻吻或接吻,这样更有可能使这段情感关系步入正轨。

单身人士真正想要的是什么?

> 我太聪明了,太苛刻了,太足智多谋了,没有人能完全掌控我,没有人能完全了解我,也没有人能全心爱上我。我拥有的只有自己。
>
> ——西蒙·波伏娃(Simone de Beauvoir)

当今的爱情道路上出现的诸多诱惑对所有人而言都是挑战,单身人士尤甚。对一个局外人而言,这样的爱情世界就是天堂;对所有陷入爱中的人而言,其是一场春梦:无论何时,只

Chapter 12 多角恋会提高爱情关系的质量吗？

要你愿意，就能拥有你想要的一切。然而，我们仔细思考就会发现，这样的春梦是腐朽且无价值的。没有限度的灵活和无常的变化会让人遭遇很多难题。

一些单身人士想将深厚的爱情和多样的性爱结合起来。他们既渴望得到重要而有意义的情感关系，又渴望享受多样化的性爱，这可能吗？在当今社会中，这很难实现。因为它与公认的将深厚的感情和多样化的性爱区分开的准则相违背。大多数人认为，这二者是相互排斥的，不可兼得。你首先享有的是多样化的性爱，你可以尽情享受这种性爱，然后停止，转而追求重要的情感关系。这个过程看起来很有问题，因为大多数人希望两者都能继续下去。他们想要结婚，但不想被婚姻束缚；他们不仅想要自由地呼吸，还想要好好活着。

现在的单身人士（及其他人）都认识到了他们相互冲突的欲望的复杂性。他们绝大部分人都还保留着以往的思想，希望能得到一段长期存在的、深厚的、重要的情感关系。为了达到这个目的，他们使用了多种多样的策略，通过长期不同的互动方式去更好地了解彼此。

爱得太浅还是爱得太深

> 一支蜡烛可以点燃无数支蜡烛,而蜡烛的寿命并不会因此而减少。幸福同样不会因分享而减少。
>
> ——佛陀

> 人心不像箱子那样会被填满,爱得越多,心会越大。
>
> ——电影《她》中的主角萨曼莎(Samantha)

> 有十个男人在门口等我?那送一位回去吧,我很累了。
>
> ——梅·韦斯特(Mae West)

人们批评多角恋关系的地方主要在于,在这种关系中,人的爱太浅薄。作为回复,人可以将爱与幸福作类比,正如佛陀所说的那样,"幸福不会因分享而减少"。从这个角度而言,你爱的人更多,你的心就应该更宽容。分享爱就像分享有限的黄油或分享幸福一样容易吗?分享爱采取的是资源竞争或对比模型,从本质上而言就是一种零和博弈(非合作式博弈,指的是在严格竞争中,一方的收益必然意味着另一方的损失),而分享黄油则是一种扩展的、附加的资源模型。两者都有各自的侧重点。

同时爱上两个人(或两个以上)就一定意味着对他们的爱都"更浅薄"一些吗?如果爱像黄油一样是以数量统计为准的

话,那这个答案是肯定的——将你的爱分给两个人,每个人得到的数量就减少了。爱需要大量的投资:时间、精力、财力资源和情感上的投入。这些事物都是有限的,其中的某些(如时间)也是要按量计算的。从这个角度来看,爱就像黄油一样,你不能希望付出一点点就能收获深厚的爱情,深厚的爱情是需要投入时间和其他的有限资源才能获得的。的确,当同时爱上两个人时,我们通常认为这样的爱是浅薄的:将你的爱分给两个人,那么每个人获得的爱就都会更少。在这种状况下,问题不在于我们的黄油或爱太少了,而在于我们的面包或爱人太多了。

这也是这个问题有意思的地方。爱不是一种有固定能量的实体物质,而是一种能力,被使用时会产生越来越多的正能量,也就是说"不用即废"。因此,要求一个人不随便使用爱,而只将爱留给爱自己的人(就像许多情歌唱的那样)是没有意义的。我们可以从某个方面说性欲是"饱和"的,即我们现在不想(实际上也不能)发生性行为,但我们几乎不能说爱是"饱和"的,即我们现在不能爱人。

应对多角恋关系中爱越分越少这一观点,我们可以说,爱与黄油不同,爱的能量不是以数量来统计的,而是以增长的潜力来统计的。我们也可以这样来测量幸福:一支蜡烛能点亮许多支蜡烛。

让人变得更宽容可能需要具备如下的条件:(1)拓展体验

积极情感的能力;(2)延伸自我的本质;(3)慷慨大度的能力。

芭芭拉·弗雷德里克森在其影响深远的"拓宽——构建"理论中称,幸福和爱情等积极情感会拓展人的瞬时思维和行动技能,有助于人们获得持久的个人资源和能力,即从身体机能和智力到社交和心理承受能力。弗雷德里克森进一步论证了,积极情感不仅意味着个体自己过得充实,也意味着他人过得充实。积极的情感是有价值的,不仅是我们追求的目标,而且作为一种手段,随着时间的推移能让我们的心理得到成长,我们的幸福感得到提高。[1]

除上述拓展体验积极情感这种能力能使人更宽容外,第二种能让人更宽容的能力就是自我延伸。这一模型认为,通过与他人构建关系,我们的本质能够得以延伸,这是因为关系使我们汲取了其他人的资源和观点。随着时间的推移,因为有人际关系,所以人们可以将之前不了解的资源和观念汲取过来而变为己有,以此来"延伸"自己。[2]

体验积极情感能力的拓展和自我本质的延伸,都能够让人理解多角恋是如何通过让人参与多种情感关系,而让人心变得更宽容的。多角恋就是一种自我延伸最大化的爱情关系。

人们还可以说,爱之所以有延展性,可能是因为某些浪漫活动是有包容性的,不是所有有意义的浪漫活动都仅限于在两个人之间的亲密关系中进行;有些活动,如聊天和散步,是可以和很多人一起进行的。因此,这些活动的影响也会延伸到其他人身上。

第三种让人更宽容的能力是慷慨大度。同时爱两个人从某种程度上而言是一种慷慨,跟其他类型的慷慨活动一样,能够让人过得更充实。慷慨是成功的婚姻关系必不可少的积极构建因素。慷慨地将爱赋予两个人能够更好地增加人的良好感觉,并使人变得更宽容。

总而言之,人们对多角恋的态度主要是批评的,即责备这样的爱太过浅薄,但这并不是说,多角恋不会出现在每个人的身上,毕竟,每个人的价值观念不同。这样是否好?毕竟,多角恋有它自己的问题。

多角恋关系的情感质量

我保留同时爱上很多不同的人的权利,以及经常更换伴侣的权利。

——阿娜伊斯·宁(Anaïs Nin)

多角恋会提高爱情关系的质量吗?我们很难测定爱情的延展性和深度,因为这是由多种因素决定的,如爱情强烈度和深厚度,以及情感关系的持续时间。我将这些因素结合起来统称为"成熟之爱"。我们的问题是,多角恋是否能巩固成熟之爱。

同时爱上两个人显然能增强整体的爱情强度,因为爱情强度是靠变化和新鲜感来维持的。在遇到新伴侣时,情感就会更强烈,此阶段通常被称为"新情感能量"阶段。在这一阶段里,人们会迷恋新的伴侣——一切看起来都是美好的,似乎全世界的美景都近在眼前。这时候,人们在处理事情和面对情感关系时会更有创造力,更有活力。[3]

然而,这种附加的新能量的分配是不均等的:新情人激发出人的最强性欲,而这会减少人们在面对主要伴侣时的性欲。虽然我们的"黄油"更多了,但我们的主要伴侣得到的可能却少了。此外,就跟迷恋一样,新的情感关系能量持续时间相对较短,此后,爱情能量有限的问题会变得更加尖锐。

多角恋和爱情深厚度之间的关系要从多方面考虑,这主要是因为培养深厚的爱情需要我们投入大量的时间。虽然随着时间的推移,爱情的强度会减弱,但深厚程度却会增强。相应地,我们如果有多位伴侣,那么跟每一位相处的时间自然会减少。无论如何,多角恋关系增加了复杂性,而这种复杂性影响了情感的深厚度。在复杂的爱情环境中,我们需要深刻地了解其他伴侣。因此,认为多角恋和情感深厚度相互排斥是错误的。多角恋情感关系可以不断为人提供机会,让人得以延伸自我的本质。但是,这种数量上的增多会使当前情感关系的质量降低。

人们之所以选择多角恋，似乎就是因为这种关系中个人比较自由，人们可以自由选择增加伴侣来让乏味的情感生活变得更丰富多彩。但是，这种自由是需要付出代价的：它限制了我们管理主次关系的自由，而这种主次关系现在是一种更大的、有自己限制的网络的一部分。这些限制主要是针对那些不是你选择的次要伴侣。相似地，如果你生活在一个群体之中，那这个群体就决定了你生活的一部分。是选爱情自由的生活，还是爱情不那么自由的生活，这种取舍的问题变得不再那么隐私了。当爱情关系变得更加浅薄时（这种关系仅限于性关系，就像性开放式婚姻一样），个人生活几乎没有被什么限制。

努力经营你的情感关系

无论你做什么我都爱你，不过你有必要总是这么做吗？

——琼·伊尔斯利·克拉克（Jean Illsley Clarke）

爱上一个人比维持爱情关系要容易得多，而我们从爱中走出来的速度比陷入爱中的速度要慢得多。维持爱情关系，人需要有意识地付出努力。虽然几乎所有人都在有意识地维持自己的情感关系，但每个人付出的努力并不是对等的。此外，正如劳拉·吉普尼斯所说的那样，"良好的人际关系需要努力去维持,但不幸的是,人在爱情上总是努力过头,其效果也不是很好。从性爱方面而言,游戏才是有效的。"吉普尼斯还提到,没有人会只去做通奸之事。[4]如果爱情看起来像工作,那么你显然不是在正确的工作场所。如今,各种各样的工作都是有价值的。在传统意义上,那些令人不愉快的劳务型工作,如打扫房间或付账等,很难被认为是"工作"。我们显然不想让爱变成这种令人不愉快的事物。然而,并不是所有的爱情关系都是从一见钟情开始的,持久的情感关系需要我们做有意义的(通常,但并不总是令人愉悦的)事情来巩固。

结束语

> 我的爱一次只能给一个人,换句话说,每一段感情我都毫无保留,倾注所有。
> ——一位有两段恋爱经历的女士

如今,爱情机遇很多,人们很难因自己找到的伴侣而开心,而通常会羡慕那些跟自己的情感经历不同的人。就这一点而言,许多已婚人士会羡慕单身人士的情感自由,而大部分单身人士在寻求既能满足情感多样化,也能满足性爱多样化的重要

Chapter 12 多角恋会提高爱情关系的质量吗？

的情感关系。

由于现代社会对待爱情方式的改变，关于爱情排他性的范围出现了重要问题，包括如何有效地保持它的相对灵活性（实际仍然是受限的）的问题。社会习俗让我们认为，浪漫爱情是一次只针对一人的一种情感。但是，同时爱上不同的人也是可能的，而这也引出了重要的心理学问题。

多角恋和爱情深厚度之间的关系要从多方面考虑，简单地认为多角恋和情感深厚度相互排斥是错误的。多角恋情感关系表面上看似乎可以不断为人提供"机会"。但是必须看到，这种数量上的增多会降低当前情感关系的质量。

Chapter 13
把握平衡能让爱情之花繁盛

我想提醒你,不要把维持平衡当作一种周而复始的例行工作。

——凯文·托曼(Kevin Thoman)

我绝对需要和一个冷静的人约会。

——芙蕾达·平托(Freida Pinto)

现代的爱情关系除了更多元化、更灵活之外,还有另一种令人吃惊的变化:情感的深度也增加了。这一点毫无疑问,强烈的爱情体验当然是有价值的。然而,我们高速发展的社会充斥的都是这种强烈的爱情体验带来的肤浅的刺激。难以接受新思想、观念传统的人通常会成为这种快节奏生活的受害者,而接受能力强、观念新颖的人这时就占了上风。社交网络的发展使人们的联系更迅速,但减少了感情的深厚度,增加了人们的孤独感。这种感觉的产生不是因为缺乏社交联络,而是因为缺乏有意义的、深厚的情感关系。随着我们寿命的延长,以及社会提供的肤浅体验越来越多,人们更加重视爱情的深厚度的价值。如今,要让幸福升级靠的不是短暂而刺激的体验,而是建立并加强持久而健康的情感关系的能力。

在本章中,我将论述一些能让持久而深厚的爱情繁荣健康的理念。它们将改变传统意义上对爱情关系严格的观念。虽然我相信传统思想中仍然有许多值得我们追求的、对我们的婚姻生活有指导价值的观念,但重点应该放在更温和的观念上,以促进深厚爱情的发展。

我们通常认为,浪漫爱情是一种不容妥协的极端态度,陷入爱中的人是极端敏感的,需要与伴侣非常亲密,而且这种感情能带给人强烈的刺激。这种极端态度的主旨是保护(和预防)情感关系。在此基础上,我建议再加上合适的环境,就是双方不要太过沉醉,保持适度的淡漠、距离和冷静。按照这种观念,深厚的浪漫爱情本质上就是一种相互扶持的态度。

我并不是说,接受了新的观念就该摒弃陈旧的观念。我的建议是,将新旧观念结合起来,以创造一种营养更均衡的新式爱情大餐。

强度适中(而非狂野)是新的爱情趋势

要是能够少爱一点,我现在应该会更幸福。

——菲利普·詹姆斯·贝利(Philip James Bailey)

无所事事的青年期,容易受到各种诱惑。因为太过敏感,我浪费了我的生命。

——阿蒂尔·兰波(Arthur Rimbaud)

虽然偶尔体验狂野、激烈的浪漫爱情是令人向往的、刺激的，但我认为这并不是让浪漫爱情持久的条件。从这个意义上而言，爱情的深度是没有限制的，增加爱情的深度总是有益的。考虑到情感的深度是可以增加的，这里所说的适中指的是人接受勉强够好的伴侣的能力。这样的伴侣虽然可能不是最热情性感的，但却能够提供相对较为深厚的情感。

亚里士多德认为，追求过度是不好的，情感的过度强烈可能会带来伤害。不仅如此，亚里士多德还说，情感消耗过度也是不利的。因此，爱太多或太少对人都不好。理想的状况是把握情感平衡。亚里士多德继续解释说，衡量一件事情的真正标准是看它是否合适，也就是说，它是否适用于既定的环境状况。对年轻人而言，适中的情感态度可能是感情越强烈越好。同理，在极端危险的境况下，人的反应也应是极端的。在安全的情况下，几乎不会出现极端的问题。中庸之道并不适用于理智德性，只适用于道德德性，而在道德上，恰当和平衡才是最重要的。[1]

我们已经知道，虽然太过强烈的情感通常会阻碍情感深度的发展，而太过强烈的爱情几乎没有深度。但是，因为爱情的深度是一个程度问题，而要达到高程度是很难的，所以，人们认为双方持有彼此（至少）是足够好的伴侣的态度就可以了。

持久而深厚的爱情既能长盛不衰，也能给我们的幸福生活带来益处，这些好处都是显而易见的。亚里士多德提出的幸福主义（eudaimonia）在这里很重要。他认为，双方参与有深远内在意义的活动是让人过得幸福而充实的最重要的方式，尽管他也承认，某些意义不深远的活动也能促使人充实、幸福地生活。人过得充实而幸福并不意味着沉迷于短暂的、肤浅的欢愉之中，而在于花更长的时间去施展自己本来的才能。

那么，从长期来看，我们可以说适度的爱比强烈的爱更适合我们吗？我认为，虽然偶尔体验一下狂野的、强烈的爱情是令人向往的、刺激的，但这不是让爱情持久的办法。适度的浪漫爱情，既有深度又具有内在意义，并且能够发展、成熟，是维持持久且繁荣的爱情的基础。深厚的爱有很多好处，我们不应该放弃寻找这样的爱。然而，追求深厚的爱并不意味着要放弃体验强烈的爱；相反，这种爱的强度保持在中等水平，比平常的爱稍高一点。深厚的爱虽然限制了人对极端的爱的追求，但并不能完全制止人对这种爱的追求。

适度的积极情感和消极情感都有利于我们的幸福生活和持久的爱情。爱情强烈度过高的问题在于，当它使情感关系蒙上阴影时，就会很麻烦。

适度的冷淡是新的爱情敏感

> 不要太屈服于感情,在这个错综复杂的世界上,最不幸的事就是有一颗过分敏感的心。
>
> ——德国文学家约翰·沃尔夫冈·冯·歌德(Johann Wolfgang Von Goethe)

在爱情关系中,敏感是一件好事:它通常被认为是良好的爱情关系中极其重要的支柱之一。虽然事实的确如此,但是过分敏感会给情感关系带来负面影响。在任何一种关系中,一定程度的冷淡都是有价值的,尤其是在面对大量诱人的爱情选择时。

伊莱恩·阿伦探讨了高度敏感的人群的特征,这些人约占全球总人口的20%。她认为,这些人是那种"领会事物的微妙之处,反思深刻,因此很容易不知所措"的人。因此,当高度敏感的人陷入爱河时,"他们会为了满足而追求更深刻的爱;他们能从伴侣的缺陷或行为中看到更多具有威胁性的后果;如果真的出现了危机迹象,他们会思前想后,担心状况会变得更糟"。无论是对积极的还是消极的环境因素,他们都会更加敏感。因此,他们更容易感受到压力,更容易产生同理心。[2]

爱情的敏感性可以是针对伴侣的,也可以是针对其他潜在的爱情伴侣的。这样的敏感性会让人不断寻找更好的伴侣。正如上文所述，这样的寻找通常是徒劳无功的，会让你对自己的爱情体验不满，因此也会阻碍持久爱情的健康成长。好奇心会让我们对每一扇敞开的爱情之门都很敏感，这些爱情之门诱惑我们进入其中，以免我们错过任何选择。如果试图享受所有的选择，你就会面临失去现有爱情关系的风险。在一个资源有限、价值观相冲突的世界中，关上某些门，也就是说对这些门内的风景保持某种程度的冷淡，这虽然很难做到，但却是有必要的。爱需要我们进行大量的投资。对所有的选择都很敏感可能会分散我们对某个人的集中投资。

丹·艾瑞里声称，人们有一种非理性的倾向，喜欢自由选择。这种状态若保持太久，往往会使人们走上不切实际的道路。现代社会更加自由了，人们"不是缺少机会，而是拥有过多的机会"。我们不管付出多少代价，都想要去品味和体验生活的种种。艾瑞里说，我们可以选择体验的事物太多了。他指出，这样的行为的一个风险在于，如果我们不投入足够的资源维持，某些选择就会消失。这种消失的速度可能太过缓慢，以至于我们根本注意不到。他认为，我们需要关闭某些选择之门，否则那些更好的选择可能根本存活不了。我们做出的选择有太多是要付出代价的，有时候，这种代价远远高于做出选择获得的收益。[3]

从一个简单的观点来看，认知敏感意味着你越敏感，你发现的相关信息就越多，你们的情感关系就会越好。这个观点的问题在于，了解得更多并不总能提高情感关系的质量。有时候，情感上的无知也是有用的。因此，法国作家弗朗索瓦·德·拉罗什富科认为，"在友情和爱情中，无知比博学往往更能使我们幸福"。维持爱情关系既需要人保持积极的幻想，也需要彼此有准确的认知。然而，爱情上的无知只在某些特定的情况下才有价值，也仅对某些人管用。通常，深厚的爱情关系中有这样一种观念："了解你就是爱你。"这是因为更多的了解和认识使双方更容易理解彼此，从而增加对彼此的敏感度。但是在这方面存在个人和环境的差异。更了解彼此，并不是让人重点关注伴侣令人不快的缺点。关注我们无法改变的东西只会增加痛苦。

爱情的敏感性在有限的范围内最有效。就像我不能爱所有人一样，我也不能对爱人的所有特性和行为持有同样的敏感度和态度。爱情的敏感性集中于对爱情关系最重要、最有意义的特质。如果没有这种侧重和优先顺序，敏感性就会变得有害。如果我们对待一分钱的态度就像对待一百万元的态度一样，敏感性就会给我们带来不相干甚至是破坏性的影响。

为什么你应该对伴侣的行为保持适度的冷淡呢？一切都是为了信任。如果你信任对方，那就不太可能为了不重要的缺陷或是不合适的行为担心、焦虑。信任需要一定程度的冷淡——你要确信对方的行为是出于爱和善意。显然，伴侣间是需要信任的，但是也无须总是去验证彼此是否信任。对伴侣的某些缺点，我们不应视而不见，或至少不应完全视而不见，而应该不那么重视它们。如果我们把每件事都看得同等重要，就无法安排好自己的生活。我们必须给不同的事物进行优先排序。我们必须学会对一些问题不再那么敏感，也应该学会对某些问题保持更敏感的态度，否则我们的精神系统就会不堪重负。爱需要我们对被爱之人敏感。然而，太过敏感会毁掉爱情；不加约束的敏感，就像无限度的自由一样，会扰乱我们对不同事物的优先排序的排列。

研究表明，深爱伴侣的人确实具备这种适度的冷淡态度。加斯·弗莱彻和他的同事们认为，追求专一度高的情感关系的人更趋向于认为，那些单身的、还没有定下情感关系的人更有吸引力。为了消除另一种浪漫选择的威胁，那些情感专一度更高的人会淡化其他潜在伴侣的魅力。他们总结称，某些认知偏见是阻止人不断寻找，并巩固已有的情感关系纽带的有效策略。[4]

20世纪30年代有一首很棒的情歌是这样唱的："我每天看到无数人从眼前经过，然后慢慢消失——但我只被你吸引了，我只喜欢你。"词是阿尔·迪宾写的，代表着一种很棒的爱情理想。当然，专一的爱人没有认知缺陷（他们不会认识不到其他可能的爱情抉择），但确实会有评估点的变化（他们对这些选择并不太感兴趣）。深厚的爱情关系能阻制人另找伴侣的行为，却不能完全阻断他们对其他潜在伴侣的欲望。

的确,敏感是情感的标志,对爱情至关重要。爱需要我们对自己爱的人保持敏感,然而,敏感过度却会毁掉爱情,因为它扰乱了我们对事情的优先排序。爱不仅仅需要敏感,也需要一定程度的冷淡。当然,我并不是提倡冷淡,即对什么都不感兴趣,缺乏热情和积极性,也因此不愿意做任何努力去改变。适度的冷淡仍然是一种敏感,是由我们更深远的价值观决定的。如今,我们面临着诸多诱人的选择,这让我们难以维持持久的情感关系。对诱人的选择和爱人的缺点、错误保持合理范围内的冷淡,能够让人维持情感关系。

保持一定的距离是一种新的亲密方式

站在一起,但别靠得太近,因为教堂的石柱也是各立一处的,橡树和柏树也不是在彼此的树荫下成长起来的。

——黎巴嫩作家卡里·纪伯伦(Kahlil Gibran)

在真爱中,一点点距离都显得很远,而再远的距离也可以跨越。

——汉斯·诺文斯(Hans Nouwens)

在时间上和位置上靠近你的伴侣是浪漫爱情的核心。这是因为人们通常认为,彼此深爱的两个人是灵魂伴侣,应该合为一体。然而,这种错误的观念与伴侣应该享受一定程度的自主性的现实相冲突。因此,在深厚的爱情关系中,双方一定存在某些位置上和时间上的距离。这种距离的本质是什么?这种距离真的是无法忍受的吗?

距离和亲密程度的差异有三种区分方式:时间、位置和心理。这些方式之间的关系是复杂的。我这里主要讲的是时间和位置上的距离对爱情亲密度(这是一种心理上的亲近)的影响。

时间距离:你总是想跟你爱的人在一起吗?

只有在开始下雪的时候,你才会想念太阳;只有在放弃她的时候,你才知道你爱她。

——佚名

伴侣能够忍受时间上的距离吗,即能够忍受等待吗?耐心指的是能够忍受等待,尤其当遇到困难或挫折时,人们不会感到烦恼和沮丧。激情包括兴奋或激动,以及感受强烈情绪的倾向。爱得深沉的人应该是可以把握耐心程度的人,因为深厚的爱情中既有强烈的性欲,也有平静的深爱。

爱情歌曲中,人们的愿望就是"总是"跟爱人在一起,"直至永远"。这个愿望有两种表达方式:(1)想与爱人共度余生;

（2）每一天都尽可能和爱人一起度过。这两种表达方式并不完全相同：有的人可能希望和爱人共度余生，但只想和爱人共同度过周末。这两种愿望背后有什么要求？

与爱人共度余生的愿望表现的并不一定是深厚的爱情，这可能只是表达了想和一位理性的家长、养家者或很棒的性伴侣开心过一生的愿望。然而，每一天都尽可能跟爱人共度的愿望则表达了一种深厚的爱，这种在一起的愿望就是想要一起充分享受生活的表现。无论电影是否好看，相爱的伴侣都会一起去看（除非是他们确实讨厌的电影）。尽管伴侣双方喜欢各自跟其他人一起参加活动，但仍然想要共度余生。一种活动并不会阻碍其他的活动，因为我们的生命中充满了有内在价值且能让人享受其中的活动。没有理由期待某个人能满足我们所有的需求。

虽然深厚的爱情中的伴侣都想每天尽可能多地与对方待在一起，但双方也需要保持一点距离，以创建自己的个人空间，让彼此永久相伴。

距离产生美

远距离的情感关系能为心灵做一些近距离的、日复一日的陪伴做不到的事情。

——爱尔兰诗人托马斯·摩尔（Thomas Moore）

距离不会让人产生隔阂，沉默才会。

——杰夫·胡德（Jeff Hood）

我们已经知道，恋人们可以忍受时间上的距离，但他们能忍受空间上的距离吗？真正的亲近似乎是浪漫爱情的必要条件，部分原因是这样方便双方的性爱活动。此外，在过去，"一生唯一的挚爱"似乎一直在陪伴自己。因为与建立远距离的情感关系相比，这样不用投入太多资源和努力。

如今，越来越多的伴侣分居在相距甚远的两地了。以通勤婚姻（出于工作等原因，配偶双方大部分时间分居两地，定期见面）为例来说明。通勤婚姻指的是，双方虽然维持婚姻关系，但通常因为工作、教育需求或对双重职业的追求而分居两地。虽然如此，但双方用如电话、视频、短信、Skype（一种即时通信软件）和电子邮件等方式实现直接、即时的相互沟通交流，这种沟通交流可以维持一段持续性的、有意义的爱情关系。

大量的研究证实，在维持和巩固情感关系方面，远距离的情感关系的作用和近距离的情感关系的作用是一样的,甚至还稍强一些。在远距离的情感关系中,伴侣双方享受的个人空间更大,这也让他们个人过得更加充实,双方相处更和谐。多项研究表明,与近距离的约会相比,远距离约会时的交流亲密度更高,交流更积极,争论更少。公开坦然和积极这两种在亲密关系中表露自我的策略,经常在远距离的情感关系中被观察到。这些策略能让情感关系更稳定,让双方对彼此的关系更满足。专一度和信任在所有的情感关系中都很重要,而在远距离的情感关系中更是如此。因为远距离的情感关系中更可能发生威胁到情感关系的事情。虽然远距离的情感关系中发生婚外情的概率较高,但与平常的婚姻相比,其概率相差不大,甚至还略小一点,离婚率也是一样。在近距离的情感关系中,同居是浪漫爱情的关键促进因素,而在远距离的情感关系中,双方对彼此情感的专一度比同居更重要。[5]

在我们的网络社会中,距离远也消除了一些消极的影响。有时候,分居两地比同居于一个屋檐下更有利于持久而深厚的爱情的培养和维持。远距离让越来越多的伴侣在情感上变得更亲密了,那我们是否可以说,保持一定的距离是一种新的亲密方式?

在远距离的情感关系中,双方的沟通交流有限,不同的规划代表着彼此不同的需求。当这种情况发生时,这种情感关系

Chapter 13 把握平衡能让爱情之花繁盛

中的人们有时会觉得不幸,认为彼此的情感关系无法完全让自己满足。最重要的是,此时伴侣双方不会因为琐碎的小事进行日常的沟通交流。经常性地打电话或在线沟通是有用的,但不足以让双方对彼此的婚姻关系完全满意。[6]卡拉·梅森·贝尔根说,许多远距离的婚姻关系中的妻子称,她们的婚姻是"世上最好的"。也有很多人称这种婚姻关系"将两个人的世界分隔开来",这是"世上最好的"婚姻关系,因为妻子既是独立的,也是有依靠的。她们会利用所有机会让自己过得充实而幸福,并且仍然维持着健康的婚姻关系。但她们也觉得这种关系"将两个人的世界分隔开来",因为她们的生活被分割在两个不同的地方。[7]

由于距离远会让人们将伴侣理想化,所以,远距离情感关系中的伴侣双方对彼此的态度更为积极,对彼此的看法也更理想化。这可能会导致他们对彼此间的关系做出不准确的评价。因此,从理论上来说,远距离的婚姻关系在婚后一年内的离婚率应比近距离的婚姻关系的离婚率低。然而事实上,这两种婚姻状况的离婚率差不多。将对方理想化通常是自证的预言,也能有效巩固婚姻关系,所以这从一个方面解释了远距离婚姻关系的质量高的原因。的确,经历了远距离情感关系之后生活到一起的某些夫妻声称,他们已经没有了想念彼此的感觉,而且也没有了想见对方的欲望。[8]

因为现在有越来越多的伴侣出于工作原因而步入了远距离情感关系之中,所以双方分开的时间既可能对维护婚姻有利,也可能造成双方离婚。要获得令人满意的爱情关系,伴侣双方就要保持合适的真实距离和情感距离。保持距离是需要付出代价的,但双方都想要保持的距离能够减少那些代价的消极影响。虽然有很多伴侣在思考该怎样缩短双方的距离,但也有些人会为了个人成长所需的空间而拉长双方的距离。确定合适的距离并不容易,但这样做能减轻亲密关系中伴侣双方的沉重负担。嗯,爱是没有准则的。

因为处境变化而产生的距离往往对情感关系有利。然而,如果为了维持这种关系,事先决定与伴侣保持距离,那么这通常会产生适得其反的效果。但如果伴侣双方都有一定的个人空间,那么这对所有的情感关系都是有利的。

体现深厚爱情的远距离情感关系越来越普遍,也让越来越多的人从中受益。这么看来,保持一定的空间上的距离的确算是一种新的亲密方式,但这并不会降低其他的亲密方式的价值。

爱情需要"软骨"

> 你与某人越亲近,就越不能忍受与对方保持距离。
>
> ——迪(Tea)

> 我们需要为了亲近彼此而保持距离吗?
>
> ——萨拉·杰西卡·帕克(Sarah Jessica Parker)

长久以来,人们一直认为要巩固情感关系——双方的空间距离要近,而且双方要经常进行面对面的交流和沟通。然而,太过靠近可不是件好事。由于长期与爱人相处能够促使人幸福地去生活,所以,当我们独自一人就能完成那些令自己过得幸福而充实的活动时,完全消除与爱人的所有时间和空间上的距离可能也是有害的。

软骨是人体的结缔组织,它能为身体组织提供支撑,保护骨骼免受摩擦。缺少它,关节处的骨骼就会相互摩擦。爱情中的距离可以被视为一种与软骨作用相似的减震器:它能够保护相爱的人免遭因过分亲近造成的摩擦。在亲密关系中,人们会保持不同的距离,以减少摩擦。

在人们理想的爱情关系中,伴侣双方是密不可分的。婚姻专家警告说,与心爱之人相处太久会减少双方的爱,这与人们理想中的爱情关系相反。[9]的确,在爱情中,伴侣双方有必要保持一定的距离，给彼此留有一定的个人空间。这种距离会让伴侣双方更看重彼此间深厚的感情，让他们忽略掉那些肤浅的问题。双方长时间地保持遥远的距离可能会对情感关系有害，但适度的距离可能是有益的。

人有时候会希望与他人保持一点距离，这可能是因为觉得对方的影响力太大或要求太苛刻。德布拉·马谢克和米歇尔·舍曼编纂了一份那些反感与伴侣长期相处的人用于描述自己状况的词汇表："被困在牢笼里""被控制了""不平衡""被束缚了""与对方融合在一起了""无法逃离""受了压迫""被压倒了""被占据了""被囚禁了""受限了""被压制了""受困了"。这些短语都表述了一种极度受控的状况，这种状况影响了个人的自由。确实，希望与对方保持距离的主要原因是人们将彼此的长相厮守视为对方对自己的控制。在马谢克和舍曼的访问中，一位受访者表示："在一起七年来，我们的每一个决定，从晚餐吃什么到去哪里住，都是由我们两个人共同决定的，而有些决定我希望自己做主，不希望我的生活是跟伴侣紧紧绑在一起的。"[10]毫无疑问，个人的独立自主也能巩固深厚的浪漫爱情。

有距离,两颗心就会变得更贴近吗?

别离之于爱情好比风之于火:它能使小火熄灭,能使大火燎原。

——法国作家比西·拉比旦(Roger de Rabutin)

虽然人们都说"别离使两颗心靠得更近",但无论是长相厮守还是暂时别离,都既可能让两颗心贴得更近,也可能让彼此的爱意消散。

因离别而产生的距离强化了我们对爱情关系的态度,它既能够熄灭微弱的爱情之光,也能让爱情散发出耀眼的光芒。因此,保持距离是让破碎的心复原的最好方式,与此同时,也是使游移不定的心安定下来的好办法。从这个角度而言,长期相处会让你看不到所爱之人的特质,就像把东西放到眼睛上,由于距离太过接近而什么都看不清。不过相互接近,促进彼此沟通交流能够使双方的感情得到加深。

重申一次,把握平衡(这里说的是把握和亲密之间远近的平衡)是最重要的。

平静而有活力是新的爱情刺激方式

我发现了一种奇妙的平静,它正在我体内繁衍生息,这是一种新的爱之奇迹(全新的),一切都是安静的、沉稳的,毫无压力,也毫无恐惧。

——耶胡达·本泽夫(Yehuda Ben-Ze'ev)

真爱不是一种强烈如火、冲动的激情,反而是一种平静而深沉的情感,它不是仅靠外表吸引力就能产生的,只会因人身上展现出的优秀特质而显现。它是明智的,很容易被鉴别,人们甘愿为之奉献一切,这种愿望是真诚而持久的。

——埃伦·G.怀特(Ellen G. White)

因为情绪是变化无常的,所以人们常常将它比喻成风暴和火。我们已经认识到情绪是不稳定的,过于强烈的情绪预示着极度的兴奋和恼怒。情绪能夸大状况,让它们看起来非常紧急,要求我们快速调度资源来处理状况——浪漫爱情就能让我们产生这样的感受。正如贝齐·普里奥洛所说的那样,"在平静的水中,爱会变得微咸发苦,它还需要用阻碍和困难来搅动,并以惊喜调味"。因此,"轻松就能得到的东西,人们是不会去珍惜的"。[11]

我认为,上述内容是短暂而激烈的爱情关系的合理描述,而不是持久而深厚的情感关系的合理描述。因为后者带给人的刺激是平静的,但也是有活力的。这样的爱有可能实现吗?

德国哲学家弗里德里希·坎巴特尔认为,平静不是让人努力去控制那些自己无法控制的事物,而是让那些不在我们控制之内的事物不会影响到我们生命的意义。例如,第一,无法改变的生活条件;第二,其他人;第三,我们自己;等等。坎巴特尔还称,我们只要平静下来,就不会再无休止地去努力掌控我们无法控制的事物。[12]

在日常生活中,平静指的是远离恼怒或激动、兴奋。当我们说天气平静时,就是在说我们短期内不会遭遇飓风、狂风或惊涛骇浪。然而,这里我所说的平静是没有任何消极情绪的,如压力、恼怒、不幸或伤痛,但它可能充满着积极的兴奋感。正如茱莉亚·罗伯茨所言,"我喜欢的一种能量就是平静的能量"。虽然平静意味着没有暴力性的、冲动性的活动,但也不意味着能让人过得充实幸福的、有内在价值的积极活动。有意思的是,正因为深刻的平静能激发出人内心的力量,所以在某些情况下,平静的心态可以被视为一种内在的武器(想一想英国作家奥斯卡·王尔德所说的"没有什么比平静更有力量了")。

在讨论情感和情绪时,两种基本的感觉——兴奋和愉悦——是相关联的。罗伯特·塞耶认为,兴奋有两种发展趋势,一种是从充沛到疲累,另一种是从紧张到平静。这样,我们就有了四种感受状态:平静而有能量,平静却疲累,紧张而有能量,紧张且疲惫。每一种状态都与能给人带来愉悦兴奋状态的某一点相关。塞耶认为,最令人开心的是平静而有能量的状态,而紧张且疲惫则是最令人难受的状态。[13]

塞耶称,许多人都分不清平静而有能量和紧张而有能量的状态的差异,因为他们认为,只要精力充沛,就会在当前的状况下感到紧张。他说,对许多西方人而言,平静而有能量的状态是陌生的,但对世界其他地区的人而言,这种状态是很寻常的。塞耶引用了日本禅宗大师铃木俊隆的话:"思绪平静不意味着你应该停止活动,真正的平静应该能从活动中表现出来,人不活动时保持平静很容易,但在参与活动时还能保持平静,这才是真正的平静。"[14]这种动态的平静能够从促使人们过得充实幸福且有内在意义的活动中体现出来。

有内在意义的活动能够让情感关系的双方都过得充实,而且也能让他们在一起时获得幸福,而深厚的爱情也能够通过这样的活动培养出来。这种深厚的爱情不是通过让自己的活动屈从于所爱之人的活动来培养的,而是通过所爱之人的活动与自己参与的有深刻内在意义的活动互相兼容来发展的。此外,这样的活动必须能够让伴侣双方都获得幸福和充实。在深厚的爱情关系中,双方参与的活动可以是平静而有能量的,爱情的平静是通过双方都深深地信任彼此而达到的,能量则是由双方共同参与的活动带来的。

平静而有能量的爱能够解决爱情稳定性的难题,这种难题涉及大家共有的愿望,那就是拥有既能让人感到刺激又能稳定发展的爱情。伴侣们都希望他们的爱情既是令人兴奋刺激的,又是稳定多变的。他们想要感受到绝对的活力。例如,网上有一个名为"已婚打情骂俏"的群组,他们的箴言是"已婚,但没死"。该群组宣称,只要加入群组,成员们就会"觉得又活过来了"。人们希望他们的爱情关系在平稳发展的同时,仍然能保持初始时强烈的激情。

这个难题其实是在问,持久而稳定的情感关系应该是令人兴奋刺激的,还是死气沉沉、没有活力的?换言之,浪漫爱情一定要短暂而不稳定才令人觉得兴奋刺激吗?正如我在本书中所说的那样,爱情的强度和深度是上述问题答案的关键所在。如果我们认为情感关系只是强烈的,或主要是强烈的,浪漫爱情就不可能既是动态的,又是平静的。然而,如果我们认为有深厚意义的活动是动态的、令人兴奋的,而且能够让人产生强烈的爱,深厚而持久的爱就是强劲的、令人兴奋的。平静虽然不像喧闹那么容易被人察觉,但对爱情和生活而言有一定重要的意义。有时候,让爱情变得不一样的正是平静。

你认为你的爱情是理所当然的吗?

被认为是理所当然的可能是一句恭维话,这意味着你成为另一个人生命中舒适而值得信赖的一部分。

——作家乔伊斯·布拉泽斯(Joyce Brothers)

婚姻咨询师们最喜欢给伴侣们提这样一句建议:不要理所当然地将你的伴侣当作应该存在的人!这句话非常明智,尤其是在说到强烈的爱情时。改变和一点点的不确定性的确能够使濒死的爱情死灰复燃。相反,良好的现状会愚弄我们,让我们认为无须为情感关系而努力。然而,当双方的爱非常深,而且双方非常信任彼此时,另一种更深层次的理所当然的感觉就出现了。

我们知道,强烈的爱情是有一定的肤浅性的,处在这种情感关系中,情感很容易发生变化。当强烈的爱情和情感变化占据主导地位时,爱人们就总是在忙着寻找更多、更不同的外部刺激,以点燃性欲之火。然而,要想在深厚的爱情中促进伴侣双方情感的蓬勃发展,就需要双方深深地信任彼此,不断地回应对方的爱。找寻新的刺激会毁掉这种信任。如果做个调查,你就会发现,许多人都认为"爱上伴侣"就意味着能够信任伴侣。

在深厚的爱情关系中,我们认为伴侣是理所当然存在的,这并不是说要对伴侣麻木不仁、漠不关心,而是不去关注伴侣是否会离开自己这个问题。我会详细阐述此问题。在深厚的爱情关系中,彼此信任并不会让人免遭风险,其基本态度是不怀疑。将伴侣视为理所当然的存在,并不意味着要参与重复性的、令人厌烦的活动,浪漫爱情是需要变化的。但如果这种变化来源于双方共同参与的令人感到充实的活动,那就是最好的。

虽然彼此信任无法排除出轨的风险,但彼此信任的基本态度是对伴侣持有积极的态度,相信对方是值得信任的。[15]正如我之前所述,当生存遇到危机时,消极的品质就比积极的特质更重要。然而,从长远的角度而言,主动寻找积极特质是有价值的。从短期而言,保持警醒可能能够阻止伴侣做出非分的举动,但从长远来看,"保持警醒"可能会将情感关系变成一场竞争激烈的击剑比赛!

总而言之,平静而有能量的爱情体验能够确保情感关系稳定而不枯燥、乏味,持久而深厚的情感关系既稳定,又能带给人兴奋刺激的感受。事实上,伴侣双方只有共同参与有内在深远意义的活动,促使情感关系平稳发展,并使双方过得幸福而充实,浪漫爱情才能够长盛不衰。

相互扶持是新的爱情条件

现在的问题是,可以爱的人太多,而能获得的爱太少。
——美国歌手克里斯特尔·盖尔(Crystal Gayle,"长发妹")

持久而稳定的爱是以伴侣双方相互扶持为基础的。爱情妥协会为人关闭他们能接触到更好机会的大门,而相互扶持会拓展相爱之人的视野,提供更适合他们需求和能力的机会。扶持可以被认为能帮助人成长、成熟。例如,当养育孩子时,我们会努力培养他们的才能和忍耐力,帮他们与他人建立友情。我们也可以培养伴侣和我们自己,虽然浪漫爱情需要我们付出许多,但只有在情感关系中获得幸福和充实的人才能这样为伴侣付出。

相互扶持时,其价值在于活动本身的"内在活动"优先于追求外在目标的"外在活动"。内在活动往往是与其他活动互补的,而外在活动则更倾向于让人妥协。令人满足的生活包括许多内在活动,当参与这些活动的时候,我们就过得充实和幸福,而不会主动去追求更多,或是更换伴侣。由于人的个性特征是相当稳定的,内在活动更可能维持它本身的价值,从而巩固我们持久的幸福。

虽然现代社会推崇简短有效的外在活动,但内在活动也是无处不在的。因此,无论你喜欢阅读、跳舞,还是做任何让你感到充实的事情,都能从中获得无限的满足和欢愉。随着时间的推移,外在的活动更有可能变得乏味,因为我们不重视这些活动本身,只关注在进行这些活动之后所达成的目标。相互之间和个人的内在活动的价值得到承认,对提高爱情关系的质量至关重要,总是接受他人的关心只会让人不满足。当我们参与内在活动时,我们的伴侣不应该有"被忽略"的感觉,而应该找到他们自己的内在活动,而且我们应努力确保这些活动至少有一部分是由双方合作完成的。

深厚的爱情追求的不是现成的外在产品,而是持续性的、相互的内在活动。现成的外在产品具有自我毁灭性,能够带来即刻的、肤浅的欢愉感,而持续性的、相互的内在活动是能永久存在的,能让人产生深刻的满足感,并不再那么需要妥协。当我们的情感关系能让我们更满足,并扶持我们时,我们就不会想要在情感关系中做出妥协——相反,这样的情感关系会让伴侣过得更幸福。这种相互扶持的环境更能提高我们的能力和能动性,而不会限制我们的能力。相似地,在这样的情感关系中,独特性比排他性更加重要。追求独特性就是要培养我们自己和伴侣。相反,追求排他性则要求我们阻止对方做出不忠的行为。

当然,我们都喜欢住在一个没有妥协的世界里。在爱情中,这意味着我们找到了深厚的爱情关系,这种关系包括参与内在活动,享受激情的性爱,与伴侣互惠互助,相互尊重和关心。健康、富足和幸福比生病、贫穷和痛苦要好,这是毋庸置疑的。问题是,如果你没有遇到理想的白马王子,甚至是与之相接近的人,那你该怎么办?你应该去找这样的王子吗?如果我们得不到"最好的",就应该完全放弃爱情吗?如果爱情不能持久,我们就不应该恋爱吗?什么样的妥协带给人的痛苦最少?这些问题都很难回答,没有什么既定的标准答案——每个人的答案都是不一样的。然而我们也知道,就像走路不能穿太紧的鞋子一样,我们应该避免走极端。

在我们这个全球化的网络世界中,越来越多的人都不再追求深厚的爱情,而是安于偶然性的、短暂的强烈性交活动。然而,我们绝大部分人仍然追求能够令人平静、让伴侣双方相互信任的深厚爱情。将爱情的强度和深度结合起来这个任务,也就成为当前最急切的任务。由于大量的爱情机会可以减少没有爱情的人的数量,所以我们可能会看到爱的回归。

保持一定的灵活性能够使爱情稳定

能屈能伸。

——苏格兰谚语

Chapter 13 把握平衡能让爱情之花繁盛

之前讨论深厚的爱情时，我们已经认识到外在和内在变化在人产生情感和情绪中的重要作用。在我们旅途的最后，我再来讨论一下爱情世界中灵活性的重要性。我们可以认为，灵活性，就是"退一步海阔天空"的特性，是一种在不断变化的境况中做出改变的能力。爱情关系的稳定性是相当重要的，尤其是在稳定了之后，这段情感关系才能变成深厚的情感关系。有意思的是，在我们这个复杂多变的环境里，我们持久的爱情关系正是通过灵活多变来维持稳定的。为了了解这一点，让我们先来考虑一下大众健康中的心理灵活性的作用。

托德·卡什丹和乔纳森·罗滕贝格讨论了心理灵活性（稳定性）对健康的重要性。这种灵活性囊括了人类的大部分能力，如适应环境要求的能力；在需要的时候改变行为的优先次序的能力；维持重要的生活领域之间的平衡的能力；保持开放的心态的能力；坚守根深蒂固的价值观念，并按这些观念做出行为的能力。这些能力涵盖了人们在应对日常生活问题时做出的变动式的、根据特定条件而采取的行为。刻板的行为，就是对自己身处的状况不敏感的行为，它通常是精神病理学的一种症状。卡什丹和罗滕贝格认为，健康的人能够在不稳定的、不可预测的境况中管理好自己，这样的境况中充满了新奇和改变。具备心理灵活性，我们就能找到方式，然后更好地发挥自己的自主性。[16]

心理灵活性是充实幸福的关键所在，在爱情领域也很重要。

而爱情的灵活性与心理灵活性相关:适应环境要求,改变行为的优先次序,把握生活、爱与性需求的平衡。爱情的灵活性要求人们将死板的规则灵活化,而将灵活性与稳定性相结合,能够防止情感关系破裂。

划定爱情界限比维持界限更容易(其他方面也是如此)。虽然常规的界限引导着我们的行为,但现实是相当复杂的。从这一方面而言,引导性规则和具体规则之间的区别是相关的。引导性规则只给出大体的引导,如"安全驾驶",而具体规则的阐述更加细致,如"开车时速不得超过100英里(1英里≈1.609千米)"。安全驾驶的规则多种多样,而且是根据不同的因素而制定的,如驾驶员的驾驶能力和道路状况等。[17]相似地,保障爱情顺遂的规则也是多种多样的,而且是根据个人特征和情感关系的状况而确定的。人们使用特定的规则帮自己应对复杂多变的爱情状况,但是,没有什么黄金规则告诉我们:是什么构成了繁荣、持久的爱情关系。

我们的爱情生活因我们有很多选择而变得更加复杂。正如之前所讨论的那样,这些选择机会不只包括找到新的伴侣,还包括与前任复合。这种状况在年轻人中更为普遍,可以被描述为不在一起,但关系没有完全破裂。这反映了情感关系动态轨迹的存在,这种轨迹涉及"多样化、多向化的改变"。[18]因为前任在我们心中有优先的地位,所以要找到他们就更简单了,而他们也为我们爱情生活的灵活性做出了重要贡献。

爱情中极端的灵活性,也就是我们可以尝试所有的选择,这与我们的价值观念相违背,然而,规则太过严苛也会让我们的情感关系破裂。退一步海阔天空,这是一种妥协,也是一种灵活性,能让我们维持并巩固比理想稍差一些的情感关系。拒绝为理想而妥协的人,通常不得不完全放弃理想。退一步的确要更好一些,但"退"得太多了也对我们有害。

友情与爱情:这两者之间的差异值得我们努力追求吗?

稳定的关系让这个世界变小,脆弱的关系让这个世界变大。

——马克·格兰诺维特(Mark Granovetter)

爱情是一段配了音乐的友谊。

——约瑟夫·坎贝尔(Joseph Campbell)

爱情使重要的人变少,而友情使重要的人增多。

——阿维诺姆·本泽夫(Avomoam Ben-Ze'ev)

毫无疑问,持久的浪漫爱情是很难维持的。这一事实让人们认为,友情比爱情更有价值,因为:(1)爱情的代价比友情的代价更昂贵,风险性也更大;(2)友情比爱情更深厚。既然我们获得深厚的友情更容易,那还有必要"浪费"时间和精力去寻求并维持不确定的、风险高的爱情吗?

我们都知道,浪漫爱情的基本构成是友情和性关系,这些都有助于我们的繁荣和幸福。获得友情或性满足显然比获得持久而深厚的爱情更容易,因为获得深厚的爱情既需要把握友情和性关系的平衡,也需要其他的条件因素。如果我们只寻求纯粹的友情或性满足,那的确可能活得更开心,这也会让我们避免在维持浪漫爱情的过程中经常出现失落和不幸。

也许有人会说,促进持久的爱情关系的主要因素是那些与友情有关的因素,而非爱情。[19]此外,排他性是爱情(尤其是性爱方面的)的主要特性,却不是友情的主要特性。这是一种肤浅的要求,它限制了我们的复杂性和多样性。

这些观念还是有一点道理的。有时候,我们需要把损失最小化,把确定的收益最大化。但重要的是,我们要记住,浪漫爱情是崇高的人类体验之一。此外,他人在爱情上的收获会让我们也渴望爱情,会让我们在缺乏爱情的时候感到难过与悲伤。我们很难逃避浪漫爱情,因为对这种爱的渴望是我们人类的本能。

有时候,我们不得不被迫放弃某些珍贵的爱情机遇。然而,我们也不应将次好的伴侣作为首选,在做出最终的决策之前,我们应该慎重思考。的确，以前放弃了爱情的人如果重新遇到了爱情机遇，就会很开心地拥抱它。虽然他们放弃了获得它的希望，但并没有完全丢弃这种理想。无论如何，这些人都可能不会主动去寻求这种爱，因为这样的寻求是需要付出代价的，也有一定的风险，而他们并不愿意承担这些代价和风险。

排他性从本质上而言是肤浅的，因为这妨碍了我们体验爱情的多样化，降低了爱情的复杂性。毫无疑问，培养深厚的爱情需要你优先考虑对方的需求，就跟其他的情感一样。从本质上而言，浪漫爱情就是要将伴侣与他人区别对待，是有排他性的。因此，我们应该限制其灵活性。在友情中也是如此，正如人们对脸书的评价一样：我们不可能拥有成千上万个密友，这是有上限的。因为浪漫爱情比友情更为复杂、微妙，需要我们投入的努力、时间和其他资源也更多，所以对排他性的要求也更严格一些。

我们不必在爱情和友情中二选一。我们面临的选择是：究竟是选纯粹的友情关系，还是选包含了友情和性爱的爱情关系。爱情的确是加了配乐或配舞的深厚友情。

要经历心痛才能获得的爱情值得追求吗？值得，因为它能让生活变得更有意义、更让人放松，所以答案是肯定的。放弃"音乐"是令人痛苦的，正如尼采所说的那样，"没有音乐，生命将是一个错误"。我认为，没有爱，生命也是一个错误。

结束语

> 真正的幸福要求我们减少想要得到的与能够得到的之间的差距，要求我们保持这两者的完美平衡。只有在人的所有能力都被调动起来时，灵魂才能得到休息，人们才会发现自己的真正位置究竟在何方。
>
> ——卢梭《论教育》

我们已经到达了目的地：持久而深厚的爱情站。任何一位旅客都会告诉你，回顾过往会让一切更清晰。在我们的旅程中，我们看到了很多共存但似乎又自相矛盾的现象：强烈度适中和狂野的情感、敏感和冷漠、距离和亲密度、平静和兴奋、扶持和预防、灵活性和稳定性。这些明显的矛盾源于我们始终想为所有人绘制一张全面的、一致的、理智的图画。然而，我们现在明白了，情感和爱情的动态性和片面性意味着情感和爱情体验是非常复杂的。而且，和乔尼·米歇尔一样，我们"现在可以从两个方面来看待爱情"，深厚的爱情看起来可以是经过时间考验的激情。

想要过上充实的生活，我们就需要知道自己面对的是什么，爱情中的充实和幸福也是如此。强烈的爱意表达了我们在爱情关系初期体验到的兴奋和刺激感，但深厚的爱情是需要花时间来培养的。随着时间的推移,我们能够培养出敏锐的爱情,并为爱情妥协留出空间,但随着爱意的加深,这种强烈的妥协感会逐渐减弱。

爱情中的认同融合(指个人和他人,以及不同群体在情感上和心理上趋同的过程)会招致不幸。健康的情感关系有很大的成长空间,内在活动是幸福生活的基本要素。重要的是,我们要找到支持我们实现个人价值的人。兴奋的感觉是极好的,但只关注兴奋会让我们无法获得更深层次的、更有活力的,以及能让我们获得平静的深厚爱情。

我们都知道,"理想的"爱情关系能促使伴侣双方充实而幸福地生活。为了达到这一目的,不同的人和不同的环境会要求我们做出不同的抉择。现在的爱情环境更多样化了,但灵活性却受限了。虽然在爱情上我们不能在维持健康的同时纵情于我们想要的一切,但也无须以拒绝爱情来抗议,保持适度即可。

编后记：
鲜蛋、陈酿和深厚的爱情

今晚，我为新鲜的、深厚的爱情举杯！

——一位已婚女士

酒从唇间进，爱从眼波起，吾人老死前，唯知此真理。

——叶芝（William Butler Yeats）

美酒在创造浪漫爱情氛围方面的重要作用是尽人皆知的。将陈酿与持久的爱作类比是因为这个吗?

陈酿和持久的爱

喝酒的时候我小杯小杯地喝,这让我渴望喝得更多,但在爱情上我要求得到更多,所以希望它是大剂量地提供的。

——一位离异女士

我心里想要巧克力和酒,但我的牛仔裤说,看在上帝的份儿上,女人,还是吃沙拉吧。

——佚名

爱和酒,听起来比爱和蛋更顺耳,不是吗?尤其是我们都知道,随着时间的推移,酒会越存越香,爱也是如此。因为我已经绕了一圈,所以读者们都知道,其实事情并非那么简单,爱不一定会越存越香,而且不必为此感到惊讶。

我认为,爱和酒有相似的特性,都会随着时间的推移而变得更令人回味。跟其他消费品不一样,酒的质量会随着时间的推移而提高,糖、酸、酚类物质(尤其是单宁)与水的比例是决定葡萄酒陈酿好坏的关键。葡萄中的水分在收获之前越少,酿出的酒可能越醇香。葡萄的品种、种植地的气候、葡萄收获期、栽培过程、存储方式和装瓶期等因素也很重要。[1]

很多因素都会影响葡萄酒的品质。同样,也有很多因素会影响爱情的品质。持久的爱是由个人因素和环境因素决定的,尤其是伴侣之间的沟通交流方面的因素。我们都知道,酒和爱情都不是封闭的系统,两者都会受到一系列因素的影响。在这些因素的影响下,它们的品质或得以巩固,或被降低。在爱情中,更重要的是那些受个人控制的因素,所以,时间对爱的影响没有对酒的影响那么大。因此,专家声称,浓度为5%~10%的葡萄酒在存储一年后品质得到提高,浓度仅为1%的葡萄酒在五年到十年后品质得到提高,但爱情持久的成功率更高(根据一项调查,约三分之一的已婚夫妇在婚后三十年仍然相爱)。[2]葡萄酒似乎比爱情更容易受到外部环境因素的影响。这主要是因为在爱情中,我们有能力开展有内在意义的活动,从而减轻外部环境因素的影响。

酒和浪漫爱情的关系可能就像歌曲里唱的"马和马车"那样密不可分。因此,葡萄酒网站Wine Folly的创始人玛德琳·帕克特称:爱酒是我们的一种嗜好,它有各种不同的芬芳和味道,无论喝了多少,你都还想要更多。[3]这些话更能够用来形容爱情:爱情是一种独特的嗜好,它有各种不同的芬芳和风味,无论你陷得多深,都还想要体验更多。大家都说,人生苦短,喝酒要喝好酒;同样,人生苦短,所以不能把时间浪费在毫无意义的、糟糕的情感关系上。

拿破仑·波拿巴曾说,"只要能喝到香培尔登红葡萄酒,未来就是美好的"。我们也可以说,只要有深厚的爱情相伴,未来就是美好的。

如果你喜欢冰镇果汁朗姆酒

> 我和丈夫偶尔会"逃离"现在的生活,到陌生的国度旅行,我们都很享受这样的"逃离"。
>
> ——一位已婚女士

酒、爱和性是天然的搭档,一杯酒通常会拉开一段性交或浪漫爱情关系的序幕，打破每天的平庸生活。在鲁珀特·霍姆斯的歌曲 *Escape* 中，主人公称他已经厌倦了一直与他相爱的女友，他们在一起时，就像是在播放一张他们最喜欢的歌曲的旧唱片。一天晚上，他在报纸的个人论坛上发现了一封信，写信的女人邀请喜欢冰镇果汁朗姆酒、喜欢淋雨、喜欢午夜时分在海角的沙丘上与他人翻云覆雨的男士与她见面。[4]他按信上提供的方式联系了那位女士，与她确定了约会地点，就准备背叛他的女友，然后……瞧！那个走进酒吧来赴约的正是他的女友，而且她追求的正是他想要的——午夜时分在海角的沙丘上做爱。

这首歌完美地阐述了本书的主旨——我们厌倦了我们深爱的伴侣，在一起太久了，就像是在播放一张最喜欢的歌曲的旧唱片。然而，这歌曲仍然是我们最喜欢的歌曲，我们也想要重复不断地听下去。是的，这首歌可能没有我们第一次听的时候那么令我们陶醉，但这并不意味着，我们不想在午夜时分与对方于海角的沙丘上做爱。而且，与自己的伴侣经历这样一次"逃离"，能够让我们享用到爱情的芬芳与美味。

将爱与蛋相提并论

爱和蛋,只有在新鲜的时候味道才最好。

——俄罗斯谚语(修订版)

提到蛋,我们看重的是两件事——味道和营养价值,蛋只有在新鲜的时候,味道才最好,营养价值才最高。当爱情岌岌可危时,生活就变得更加复杂了。爱在新鲜时,兴奋感(味道)是最强烈的,但当爱情成熟时,这种感情的深度往往是最好的。老话说,"复仇是一道最好的冷盘",而我认为,浪漫爱情不应是冷盘。不过,也无须在其沸点时食用,温度适中才是最好的。

我们通过本书,穿越了爱的大街小巷。这一场旅途下来,我们开始怀疑,是否能让爱保持初始时的新鲜度。如果新鲜的是最好的,那我们在深厚而持久的爱之战役开始之前就会输,因为我们总能遇到比现有的更新鲜、更美味的艳遇。

在爱情上,我不是那种只追求营养的专家,或者建议人们放弃令人愉快但没有营养的爱情,同时承诺说放弃了令人愉快但没有营养的爱情,我们会过得更好。我认为我们正在见证强烈而刺激的爱的复兴。然而,这种新的变革打乱了强烈之爱与深厚之爱的平衡,以至于深厚的爱情现在越来越难以得到了。

当伴侣双方的关系得到培养，伴侣们展现出自己最好的一面时，他们会变得更平静、更幸福、更健康。从这个角度而言，他们在持久的爱情关系中发现了新的"口味"。生活在含有爱情的环境中有助于人们蓬勃发展，他们能继续给自己和伴侣带来惊喜，使彼此成为各自生活中的阳光。

鸣谢

得益于许多人的帮助，这本书才成为如今的模样，我对他们每个人都报以诚挚的感谢。当然，这里我只能列举一部分人。我要特别感谢安格利卡·克雷布斯的真知灼见，我之前还跟她一起合作写了一篇关于时间对爱情的作用的文章，这篇文章也为本书奠定了基础。我还很感激卢克·布伦宁，我与他合作写了一篇关于情感和情绪复杂性的文章，这个主题也是本书的一部分。莫利·泰特尔鲍姆、塔利亚·莫拉格和丹尼尔·阿雷尔读过本书的全部手稿，提出了许多发人深省的问题，这极大地提高了本书的质量。格兰迪·萨科斯、萨拉·特罗珀和玛丽安·罗杰斯，是我最棒的语言编辑员。他们不仅将我的想法用地道的英语表达出来，还将它们变成了结构严谨、有说服力的散文。我还要谢谢芝加哥大学出版社的伊丽莎白·布兰奇·戴森编辑，谢谢她不断地为我提供支持和建议。我曾跟汤姆·安吉尔、露丝·本泽夫、迪克拉·福尔克、里克·富尔塔克、因巴尔·加齐特、阿米胡德·吉列、雅各布·格雷、李尔·格鲁伯、玛莎·哈利维、亚伯拉罕·凯南、易多·兰道、雪拉·莱茨多夫、什凯迪、艾里尔·梅拉、索尼娅·里诺夫纳·克赖德尔、奥里特·沙维特和索尔·史密兰斯基等进行交谈，这些谈话内容极大地启发了我的思维。芝加哥大学出版社的两位匿名评论者也对我的作品提出了相当有帮助的建议。我还要感谢那些慷慨地与我分享了他们独特的爱情经历的人们，本书中也摘录了他们说的一些话。

本书中讨论的某些内容先前以不同的形式出现在我的博客和《今日心理学》杂志上。

本书中匿名人士提供的故事、趣闻和语录都是真实的，我并未捏造其中的任何一则（当然，其中的某些人我用了化名）。虽然我倾向于不合常规地使用不规范的语言，但我认为，浪漫爱情关系的重要组成部分是获得了大家的普遍认可的。了解什么对爱情的蓬勃发展是至关重要的，这对任何一对伴侣都很重要。我讨论的是对男性和女性来说更常见、更普遍的情感关系，所以本书中并没有对女同性恋、男同性恋等情感关系问题进行讨论。然而，我主要讲的是人类的复杂性和独特性，以及人们能够一起建立的深厚而有爱的情感关系，所以个人的性取向问题并不是本书的核心内容。

在本书中，读者们还会发现，我引用的匿名女士的话比男士的话多得多，这只不过反映了女人似乎比男人更可能与我谈论内心的问题。

我要将本书献给我爱了三十多年的妻子露丝。无论何时,只要听到有人夸我是爱情方面的专家,她都会赞同地点头,并说:"是的,他在理论方面很棒。"露丝还喜欢讲这样一个故事:她的父母在第一次见我之后提出资助她一次长期的海外旅行——她独自一人去。我永远感激露丝拒绝了父母的慷慨资助,感谢她给了我无尽的支持和爱。

我已故的兄弟阿维诺安和耶胡达对我的个人行为有重要影响,也影响了我对感情和爱的看法和观念。这里,我也以此书来纪念他们。

注 释

Chapter 1

1. The quotation from Tom Robbins is cited in Solomon,1988,13.
2. Ben-Ze'ev and Goussinsky 2008.
3. Jeffrey Jensen Arnett, *The Clark University Poll of Emerging Adults*, December, 2012,http://www2.clarku.edu/clark-poll-emerging-adults/pdfs/clark-university-poll-emerging-adults-findings.pdf.
4. Baumeister and Bratslavsky 1999; Berscheid 2010; Brewis and Meyer 2005; Buss 1994; Call et al. 1995; Finkel et al. 2015.
5. O'Leary et al. 2012.
6. Acevedo et al. 2012.
7. Finkel et al. 2015. See also Perel 2007.
8. Proulx et al. 2017; Lorber et al. 2015; Birditt et al. 2012.
9. Ben-Ze'ev 2000, 2017b.
10. Spinoza (1677) 1985, IIIp6; IIIdef.aff.; Vp. 39s。上述特性仅属于斯宾诺莎所定义的"被动情感",而不是指例如对上帝明智的爱。
11. See, e.g., Nussbaum 2001, 42.
12. Amodio and Showers 2005; Finkel et al. 2015; Watson et al. 2004.
13. McNulty et al. 2008.
14. Gilbert and Wilson 2007; Roese and Olson 2014.
15. Gilovich and Medvec 1995.
16. Roese and Summerville 2005.

17. Carstensen 2006.

18. See, e.g., Esch and Stefano 2005; Kansky 2018.

19. Myers 2000.

20. Lawrence et al. 2018.

21. Sprecher 1999, 51.

22. Mogilner et al. 2011.

Chapter 2

1. Frijda 2007, chap. 5; Helm (2009) 2017; Nussbaum 2001; Taylor (1985) 2017.

2. Kahneman and Miller 1986.

3. Ben-Ze' ev 2000, 23–31; Oatley 2018, 47–51.

4. Ben-Ze' ev 2004; Yee 2014.

5. Solomon 1988, 262–271.

6. Frijda et al. 1991.

7. Ben-Ze' ev 2017a; Ben-Ze' ev and Krebs 2018; Frijda 1994; Frijda et al. 1991.

8. Beedie et al. 2005; Ben-Ze' ev 2017a; Krebs 2015, 2017a, 2017b; Parkinson et-al. 1996.

9. Furtak 2018, 103–121.

10. 这一部分的某些内容是与 Luke Brunning 合作完成的；详情见 Ben-Ze' ev and Brunning 2018。

11. Gaver and Mandler 1987.

12. Quoidbach et al. 2014.

13. Ortega y Gasset 1941, 43, 76–77.

14. Grossmann et al. 2016.

15. Ajzen 2001; de Sousa (2007) 2017; Greenspan (1980) 2017.

16. See, e.g., Frijda 2007.

17. Ben-Ze' ev and Goussinsky 2008.

18. Baumeister et al. 2013.

19. Ben-Ze'ev 2017a.

20. Frederick and Loewenstein 1999; Frijda 2007; Lyubomirsky 2011.

21. Diener et al. 2015.

22. Gilbert and Wilson 2000; Irvine 2006.

23. See Russell 1930, 15; Kenny 1965, 102.

24. Del Mar Salinas-Jiménez 2011.

Chapter 3

1. Fugère et al. 2017; Meltzer et al. 2014; McGee and Shevlin 2009.

2. Etcoff 1999, chap. 1.

3. Jollimore 2018.

4. I am grateful to Sonja Rinofner-Kreidl for bringing this song to my attention.

5. Berggren et al. 2017; Peterson and Palmer 2017.

6. Scruton 2011, 164, 57.

7. Scruton 2011, 44.

8. Helm 2010.

9. Krebs 2015.

10. Baumeister and Bratslavsky 1999; Cacioppo et al. 2012; Meyers and Berscheid 1997.

11. Martin 2018, intro.

12. Kashdan et al. 2018.

13. McNulty et al. 2016.

14. Sudo 2000, 66–69.

15. Ben-Ze'ev and Krebs 2018.

16. Birnbaum 2017.

17. Birnbaum 2017; Birnbaum et al. 2016.

18. Elster 1999, 91.

19. Brogaard 2015, 83; de Sousa 2015, chap. 4; Morag 2016, 2017.

20. See, e.g., Frankfurt 1999; Helm 2010; LaFollette 1996; Sobel 1990.

21. Fromm 1956, 26.

22. Levinas 1998, 105, 228–229.

23. Buber (1923) 1937; Krebs 2015.

24. Krebs 2002, 2009, 2014a, 2015, 2017a, 2017b; see also Sherman 1993.

25. Nozick 1991, 418, 421.

26. Girme et al. 2014; Määttä and Uusiautti 2013.

27. Ellison et al. 2010.

28. Dwyer et al. 2018.

29. See, e.g., Fredrickson 2013a; Helm 2010, chap. 8.

Chapter 4

1. Higgins 1997.

2. Girme et al. 2014.

3. Baumeister et al. 2001.

4. Baumeister et al. 2001; Ben-Ze' ev 2000, 99—103.

5. Gottman 1995; Saad and Gill 2014.

6. Jonason et al. 2015.

7. See, e.g., Aristotle, *Metaphysics* 1048b18ff., 1050a23ff.; *Nicomachean Ethics* 1174a14ff.

8. Krebs 2015; Rosa 2013, 141–144.

9. Nussbaum 1986, 326–327.

10. Csikszentmihalyi 1990, 53.

11. Ben-Ze' ev and Krebs 2018; Ben-Ze' ev 2017a.

12. Kahneman 2011; Sloman 1996; see also Oatley (2010) 2017.

13. Scitovsky 1976.

14. Armenta et al. 2017.

15. Drigotas 2002; Drigotas et al. 1999.

16. Finkel et al. 2014.

17. Rinofner-Kreidl 2017.

18. Valdesolo et al. 2010; see also Reddish et al. 2013; Valdesolo and DeSteno 2011; Wilter-muth and Heath 2009.

19. Reis and Clark 2013, 400.

20. Birnbaum et al. 2016.

21. Birnbaum et al. 2016.

22. Birnbaum et al. 2016.

23. Reis and Clark 2013.

24. See, e.g., Coburn 2001; Fredrickson 2013b; Krebs 2014a, 2014b, 2015; Mühlhoff 2019; Rosa 2016.

25. *Oxford English Dictionary*, online ed., s.v. "resonance."

26. Mühlhoff 2019.

27. Scruton 1997, 357–359.

28. Krebs 2009.

29. Aristotle, *Nicom achean Ethics* 1157b10–13.

30. May 2011, 154.

31. Ben-Ze' ev and Krebs 2015.

32. McNulty et al. 2013.

33. Rosa 2016.

34. Ben-Ze' ev and Goussinsky 2008.

35. Neff and Karney 2005.

Chapter 5

1. Rinofner-Kreidl 2018.

2. Karney and Coombs 2000.

3. Ben-Ze' ev 2000, 21–23; Kahneman and Miller 1986.

4. Ben-Ze' ev 2000, chap. 5.

5. Papp 2009.

6. Halpern-Meekin et al. 2013.

7. Byrne and Murnen 1988.

8. Bauman 2003.

Chapter 6

1. Baumeister and Leary 1995.

2. Baumeister and Leary 1995; see also Lambert et al. 2013

3. Baumeister and Leary 1995.

4. Krebs 2014a, 2015.

5. Coontz 2005, 15, 18.

6. Bruckner 2013, 27.

7. Finkel 2017; Finkel et al. 2014.

8. Finkel 2017.

9. Proulx et al. 2017; see also Anderson et al. 2010; Birditt et al. 2012; Gray and Ozer 2018.

10. Proulx et al. 2017; see also Birditt et al. 2012; Lavner et al. 2012; Lorber et al. 2015.

11. Finkel 2017.

12. Ben-Ze' ev and Goussinsky 2008.

13. Landau 2017.

14. Helm (2009) 2017; Kolodny 2003; Velleman 1999.

15. Landau 2017.

16. Jollimore 2011; Nozick 1991.

17. Ben-Ze' ev 2000, 61–62.

18. Buss et al. 2017.

19. Buss et al. 2017.

20. Ben-Ze' ev 1993, chap. 4; Ben-Ze' ev 2000, 57–59; Ben-Ze' ev and Krebs 2015;

Gigerenzer 2007; Kahneman 2011.

21. Russell 1968, 195–196; cited in Irvine 2006, 14–15.

22. Ben-Ze'ev and Krebs 2015.

23. Benjamin and Agnew 2003.

24. Stanley et al. 2006; Rhoades et al. 2012.

25. Binstock and Thornton 2003.

26. Kulu and Boyle 2010; Lillard et al. 1995.

27. Rosenfeld and Roesler 2018.

28. Ben-Ze'ev 2000, chap. 10; Ben-Ze'ev 2016.

29. Ben-Ze'ev 1992, 2016; Gressel 2016. The dictionary definition of "inequality" comes from *Merriam-Webster Dictionary*, s.v. "inequality."

30. Prins et al. 1993.

31. Bruch and Newman 2018; Smith and Kim 2007; Whelan 2006.

32. Sprecher et al. 2006.

Chapter 7

1. Ben-Ze'ev 2011.

2. Mitchell 2002, 39, 41; Perel 2007.

3. Bauman 2003; Rosa 2013.

4. Baker et al. 2017.

5. Grossmann et al. 2010.

6. Halbertal 2012.

7. See, e.g., Impett and Gordon 2008; Whillans et al. 2016.

8. Shulman et al. 2006; Gottman and Levenson 2000.

9. Goodin 2012。与他对安定的高度积极的态度相比，古丁对妥协的看法是消极的。古丁认为，每一次妥协都是对自己的妥协。我不同意这一观点，因为每一次妥协针对的都是原则性的问题。我们都已经知道，妥协是有不同的程度之分的，对它们的评估在不同的环境条件下当然也是不同的。

10. Solomon 1990, 150.

11. Gutmann and Thompson 2012.

12. For more details of this story, see my post in *Psychology Today*, "My husband was not the most romantic of my loves," March 3, 2013.

13. Galinsky et al. 2002.

14. Yougov study in the UK, 2014; https://yougov.co.uk/news/2014/09/29/marriage-first-love-deepest/.

15. Forste and Tanfer 1996.

16. Simon 1979.

17. Frankfurt 1987, 39–41; see also Frankfurt 2004.

18. 该调研由Make Friends Online网开展，发表于2007年11月27日。

Chapter 8

1. Frank 2006.

2. Gottman 1995.

3. Brown 1987, 24–30; Frankfurt 1987.

4. Eastwick and Hunt 2014, 729.

5. Page 2017.

6. Gigerenzer 2007.

7. Sunnafrank and Ramirez 2004.

8. Barelds and Barelds-Dijkstra 2007.

9. Ben-Ze' ev 2004.

10. Kraus 2017.

11. Gottlieb 2010, 245–248.

12. McNulty et al. 2008.

13. Finkel 2017.

14. Finkel et al. 2012.

15. Rosenfeld and Thomas 2012.

16. Finkel et al. 2012.

Chapter 9

1. Greene 2001.

2. Clanton 1984, 15.

3. Ben-Ze' ev 2004.

4. Fisher 2004, 8; see also Fisher 2010.

5. See, e.g., Becker 1973; Heino et al. 2010.

6. Lindquist and Kaufman-Scarborough 2004.

7. *Merriam-Webster Dictionary*, s.v. "obsession."

8. Muise et al. 2016.

9. Schwartz 2004, 93.

10. Schwartz 2004.

11. Thaler and Sunstein 2009.

12. Lyubomirsky et al. 2005.

13. Oishi et al. 2009.

14. Peele and Brodsky 1975.

15. Ackerman et al. 2011; Harrison and Shortall 2011; the survey was conducted by YouGov for eHarmony, 2013.

Chapter 10

1. Deitz 2016.

2. Ben-Ze' ev 2004.

3. Toulmin (1981) 2017, 89–90.

4. Schneider et al. 2012.

5. Sumter et al. 2017, 67.

6. Cacioppo et al. 2013.

7. Deresiewicz (2009) 2017.

8. Amichai-Hamburger and Schneider 2014.

Chapter 11

1. Lyubomirsky 2013.
2. Carmichael et al. 2015.
3. Carstensen 2006.
4. Carstensen 2006.
5. Charles and Carstensen 2002.
6. Charles and Carstensen 2010; Birditt et al. 2018.
7. Ben-Ze'ev and Goussinsky 2008.
8. Bar-Nadav and Rubin 2016.
9. Rubin et al. 2012.
10. "How soon is too soon to find love after being widowed?" Mail Online, July 10, 2010.
11. Shavit et al. 2017.

Chapter 12

1. Fredrickson 2001.
2. Aron et al. 2013, 95–98.
3. Barker 2018.
4. Kipnis 2003, 18, 45.

Chapter 13

1. See, e.g., Aristotle, *Nicomachean Ethics*, Book II; see also Angier 2010.
2. Aron 2001.
3. Ariely 2008.
4. Fletcher et al. 2015.
5. Bergen 2006; Jiang and Hancock 2013; Kelmer et al. 2013; Stafford 2005.
6. Baumeister and Leary 1995; Gerstel and Gross 1984.
7. Bergen 2006.
8. Stafford 2005.

9. Kipnis 2003, 60.

10. Mashek and Sherman 2004, 344.

11. Prioleau 2003, 14.

12. Kambartel (1989) 2017.

13. Thayer 1996.

14. Suzuki 1970, 46; cited in Thayer 1996, 14.

15. Indeed, attachment theory considers trust to be the most important feature in long-term, secured romantic relationships; see, e.g., Hazan and Shaver 1987.

16. Kashdan and Rottenberg 2010.

17. Averill et al. 1990, 34.

18. Binstock and Thornton 2003, 441.

19. Reis and Aron 2008.

编后记

1. Wikipedia, https://en.wikipedia.org/wiki/Aging_of_wine.
2. O'Leary et al. 2012; see also Wikipedia, https://en.wikipedia.org/wiki/Aging_of_wine.
3. https://medium.com/wine-folly/why-love-wine-447de95a6e4d.
4. 特别感谢阿丁·特罗伯·瓦赫特尔,是他让我知道了这首歌。

参考文献

Acevedo, B. P., A. Aron, H. Fisher, and L. L. Brown. 2012. Neural correlates of long- term intense romantic love. *Social Cognition and Affective Neuroscience* 7:145–59.

Ackerman, J. M., V. Griskevicius, and N. Li. 2011. Let's get serious: Communicating commitment in romantic relationships. *Journal of Personality and Social Psychology* 100:1079–94.

Ajzen, I. 2001. Nature and operation of attitudes. *Annual Review of Psychology* 52:27–58.

Amichai-Hamburger, Y., and B. H. Schneider. 2014. Loneliness and internet use. In R. J. Coplan and J. C. Bowker (eds.), *The handbook of solitude*, 317–34. Chichester: Wiley-Blackwell.

Amodio, D. M., and C. J. Showers. 2005. "Similarity breeds liking" revisited: The moderating role of commitment. *Journal of Social and Personal Relationships* 22:817–36.

Anapol, D. 2010. *Polyamory in the 21st century*. Lanham, MD: Rowman & Littlefield.

Anderson, J. R., M. J. Van Ryzin, and W. J. Doherty. 2010. Developmental trajectories of marital happiness in continuously married individuals: A group-based modeling approach. *Journal of Family Psychology* 24:587–96.

Angier, T. 2010. *Techné in Aristotle's ethics: Crafting the moral life*. London: A&C Black.

Ariely, D. 2008. *Predictably irrational*. New York: HarperCollins.

Aristotle. 1984. *The complete works of Aristotle: The revised Oxford translation*. Ed. J. Barnes.Princeton: Princeton University Press.

Armenta, C. N., M. M. Fritz, and S. Lyubomirsky. 2017. Functions of positive emotions: Gratitude as a motivator of self-improvement and positive change. *Emotion Review* 9:183–90.

Aron, A., G. W. Lewandowski Jr., D. Mashek, and E. N. Aron. 2013. The self-expansion model of motivation and cognition in close relationships. In J. A. Simpson and L. Campbell (eds.),*The Oxford handbook of close relationships*, 90–115. Oxford: Oxford University Press.

Aron, E. 2001. *The highly sensitive person in love*. New York: Harmony.

Averill, J. R., G. Catlin, and K. K. Chon. 1990. *Rules of hope*. New York: Springer.

Baker, L. R., J. K. McNulty, and L. E. VanderDrift. 2017. Expectations for future relationship satisfaction: Unique sources and critical implications for commitment. *Journal of Experimental Psychology: General* 146:700–721.

Barelds, D., and P. Barelds-Dijkstra. 2007. Love at first sight or friends first? *Journal of Social and Personal Relationships* 24:479–96.

Barker, M. J. 2018. Using New Relationship Energy (NRE) to open up rather than close down. *Rewriting the Rules* (blog), March 28. www.rewriting-the-rules.com/love-commitment /using-new-relationship-energy-nre-to-open-up-rather-than-close-down/Bar-Nadav, O., and S. S. Rubin. 2016. Love and bereavement. *OMEGA—Journal of Death and Dying* 74:62–79.

Bauman, Z. 2003. *Liquid love*. Cambridge: Polity Press.

Baumeister, R. F., and E. Bratslavsky. 1999. Passion, intimacy, and time: Passionate love as a function of change in intimacy. *Personality and Social Psychology Review* 3:49–67.

Baumeister, R. F., E. Bratslavsky, C. Finkenauer, and K. D. Vohs. 2001. Bad is stronger than good. *Review of General Psychology* 5:323–70.

Baumeister R. F., and M. R. Leary. 1995. The need to belong: Desire for interpersonal attachments as a fundamental human motivation. *Psychological Bulletin* 117:497–529.

Baumeister, R. F., K. D. Vohs, J. L. Aker, and E. N. Garbinsky. 2013. Some key differences between a happy life and a meaningful life. *Journal of Positive Psychology* 8:505–16.

Becker, G. S. 1973. A theory of marriage: Part I. *Journal of Political Economy* 81:813–46.

Beedie, C., P. Terry, and A. Lane. 2005. Distinctions between emotion and mood. *Cognition & Emotion* 19:847–78.

Benjamin, L., and C. Agnew. 2003. Commitment and its theorized determinants: A meta-analysis of the investment model. *Personal Relationships* 10:37–57.

Ben-Ze' ev, A. 1992. Envy and inequality. *Journal of Philosophy* 89:551–81.

———. 1993. *The perceptual system*. New York: Peter Lang.

———. 2000. *The subtlety of emotions*. Cambridge, MA: MIT Press.

———. 2004. *Love online*. Cambridge: Cambridge University Press.

———. 2010. Jealousy and romantic love. In S. Hart and M. Legerstee (eds.), *Handbook of jealousy*, 40–54. New York: Wiley-Blackwell.

———. 2011. The nature and morality of romantic compromises. In C. Bagnoli (ed.), *Morality and the emotions*, 95–114. Oxford: Oxford University Press.

———. 2016. Envy and inequality in romantic relationships. In R. Smith, U. Merlone, and M. Duffy (eds.), *Envy at work and in organizations*, 429–54. New York: Oxford University Press.

———. 2017a. Does loving longer mean loving more? On the nature of enduring affective attitudes. *Philosophia* 45:1541–62.

———. 2017b. The thing called emotion: A subtle perspective. In Ben-Ze' ev and Krebs 2017, 1:112–37.

Ben-Ze' ev, A., and L. Brunning. 2018. How complex is your love? The case of romantic compromises and polyamory. *Journal for the Theory of Social Behaviour* 48:98–116.

Ben-Ze' ev, A., and R. Goussinsky. 2008. *In the name of love*. Oxford: Oxford University Press.

Ben-Ze' ev, A., and A. Krebs. 2015. Do only dead fish swim with the stream? The role of intuition, emotion, and deliberation in love and work. In M. W. Fröse, S. Kaudela-Baum, and E. P. F. Dievernich (eds.), *Emotionen und Intuitionen in Führung und Organisation*, 43–64.

Wiesbaden: Springer Gabler.

———(eds.). 2017. *Philosophy of emotion*. 4 vols. London: Routledge.

———. 2018. Love in time: Is love best when it is fresh? In C. Grau and A. Smuts (eds.), *Oxford handbook of philosophy of love*. Oxford: Oxford University Press.

Bergen, K. M. 2006. Women's narratives about commuter marriage. PhD dissertation, University of Nebraska-Lincoln.

Berggren, N., H. Jordahl, and P. Poutvaara. 2017. The right look: Conservative politicians look better and voters reward it. *Journal of Public Economics* 146:79–86.

Berscheid, E. 2010. Love in the fourth dimension. *Annual Review of Psychology* 61:1–25.

Binstock, G., and A. Thornton. 2003. Separations, reconciliations, and living apart in cohabiting and marital unions. *Journal of Marriage and Family* 65:432–43.

Birditt, K. S., S. Hope, E. Brown, and T. Orbuch. 2012. Developmental trajectories of marital happiness over 16 years. *Research in Human Development*

9:126–44.

Birditt, K. S., C. W. Sherman, C. A. Polenick, L. Becker, N. J. Webster, K. J. Ajrouch, and T. C. Antonucci. 2018. So close and yet so irritating: Negative relations and implications for well-being by age and closeness. *Journals of Gerontology*: Series B: gby038.

Birnbaum, G. E. 2017. The fragile spell of desire: A functional perspective on changes in sexual desire across relationship development. *Personality and Social Psychology Review* 22:101–27.

Birnbaum, G. E., H. T. Reis, M. Mizrahi, Y. Kanat-Maymon, O. Sass, and C. Granovski-Milner. 2016. Intimately connected: The importance of partner responsiveness for experiencing sexual desire. *Journal of Personality and Social Psychology* 111:530–46.

Brewis, A., and M. Meyer. 2005. Marital coitus across the life course. *Journal of Biosocial Science* 37:499–518.

Brogaard, B. 2015. *On romantic love*. Oxford: Oxford University Press.

———. 2017. The rise and fall of the romantic ideal. In R. Grossi and D. West (eds.), *The radicalism of romantic love*, 47–63. London: Routledge.

Brown, R. 1987. *Analyzing love*. Cambridge: Cambridge University Press.

Bruch, E. E., and M. E. J. Newman. 2018. Aspirational pursuit of mates in online dating markets. *Science Advances* 4(8):eaap9815. https://doi.org/10.1126/sciadv.aap9815.

Bruckner, P. 2013. *Has marriage for love failed*? Cambridge: Polity.

Brunning, L. 2018. The distinctiveness of polyamory. *Journal of Applied Philosophy* 35:513–31.

———. 2019. Imagine there's no jealousy. *Aeon*.

Buber, M. (1923) 1937. *I and thou*. New York: Scribner.

Buss, D. M. 1994. *The evolution of desire*. New York: Basic Books.

Buss, D. M., C. Goetz, J. D. Duntley, K. Asao, and D. Conroy-Beam. 2017. The mate-switching hypothesis. *Personality and Individual Differences* 104:143–49.

Byrne, D., and S. K. Murnen. 1988. Maintaining loving relationships. In R. J. Sternberg and M. L.Barnes (eds.), *The psychology of love*, 293–310. New Haven: Yale University Press.

Cacioppo, S., F. Bianchi-Demicheli, C. Frum, J. G. Pfaus, and J. W. Lewis. 2012. The common neural bases between sexual desire and love: A multilevel kernel density fMRI analysis. *Journal of Sexual Medicine* 9:947–1232.

Cacioppo, J. T., S. Cacioppo, G. C. Gonzaga, E. L. Ogburn, and T. J. VanderWeele. 2013. Marital satisfaction and break-ups differ across on-line and off-line meeting venues. *Proceedings of the Academy of Sciences* 110:1–6.

Call, V., S. Sprecher, and P. Schwartz. 1995. The incidence and frequency of marital sex in a national sample. *Journal of Marriage and the Family* 57:639–52.

Carmichael, C. L., H. T. Reis, and P. R. Duberstein. 2015. In your 20s it's quantity, in your 30s it's quality: The prognostic value of social activity across 30 years of adulthood. *Psychology and Aging* 30:95–105.

Carstensen, L. L. 2006. The influence of a sense of time on human development. *Science* 312(5782): 1913–15.

Charles, S. T., and L. L. Carstensen. 2002. Marriage in old age. In M. Yalom, L. L. Carstensen, E. Freedman, and B. Gelpi (eds.), *American Couple*, 236–54. Berkeley: University of California Press.

———. 2010. Social and emotional aging. *Annual Review of Psychology* 61:383–409.

Cialdini, R. B., R. J. Borden, A. Thorne, and L. R. Sloan. 1976. Basking in reflected glory: Three (football) field studies. *Journal of Personality and Social Psychology* 34:366–75.

Clanton, G. 1984. Social forces and the changing family. In L. A. Kirkendall and A. E. Gravatt (eds.), *Marriage and the family in the year* 2020, 13–46. Buffalo: Prometheus Books.

Coburn, W. J. 2001. Subjectivity, emotional resonance, and the sense of the real. *Psychoanalytic Psychology* 18:303–19.

Conley, T. D., J. L. Piemonte, S. Gusakova, and J. D. Rubin. 2018. Sexual satisfaction among individuals in monogamous and consensually non-monogamous relationships. *Journal of Social and Personal Relationships* 35:509–31.

Coontz, S. 2005. *Marriage, a history*. New York: Viking.

Csikszentmihalyi, M. 1990. *Flow*. New York: Harper Perennial.

Danovich, T. 2017. Afterglow: Is what happens after sex more important than foreplay or the orgasm? *Aeon*, November 21, 2017.

Day, L. C., A. Muise, S. Joel, and E. A. Impett. 2015. To do it or not to do it? How communally motivated people navigate sexual interdependence dilemmas. *Personality and Social Psychology Bulletin* 41:791–804.

Deitz, B. 2016. 9 things you should never rush in a relationship. *Bustle*, April 5, 2016, https://www.bustle.com/articles/152029-9-things-you-should-never-rush-in-a-relationship.

del Mar Salinas-Jiménez, M., J. Artés, and J. Salinas-Jiménez. 2011. Education as a positional good: A life satisfaction approach. *Social Indicators Research* 103:409–26.

Deresiewicz, W. (2009) 2017. Faux friendship. In Ben-Ze' ev and Krebs 2017, 4:72–81.

Deri, J. 2015. *Love's refraction: Jealousy and compersion in queer women's polyamorous relationships*. Toronto: University of Toronto Press.

de Sousa, R. (2007) 2017. Truth, authenticity, and rationality of emotions. In Ben-Ze' ev and Krebs 2017, 3:251–72.

———. 2015. *Love: A very short introduction*. Oxford: Oxford University

Press.

———. 2018. Love, jealousy, and compersion. In C. Grau and A. Smuts (eds.), *Oxford handbook of philosophy of love*. Oxford: Oxford University Press.

DeSteno, D. A., and P. Salovey. 1996. Jealousy and the characteristics of one's rival: A selfevaluation maintenance perspective. *Personality and Social Psychology Bulletin* 22:920–32.

Dew, J., and W. Wilcox. 2013. Generosity and the maintenance of marital quality. *Journal of Marriage and Family* 75:1218–28.

Diamond, L. M., and D. M. Huebner. 2012. Is good sex good for you? Rethinking sexuality and health. *Social and Personality Psychology Compass* 6:54–69.

Diener, E., and M. Y. Chan. 2011. Happy people live longer: Subjective well-being contributes to health and longevity. *Applied Psychology: Health and Well-Being* 3:1–43.

Diener, E., S. Kanazawa, E. M. Suh, and S. Oishi. 2015. Why people are in a generally good mood. *Personality and Social Psychology Review* 19:235–56.

Drigotas, S. M. 2002. The Michelangelo phenomenon and personal well-being. *Journal of Personality* 70:59–77.

Drigotas, S. M., C. E. Rusbult, J. Wieselquist, and S. Whitton. 1999. Close partner as sculptor of the ideal self: Behavioral affirmation and the Michelangelo phenomenon. *Journal of Personality and Social Psychology* 77:293–323.

Dutton, D. G., and A. P. Aron. 1974. Some evidence for heightened sexual attraction under conditions of high anxiety. *Journal of Personality and Social Psychology* 30:510–17.

Dwyer, R. J., K. Kushlev, and E. W. Dunn. 2018. Smartphone use undermines enjoyment of face-to-face social interactions. *Journal of Experimental Social Psychology* 78:233–39.

Eastwick, P. W., and L. L. Hunt. 2014. Relational mate value: Consensus and uniqueness in romantic evaluations. *Journal of Personality and Social Psychology* 106:728–51.

Ellison, C. G., A. M. Burdette, and W. Bradford Wilcox. 2010. The couple that prays together: Race and ethnicity, religion, and relationship quality among working-age adults. *Journal of Marriage and Family* 72:963–75.

Elster, J. 1999. *Alchemies of the mind*. Cambridge: Cambridge University Press.

Esch, T., and G. B. Stefano. 2005. Love promotes health. Neuroendocrinology Letters 26:264–67.

Etcoff, N. 1999. *Survival of the prettiest*. New York: Doubleday.

Finkel, E. J. 2017. *The all-or-nothing marriage*. New York: Penguin.

Finkel, E. J., P. W. Eastwick, B. R. Karney, H. T. Reis, and S. Sprecher. 2012. Online dating: A critical analysis from the perspective of *psychological science*. *Psychology Science in the Public Interest* 13:3–66.

Finkel, E. J., C. M. Hui, K. L. Carswell, and G. M. Larson. 2014. The suffocation of marriage:Climbing Mount Maslow without enough oxygen. *Psychological Inquiry* 25:1–41.

Finkel, E. J., M. I. Norton, H. T. Reis, D. Ariely, P. A. Caprariello, P. W. Eastwick, J. H. Frost, and M. R. Maniaci. 2015. When does familiarity promote versus undermine interpersonal attraction? A proposed integrative model from erstwhile adversaries. Perspectives on *Psychological Science* 10:3–19.

Fisher, H. 2004. *Why we love*. New York: Holt.

———. 2010. *Why him? Why her? How to find and keep lasting love*. New York: Henry Holt.

Fletcher, G. J., J. A. Simpson, L. Campbell, and N. C. Overall. 2015. Pair-bonding, romantic love, and evolution: The curious case of homo sapiens. *Perspectives on Psychological Science* 10:20–36.

Floyd, K., J. P. Boren, A. F. Hannawa, C. Hesse, B. McEwan, and A. E. Veksler. 2009. Kissing in marital and cohabiting relationships: Effects on blood lipids, stress, and relationship satisfaction. *Western Journal of Communication* 73:113–33.

Forste, R., and K. Tanfer. 1996. Sexual exclusivity among dating, cohabiting, and married women. *Journal of Marriage and the Family* 56:33–47.

Frank, R. H. 2006. When it comes to a search for a spouse, supply and demand is only the start. *New York Times*, December 21, 2006.

Frankfurt, H. G. 1987. Equality as a moral ideal. *Ethics* 98:21–43.

———. 1999. Autonomy, necessity, and love. In *Necessity, Volition, and Love*, 129–41. Cambridge: Cambridge University Press.

———. 2004. *The reasons for love*. Princeton: Princeton University Press.

Frederick, S., and G. Loewenstein. 1999. Hedonic adaptation. In D. Kahneman, E. Diener, and N. Schwarz (eds.), *Well-Being*, 302–29. New York: Russell Sage Foundation.

Fredrickson, B. L. 2001. The role of positive emotions in positive psychology: The broaden-and-build theory of positive emotions. *American Psychologist* 56:218–26.

———. 2013a. *Love* 2.0. New York: Plume.

———. 2013b. Positive emotions broaden and build. *Advances in Experimental Social Psychology* 47:1–53.

Frijda, N. H. 1994. Varieties of affect: Emotions and episodes, moods, and sentiments. In P. Ekman and R. J. Davidson, (eds.), *The nature of emotion*, 59–67. New York: Oxford University Press.

———. 2007. *The laws of emotion*. Mahwah, NJ: Lawrence Erlbaum.

Frijda, N. H., B. Mesquita, J. Sonnemans, and S. Van Goozen. 1991. The duration of affective phenomena or emotions, sentiments, and passions. *International Review of Studies on Emotion* 1:187–225.

Fromm, E. 1956. *The art of loving*. New York: HarperCollins.

Fugère, M. A., C. Chabot, K. Doucette, and A. J. Cousins. 2017. The importance of physical attractiveness to the mate choices of women and their mothers. *Evolutionary Psychological Science* 3:243–52.

Furtak, R. A. 2018. *Knowing emotions*. New York: Oxford University Press.

Galinsky, A. D., V. L. Seiden, P. H. Kim, and V. H. Medvec. 2002. The dissatisfaction of having your first offer accepted: The role of counterfactual thinking in negotiations. *Personality and Social Psychology Bulletin* 28:271–83.

Gaver, W. W., and G. Mandler. 1987. Play it again, Sam: On liking music. *Cognition and Emotion* 3:259–82.

Gerstel, N., and H. Gross. 1984. *Commuter marriage*. New York: Guilford Press.

Gigerenzer, G. 2007. *Gut feelings*. New York: Viking.

Gilbert, D. T., and T. D. Wilson. 2000. Miswanting: Some problems in the forecasting of future affective states. In J. Forgas (ed.), *Thinking and feeling*, 178–97. Cambridge: Cambridge University Press.

———. 2007. Prospection: Experiencing the future. *Science* 317:1351–54.

Gilovich, T., and V. H. Medvec. 1995. The experience of regret: What, when, and why. *Psychological Review* 102:379–95.

Girme, Y. U., N. C. Overall, and S. Faingataa. 2014. "Date nights" take two: The maintenance function of shared relationship activities. *Personal Relationships* 21:125–49.

Goodin, R. 2012. *On settling*. Princeton: Princeton University Press.

Gottlieb, L. 2010. *Marry him*: *The case for settling for Mr. Good Enough*. New York: New American Library.

Gottman, J. 1995. *Why marriages succeed or fail*. London: Bloomsbury.

Gottman, J. M., and R. W. Levenson. 2000. The timing of divorce: Predicting when a couple will divorce over a 14-year period. *Journal of Marriage and Family* 62:737–45.

Gray, J. S., and D. J. Ozer. 2018. Comparing two models of dyadic change: Correlated growth versus common fate. *Social Psychological and Personality Science*.

Greene, R. 2001. *The art of seduction*. New York: Penguin.

Greenspan, P. (1980) 2017. A case of mixed feelings: Ambivalence and the logic of emotion. In Ben-Ze'ev and Krebs 2017, 3:273–95.

Gressel, J. 2016. Disposable diapers, envy and the kibbutz. In R. Smith, U. Merlone, and M. Duffy, (eds.), *Envy in work and organizations*. 399–427. Oxford: Oxford University Press.

Grossmann, I., A. C. Huynh, and P. C. Ellsworth. 2016. Emotional complexity: Clarifying definitions and cultural correlates. *Journal of Personality and Social Psychology* 111:895–916.

Grossmann, I., J. Na, M. E. W. Varnum, D. C. Park, S. Kitayama, and R. E. Nisbett. 2010. Reasoning about social conflicts improves into old age. *Proceedings of the National Academy of Sciences of the United States of America* 107:7246–50.

Gutmann, A., and D. Thompson. 2012. *The spirit of compromise*. Princeton: Princeton University Press.

Hahn, A. C., R. D. Whitehead, M. Albrecht, C. E. Lefevre, and D. I. Perrett. 2012. Hot or not? Thermal reactions to social contact. *Biology Letters* 8:864–67.

Hakim, C. 2012. *The new rules*. London: Gibson Square.

Halbertal, M. 2012. *On sacrifice*. Princeton: Princeton University Press.

Halevi, M. 2018. *The freedom to choose*. Modi'in: Kinneret, Zmora-Bitan, Dvir (Hebrew).

Halpern-Meekin, S., W. D. Manning, P. C. Giordano, and M. A. Longmore. 2013. Relationship churning in emerging adulthood: On/Off relationships and sex with an ex. *Journal of Adolescent Research* 28:166–88.

Harrison, M. A., and J. C. Shortall. 2011. Women and men in love: Who really feels it and says it first? *Journal of Social Psychology* 151:727–36.

Hazan, C., and P. Shaver. 1987. Romantic love conceptualized as an attachment process. *Journal of Personality and Social Psychology* 52:511–24.

Heino, R. D., N. B. Ellison, and J. L. Gibbs. 2010. Relationshopping: Investigating the market metaphor in online dating. *Journal of Social and Personal Relationships* 27:427–47.

Helm, B. W. (2009) 2017. Emotions as evaluative feelings. In Ben-Ze' ev and Krebs 2017, 1:174–88.

———. 2010. *Love, friendship, and the self*. Oxford: Oxford University Press.

Higgins, E. T. 1997. Beyond pleasure and pain. *American Psychologist* 52:1280–1300.

Impett, E. A., and A. Gordon. 2008. For the good of others: Toward a positive psychology of sacrifice. In S. J. Lopez (ed.), *Positive psychology: Exploring the best in people*, 79–100. Westport, CT: Greenwood.

Irvine, W. B. 2006. *On desire*. New York: Oxford University Press.

Jiang, L. C., and J. T. Hancock. 2013. Absence makes the communication grow fonder: Geographic separation, interpersonal media, and intimacy in dating relationships. *Journal of Communication* 63:556–77.

Jollimore, T. 2011. *Love's vision*. Princeton: Princeton University Press.

———. 2018. Love as "something in between." In C. Grau and A. Smuts (eds.), *Oxford handbook of philosophy of love*. Oxford: Oxford University Press.

Jonason, P. K., J. R. Garcia, G. D. Webster, N. P. Li, and H. E. Fisher. 2015. Relationship dealbreakers: Traits people avoid in potential mates. *Personality and Social Psychology Bulletin* 41:1697–1711.

Kahneman, D. 2011. *Thinking, fast and slow*. London: Penguin.

Kahneman, D., and D. T. Miller. 1986. Norm theory: Comparing reality to its alternatives. *Psychological Review* 93:136–53.

Kambartel, F. (1989) 2017. On calmness: Dealing rationality with what is beyond our control. In Ben-Ze'ev and Krebs 2017, 2:51–57.

Kansky, J. 2018. What's love got to do with it? Romantic relationships and well-being. In E. Diener, S. Oishi, and L. Tay (eds.), *Handbook of well-being*, 1–24. Salt Lake City: DEF Publishers.

Karney, B. R., and R. H. Coombs. 2000. Memory bias in long-term close relationships: Consistency or improvement? *Personality and Social Psychology Bulletin* 26:959–70.

Kashdan, T. B., F. R. Goodman, M. Stiksma, C. R. Milius, and P. E. McKnight. 2018. Sexuality leads to boosts in mood and meaning in life with no evidence for the reverse direction: A daily diary investigation. *Emotion* 18:563–76.

Kashdan, T. B., and J. Rottenberg. 2010. Psychological flexibility as a fundamental aspect of health. *Clinical Psychology Review* 30:865–78.

Kelmer, G., G. K. Rhoades, S. M. Stanley, and H. J. Markman. 2013. Relationship quality, commitment, and stability in long-distance relationships. *Family Process* 52:257–70.

Kenny, A. 1965. Happiness. *Proceedings of the Aristotelian Society* 66:93–102.

Kim, J., A. Muise, and E. A. Impett. 2018. The relationship implications of rejecting a partner for sex kindly versus having sex reluctantly. *Journal of Social and Personal Relationships* 35:485–508.

Kipnis, L. 2003. *Against love*. New York: Pantheon.

Kolodny, N. 2003. Love as valuing a relationship. *Philosophical Review* 112:135–89.

Kraus, M. W. 2017. Voice-only communication enhances empathic accuracy.

American Psychologist 72:644–54.

Krebs, A. 2002. *Arbeit und Liebe*. Frankfurt: Suhrkamp.

———. 2009. "Wie ein Bogenstrich, der aus zwei Saiten eine Stimme zieht" : Eine dialogische Philosophie der Liebe. *Deutsche Zeitschrift für Philosophie* 57:729–43.

———. 2014a. Between I and Thou–On the dialogical nature of love. In C. Maurer, T. Milligan and K. Pacovská (eds.), *Love and its objects*, 7–24. London: Palgrave Macmillan.

———. 2014b. Why landscape beauty matters. *Land* 3:1251–69.

———. 2015. *Zwischen Ich und Du: Eine dialogische Philosophie der Liebe*. Frankfurt: Suhrkamp.

———. 2017a. As if the earth has long stopped speaking to us: Resonance with nature and its loss. In Ben-Ze' ev and Krebs 2017, 3:231–66.

———. 2017b. Stimmung: From mood to atmosphere. *Philosophia* 45:1419–36.

Kulu, H., and P. J. Boyle. 2010. Premarital cohabitation and divorce: Support for the "trial marriage" theory? *Demographic Research* 23:879–904.

LaFollette, H. 1996. *Personal relationships*. Oxford: Blackwell.

Lambert, N, T. F. Stillman, J. A. Hicks, S. Kamble, R. F. Baumeiter, and F. D. Fincham. 2013. Belong is to matter: Sense of belonging enhances meaning in life. *Personality and Social Psychology Bulletin* 39:1418–27.

Landau, I. 2017. *Finding meaning in an imperfect world*. Oxford: Oxford University Press.

Lavner, J. A., T. N. Bradbury, and B. R. Karney. 2012. Incremental change or initial differences?Testing two models of marital deterioration. *Journal of Family Psychology* 26:606–16.

Lawrence, E. M., R. G. Rogers, A. Zajacova, and T. Wadsworth. 2018. Marital happiness, marital status, health, and longevity. *Journal of Happiness Studies*, 1–23.

Levinas, E. 1998. *On thinking-of-the-other: Entre nous*. New York: Columbia University Press.

Lillard, L.A., M. J. Brien, and L. J. Waite. 1995. Premarital cohabitation and subsequent marital dissolution: A matter of self-selection? *Demography* 32:437–57.

Lindquist, J. D., and C. F. Kaufman-Scarborough. 2004. Polychronic tendency analysis: A new approach to understanding women's shopping behaviors. *Journal of Consumer Marketing* 21:332–42.

Lorber, M. F., A. C. E. Erlanger, R. E. Heyman, and K. D. O'Leary. 2015. The honeymoon effect: Does it exist and can it be predicted? *Prevention Science* 16:550–59.

Lyubomirsky, S. 2011. Hedonic adaptation to positive and negative experiences. In S. Folkman(ed.), *Oxford handbook of stress, health, and coping*, 200–24. New York: Oxford University Press.

———. 2013. *The myths of happiness*. New York: Penguin.

Lyubomirsky, S., L. King, and E. Diener. 2005. The benefits of frequent positive affect: Does happiness lead to success? *Psychological Bulletin* 131:803–55.

Määttä, K., and S. Uusiautti. 2013. Silence is not golden. *Communication Studies* 64:33–48.

Marino, P. 2018. Love and economics. In C. Grau and A. Smuts (eds.), *The Oxford handbook of philosophy of love*. Oxford: Oxford University Press.

Martin, W. 2018. *Untrue: Why nearly everything we believe about women, lust, and infidelity is wrong*. Boston: Little, Brown and Company.

Mashek, D. J., and M. D. Sherman. 2004. Desiring less closeness with intimate others. *In Handbook of closeness and intimacy*, 343–56. Mahwah, NJ: Lawrence Erlbaum.

May, S. 2011. *Love: A history*. New Haven: Yale University Press.

McGee, E., and M. Shevlin. 2009. Effect of humor on interpersonal attraction and mate selection. *Journal of Psychology* 143:67–77.

McNulty, J. K., L. A. Neff, and B. R. Karney. 2008. Beyond initial attraction: Physical attractiveness in newlywed marriage. *Journal of Family Psychology* 22:135–43.

McNulty, J. K., M. A. Olson, A. L. Meltzer, and M. J. Shaffer. 2013. Though they may be unaware, newlyweds implicitly know whether their marriage will be satisfying. *Science* 342(6162):1119–20.

McNulty, J. K., C. A. Wenner, and T. D. Fisher. 2016. Longitudinal associations among relationship satisfaction, sexual satisfaction, and frequency of sex in early marriage. *Archives of Sexual Behavior* 45:85–97.

Meltzer, A. L., A. Makhanova, L. L. Hicks, J. E. French, J. K. McNulty, and T. N. Bradbury. 2017. Quantifying the sexual afterglow: The lingering benefits of sex and their implications for pair-bonded relationships. *Psychological Science* 28:587–98.

Meltzer, A. L., J. K. McNulty, G. L. Jackson, and B. R. Karney. 2014. Sex differences in the implications of partner physical attractiveness for the trajectory of marital satisfaction. *Journal of Personality and Social Psychology* 106:418–28.

Meyers, S. A., and E. Berscheid. 1997. The language of love: The difference a preposition makes. *Personality and Social Psychology Bulletin* 23:347–62.

Mitchell, S. A. 2002. *Can love last?* New York: Norton.

Mogilner, C., S. D. Kamvar, and J. Aaker. 2011. The shifting meaning of happiness. *Social Psychological and Personality Science* 2:395–402.

Morag, T. 2016. *Emotion, imagination, and the limits of reason*. London: Routledge.

———. 2017. The tracking dogma in the philosophy of emotion. *Argumenta* 2:343–63.

Mühlhoff, R. 2019. Affective resonance. In J. Slaby and C. von Scheve (eds.), *Affective societies*. London: Routledge.

Muise, A., E. Giang, and E. A. Impett. 2014. Post-sex affectionate exchanges promote sexual and relationship satisfaction. *Archives of Sexual Behavior* 43:1391–1402.

Muise, A., E. A. Impett, A. Kogan, and S. Desmarais. 2013. Keeping the spark alive: Being motivated to meet a partner's sexual needs sustains sexual desire in long-term romantic relationships. *Social Psychological and Personality Science* 4:267–73.

Muise, A., U. Schimmack, and E. A. Impett. 2016. Sexual frequency predicts greater well-being, but more is not always better. *Social Psychological and Personality Science* 7:295–302.

Myers, D. G. 2000. The funds, friends, and faith of happy people. *American Psychologist* 55:56–67.

Neff, L. A., and B. R. Karney. 2005. To know you is to love you: The implications of global adoration and specific accuracy for marital relationships. *Journal of Personality and Social Psychology* 88:480–97.

Nozick, R. 1991. Love's bond. In R. C. Solomon and K. M. Higgins (eds.), *The philosophy of (erotic) love*, 417–32. Lawrence: University Press of Kansas.

Nussbaum, M. C. 1986. *The fragility of goodness*. Cambridge: Cambridge University Press.

———. 2001. *Upheavals of thought*. Cambridge: Cambridge University Press.

———. 2016. *Anger and forgiveness: Resentment, generosity, justice*. New York: Oxford University Press.

Oatley, K. (2010) 2017. Two movements in emotions: Communication and reflection. In Ben-Ze'ev and Krebs 2017, 1:209–23.

———. 2018. *Our minds, our selves: A brief history of psychology*. Princeton: Princeton University Press.

Oishi, S., E. Diener, and R. E. Lucas 2009. The optimum level of well-being: Can people be too happy? *Perspectives on Psychological Science* 2:346–60.

O'Leary, K. D., B. P. Acevedo, A. Aron, L. Huddy, and D. Mashek. 2012. Is long-term love more than a rare phenomenon? If so, what are its correlates? *Social Psychological and Personality Science* 3:241–49.

Ortega y Gasset, J. 1941. *On love*. London: Jonathan Cape, 1967.

Page, S. E. 2017. *The diversity bonus*. Princeton: Princeton University Press.

Papp, S. M. 2009. *Outcasts: A love story*. Toronto: Dundurn.

Parkinson, B., P. Totterdell, R. B. Briner, and S. Reynolds. 1996. *Changing moods*. Harlow: Longman.

Peele, S., and A. Brodsky. 1975. *Love and addiction*. New York: Taplinger.

Perel, E. 2007. *Mating in captivity*. New York: Harper.

———. 2017. *The state of affairs*. London: Yellow Kite.

Peterson, R. D., and C. L. Palmer. 2017. Effects of physical attractiveness on political beliefs. *Politics and the Life Sciences* 36:3–16.

Portmann, J. 2013. *The ethics of sex and Alzheimer's*. London: Routledge.

Prins, K. S., B. P. Buunk, and N. W. Van Yperen. 1993. Equity, normative disapproval, and extramarital relationships. *Journal of Social and Personal Relationships* 10:39–53.

Prioleau, B. 2003. *Seductress*. New York: Viking.

Proulx, C. M., A. E. Ermer, and J. B. Kanter. 2017. Group-based trajectory modeling of marital quality: A critical review. *Journal of Family Theory and Review* 9:307–27.

Proulx, C. M., H. M. Helms, and C. Buehler. 2007. Marital quality and personal well-being: A Meta-analysis. *Journal of Marriage and Family* 69:576–93.

Quoidbach, J., J. Gruber, M. Mikolajczak, A. Kogan, I. Kotsou, and M. I. Norton. 2014. Emodiversity and the emotional ecosystem. *Journal of Experimental Psychology: General* 143:2057–66.

Reddish, P., R. Fischer, and J. Bulbulia. 2013. Let's dance together: Synchrony, shared intentionality, and cooperation. *PLoS One* 8(8):e71182. https://doi.org/10.1371/journal.pone.0071182.

Reis, H. T., and A. Aron. 2008. Love: What is it, why does it matter, and how does it operate? *Perspectives on Psychological Science* 3:80–86.

Reis, H. T., and M. S. Clark. 2013. Responsiveness. In J. A. Simpson and L. Campbell (eds.), *The Oxford handbook of close relationships*, 400–423. New York: Oxford University Press.

Rhoades, G. K., S. M. Stanley, and H. J. Markman. 2012. A longitudinal investigation of commitment dynamics in cohabiting relationships. *Journal of Family Issues* 33:369–90.

Rinofner-Kreidl, S. 2017. Grief: Loss and self-loss. In J. J. Drummond and S. Rinofner-Kreidl (eds.), *Emotional experiences: Ethical and social significance*, 91–120. London: Rowman & Littlefield.

———. 2018. Gratitude. In H. Landweer and T. Szanto (eds.), *Handbook of phenomenology of emotions*. London: Routledge.

Roese, N. J., and J. M. Olson. 2014. *What might have been*. London: Psychology Press.

Roese, N. J., and A. Summerville. 2005. What we regret most . . . and why. *Personality and Social Psychology Bulletin* 31:1273–85.

Rosa, H. 2013. *Social acceleration*. New York: Columbia University Press.

———. 2016. *Resonanz*. Frankfurt: Suhrkamp.

Rosenfeld, M. J., and K. Roesler. 2018. Cohabitation experience and cohabitation's association with marital dissolution. *Journal of Marriage and Family*.

Rosenfeld, M. J., and R. J. Thomas. 2012. Searching for a mate: The rise of the internet as a social intermediary. *American Sociological Review* 77:523–47.

Rousseau, J. J. 1979. *Emile: or on education*. New York: Basic Books.

Rubel, A. N., and A. F. Bogaert. 2015. Consensual nonmonogamy: Psychological well-being and relationship quality correlates. *Journal of Sex Research* 52:961–82.

Rubin, S. S., R. Malkinson, and E. Witztum. 2012. *Working with the bereaved*. New York: Routledge.

Russell, B. 1930. *The conquest of happiness*. London: Routledge, 2006.

———. 1968. *Autobiography of Bertrand Russell*: 1872–*World War* I. New York: Bantam.

Saad, G., and T. Gill. 2014. The framing effect when evaluating prospective mates: An adaptationist perspective. *Evolution and Human Behavior* 35:184–92.

Schneider, J. P., R. Weiss, and C. Samenow. 2012. Is it really cheating? Understanding the emotional reactions and clinical treatment of spouses and partners affected by cybersex infidelity. *Sexual Addiction & Compulsivity* 19:123–39.

Schwartz, B. 2004. *The paradox of choice*. New York: HarperCollins.

Scitovsky, T. 1976. *The joyless economy*. New York: Oxford University Press.

Scruton, R. 1986. *Sexual desire*. London: Weidenfeld and Nicolson.

———. 1997. *The aesthetics of music*. Oxford: Oxford University Press.

———. 2011. *Beauty: A very short introduction*. Oxford: Oxford University Press.

Shavit, O., A. Ben-Ze'ev, and I. Doron. 2017. Love between couples living with Alzheimer's disease: Narratives of spouse care-givers, *Ageing & Society*, 1–30.

Shaw, G. B. 1952. *Don Juan in hell*. New York: Dodd, Mead.

Sheff, E. 2014. *The polyamorists next door*. Lanham, MD: Rowman & Littlefield.

Sherman, N. 1993. The virtues of common pursuit. *Philosophy and Phenomenological Research*53:277–99.

Shulman, S., R. Tuval-Mashiach, E. Levran, and S. Anbar. 2006. Conflict resolution patterns and longevity of adolescent romantic couples: A 2-year follow-up study. *Journal of Adolescence* 29:575–88.

Simon, H. A. 1979. Rational decision making in business organizations. *American Economic Review* 69:493–513.

Sloman, S. A. 1996. The empirical case for two systems of reasoning. *Psychological Bulletin* 119:3–22.

Smith, R. H., and S. H. Kim. 2007. Comprehending envy. *Psychological Bulletin* 133:46–64.

Sobel, A. 1990. *The structure of love*. New Haven: Yale University Press.

Solomon, R. 1988. *About love*. New York: Simon and Schuster.

———. 1990. *Love*. New York: Prometheus Books.

Spinoza, B. (1677) 1985. *Ethics*. In E. Curley (ed.), *The collected works of Spinoza*. Princeton:Princeton University Press.

Sprecher, S. 1999. "I love you more today than yesterday": Romantic partners' perceptions of changes in love and related affect over time. *Journal of Personality and Social Psychology* 76:46–53.

Sprecher, S., M. Schmeeckle, and D. Felmlee. 2006. The principle of least interest: Inequality in emotional involvement. *Journal of Family Issues* 27:1255–80.

Stafford, L. 2005. *Maintaining long-distance and cross-residential relationships*. Mahwah, NJ:Lawrence Erlbaum.

Stanley, S. M., G. K. Rhoades, and H. J. Markman. 2006. Sliding vs. deciding: Inertia and the premarital cohabitation effect. *Family Relations* 55:499–509.

Sudo, P. T. 2000. *Zen sex: The way of making love*. San Francisco: Harper.

Sumter, S. R., L. Vandenbosch, and L. Ligtenberg. 2017. Love me Tinder:

Untangling emerg-ing adults' motivations for using the dating application Tinder. *Telematics and Informatics* 34:67–78.

Sunnafrank, M., and A. Ramirez. 2004. At first sight: Persistent relational effects of get acquainted conversations, *Journal of Social and Personal Relationships* 21:361–79.

Suzuki, S. 1970. *Zen mind, beginner's mind*. New York: Weatherhill.

Taylor, C. (1985) 2017. The concept of a person. In Ben-Ze' ev and Krebs 2017, 1:42–56.

Thaler, R. H., and C. R. Sunstein. 2009. *Nudge*. Penguin Books.

Thayer, R. E. 1996. *The origin of everyday moods*. New York: Oxford University Press.

Thomas, M. L., et al. 2016. Paradoxical trend for improvement in mental health with aging. *Journal of Clinical Psychiatry* 77:e1019–e1025.

Toulmin, S. (1981) 2017. The tyranny of principles. In Ben-Ze' ev and Krebs 2017, 3:76–92.

Valdesolo, P., and D. DeSteno. 2011. Synchrony and the social tuning of compassion. *Emotion* 11:262–66.

Valdesolo, P., J. Ouyang, and D. DeSteno. 2010. The rhythm of joint action: Synchrony promotes cooperative ability. *Journal of Experimental Social Psychology* 46:693–95.

Velleman, J. D. 1999. Love as a moral emotion. *Ethics* 109:338–74.

Watson, D., E. C. Klohnen, A. Casillas, E. Nus Simms, J. Haig, and D. S. Berry. 2004. Match makers and deal breakers: Analyses of assortative mating in newlywed couples. *Journal of Personality* 72:1029–68.

Wentland, J. J., and E. D. Reissing. 2011. Taking casual sex not too casually: Exploring definitions of casual sexual relationships. *Canadian Journal of Human Sexuality* 20:75–91.

Whelan, C. B. 2006. *Why smart men marry smart women*. New York: Simon & Schuster.

Whillans, A. V., E. W. Dunn, G. M. Sandstrom, S. S. Dickerson, and K. M. Madden. 2016. Is spending money on others good for your heart? *Health Psychology* 35:574–83.

Wiltermuth, S. S., and C. Heath. 2009. Synchrony and cooperation. *Psychological Science* 20:1–5.

Wood, J., S. Desmarais, T. Burleigh, and R. Milhausen. 2018. Reasons for sex and relational outcomes in consensually nonmonogamous and monogamous relationships: A self-determination theory approach. *Journal of Social and Personal Relationships* 35:632–54.

Yee, N. 2014. *The Proteus paradox*. New Haven: Yale University Press.